Congshi Qiuzhi Yu Wenhua Gongxiang

Zhongyang Minzu Daxue Minzuxue Yu Shehuixue Xueyuan

Benkesheng Youxiu Lunwenxuan

从实求知与文化共享

第三辑

——中央民族大学民族学与社会学学院本科生优秀论文选

主编 戴成萍

副主编 耿瑷洁 李坤

中央民族大学2018年中央高校建设世界一流大学（学科）和特色发展引导专项资金之民族学一流学科经费

中央民族大学本科专业建设之民族学特色专业建设项目

中央民族大学教育教学改革项目之『本科专业实习与创新教育项目结合的探索』项目

资助出版

中央民族大学出版社

China Minzu University Press

图书在版编目(CIP)数据

从实求知与文化共享:中央民族大学民族学与社会学学院本科生优秀论文选　第三辑/戴成萍主编. —北京:中央民族大学出版社,2018.9

ISBN 978-7-5660-1396-5

Ⅰ.①从…　Ⅱ.①戴…　Ⅲ.①民族学—文集 ②社会学—文集 ③考古学—文集　Ⅳ.①C95-53 ②C91-53 ③K851-53

中国版本图书馆 CIP 数据核字(2017)第163172号

从实求知与文化共享　第三辑

主　　编　戴成萍
副 主 编　耿瑷洁　李　坤
责任编辑　杨爱新
责任校对　杜星宇
封面设计　舒刚卫
出 版 者　中央民族大学出版社
　　　　　北京市海淀区中关村南大街27号　邮编:100081
　　　　　电话:68472815(发行部)　传真:68932751(发行部)
　　　　　　68932218(总编室)　　　68932447(办公室)
发 行 者　全国各地新华书店
印 刷 厂　北京建宏印刷有限公司
开　　本　787×1092(毫米)　1/16　印张:18.25
字　　数　350千字
版　　次　2018年9月第1版　2018年9月第1次印刷
书　　号　ISBN 978-7-5660-1396-5
定　　价　82.00元

目　录

人杰地灵·民族篇

海纳百川·社会与社工篇

瀚海拾贝·文博篇

人杰地灵·民族篇

从《金翼》到《银翅》：浅析中国乡土社会的变迁

王美杰[①]

【摘　要】《金翼》《银翅》系列是研究中国家族制度变迁的重要文献。林耀华先生以中国的黄村为例，用记叙文的形式向人们展示了从20世纪初到日本侵华战争时期的中国社会生活的基本情况。庄孔韶延续林耀华先生所做的研究，通过乡土调查，展示了从中华人民共和国成立到20世纪80年代黄村的社会发展变化。本文通过对《金翼》《银翅》系列的分析，以黄村为例，从四个方面对中国近百年来乡土社会的变迁进行了梳理，并对黄村地区家族制度的变迁与生产方式、政治生活的关系进行了分析。

【关键字】社会变迁　家族制度　人际关系　社会功能

《金翼》是以记叙文的形式写成的社会学研究著作，这个故事在于剖析福建一个村庄里毗邻而居的两个家族，即该书的主人公黄东林和姐夫汾州两家。这两个家族既有亲戚关系，又一起做生意。其中东林一家度过逆境继续繁荣，姐夫汾州一家最初很是兴旺，最后却衰落了。而《银翅》一书则是延续了对福建黄村的乡土研究，展示了从中华人民共和国成立到20世纪80年代的黄村社会发展变化。虽然《金翼》《银翅》系列只是对中国福建省的一个小村庄的研究，这个小村庄有其特殊性，但就其所论述的家族制度、思维习惯等方面而言，可以称得上是中国农村社会的缩影。本系列对于研究中国社会有着非常重要的意义。

---

① 王美杰（1994—），内蒙古赤峰人，民族学与社会学学院社会工作专业，2012级本科生。

一、从紧密到松散：家族制度的变迁

家族制度是《金翼》一书描述的重要内容。家族不同于家庭，家族是指以血统关系为基础而形成的社会组织，包括具有同一血统的几辈人，家族制度指的是生产资料为家庭所有，法律、礼教以保护家庭为基础，一切由家长支配的制度。而家庭是由夫妻关系与亲子女关系构成的最小的社会生活共同体。

家族制度维系着以人际关系为基础建立起来的社会生活的运转。林耀华先生这样描述："我们日常交往的圈子就像是一个由用有弹性的橡皮带紧紧连在一起的竹竿构成的网，这个网精心保持着平衡。拼命拉断一根橡皮带，整个网就散了。每一根紧紧连在一起的竹竿就是我们生活中所交往的一个人，如抽出一根竹竿，我们就会痛苦地跌倒，整个网便立刻松弛。"这是对家族的结构与功能的一种很好的描述。在家族制度中，人际关系将每个人网进一张大网里，在这里，每个人都扮演着不同的角色，发挥着各自的功能，共同维系着整个网络的运行与均衡。这种均衡不时被外部力量所打乱直至建立起新的平衡。比如，东林的哥哥去世后，东林作为儿子、叔叔，要承担起对母亲和侄子的责任，进入新的角色，建立起新的均衡的人际关系网络。费孝通先生指出，乡土社会是一个稳定的社会，人口极少流动，祖祖辈辈生活在同一个地方，长幼之间产生了社会差序，年长的对年幼的有强制的权力，生活在同一个地方的人总是有着各种亲属关系，他们的权利与义务由亲属关系来决定，就形成了血缘社会。血缘社会又通过生育来维持社会的稳定性，父死子继，儿子继承着父辈的职业、地位、财富，他们是没有权力或者能力来改变自己的出身的，一代代传承下去，就保持了社会的稳定。① 乡土社会中的每个人都生活在家族之中，书中所展示的20世纪的家族制度主要具有以下几个特点：

1. 强调血缘关系，家长具有绝对的权威。

家长的权威包括"家长之尊"和"钱谷家长主之"，即家长在受到其他人的尊敬的同时，还掌管家里的财政大权。在金翼之家，几代人共同生活在一起，不仅有作为家长的东林和母亲、妻子与儿女，还有东林的伯母林氏和两个侄子大哥二哥及各自的妻子子女，这是中国典型"大家庭"的家庭结构。虽然在大哥的

---

① 费孝通．乡土中国［M］．北京：中国书局，2013.

要求下，金翼之家分为“文房”和“武房”两个部分，但是不论其日常的生产、店铺的经营还是生活仍然是相互关联的。东林作为家长有权力决定家庭内外的大小事宜，包括店铺的生意由谁经营、家里的田地由谁耕种、儿女的婚姻问题等。典型的例子就是东林的三子五哥的婚事，五哥与族人东清长女的女儿红花相恋，但是为了不破坏亲戚间同辈内婚的传统，东林为儿子安排了另一桩婚事。不幸的是五嫂很快就因病去世了。后来五哥又与另外一名女子相恋，但是父亲东林安排五哥娶一位寡妇为妻，五哥又一次违背了自己的意愿。与五哥不同，接受过教育、接触过新思想的三哥和小哥则主张婚姻自由，反对包办，东林也能够理解他们的想法，未多加干涉。

这是在一个小的家庭内部，在一个家族内还会推选族长或者具有权威的长者，他们同样受到家族内其他成员的尊敬，在决定家族大事、协调家族内部成员关系等方面发挥着重要的作用。成年后的大哥不再满足于与叔叔拥有共同的财产，于是提出分家，在分家仪式上，东林的叔父玉衡以及村中的其他几位长老都必须参加，这是长老地位的一次体现。

2. 长子继承制度。

子女不仅从父母那里继承家庭的财产，更继承了父母的权威和地位，而长子有更多的继承权。长子继承制度实际上是保存了一个家庭的整体实力，避免因兄弟分家而造成的家庭整体力量的削弱。家长东林不仅赡养自己的母亲和儿女，在自己的哥哥去世后，应母亲的要求，还承担起养育“大哥”和“二哥”的责任。“大哥”独立后，不再理会东林想要建立更为强大的家族的愿望，提出分家。“大哥”作为长孙有权利得到共同财产中的额外部分。最后经过仲裁，金翼之家分为“文房”和“武房”两支，经济上分开；但是两家人仍然共同居住，共同经营着店铺生意。

3. 重视血缘的传承，而女儿不在此列。

“不孝有三，无后为大”“多子多孙”的血缘传承理念在乡土社会十分盛行。若是哪家的儿媳没有生育，就会被人认为是“失德”，反之，则会受到公婆的喜爱。不仅儿媳会受到这样不公平的待遇，儿女的命运也会不同。男孩出生后会得到家人的悉心呵护，但穷苦人家在不得已的时候会把自家的女儿送去做童养媳。童养媳在夫家的地位很低，如遇恶婆婆还会受到欺凌。东林家曾经送出三个女儿做童养媳，但只有一个女儿活了下来，其他两个女儿都早夭了。当然那时的死亡率普遍很高，这和当时落后的医疗、恶劣的生存环境有很大关系。

4. 家庭内部成员互相帮助，且尽力与商品经济绝缘，以家族利益为首，即家本位。

家族是一个团体，这个团体以血缘关系为纽带，互惠互利。虽然内部也有纷争，但当族中的某个人遇到困难时，他们则表现得很团结，共同面对。每个家族都有一片公共的土地，称作“祖公田”，这片地属于家族内所有的家庭所有，轮流耕种，所得用于祭祖、供养没有生存能力的族人，有时也用于设立学堂，发展教育。书中还有一个很好的例子用来说明家族内部的团结：东林年轻时曾因为一片树木的归属问题而与欧家发生冲突，欧家的族人誓死要保护族长欧阿水；而黄家人也积极地帮助东林赢得这场官司，尤其是东林的叔父，虽然年迈却始终支持侄儿，并且和他一同经历了牢狱之灾。

5. 儒家的礼制深深地扎根在家族制度当中，孝悌是大家族存在的思想与行为基础。

朱熹的理学在福建地区影响深远。每个家族都会设立祠堂，逝去的祖先受到全族人的祭拜。黄村最重要的节日就是墓祭节，每年都由耕种“祖公田”的族人负责献祭，为全宗族举行盛宴，追忆祖先的功德。第一个祖先被称作某块土地的名义主人，这块土地就是“祖公田”，由同族的人轮流进行耕种。除此之外，家族内部人与人之间的关系（父慈子孝、长幼有序）、重大节日的庆祝活动、宗族内的权利与义务关系等都受到了理学的影响。而这种习俗无疑会加强家庭内部成员的联系与交流，使他们从内心找到群体归属感，共同维护家族的利益。

每一个重要的节日或时间举行的庆祝活动都必须依照固有的程序，这是“礼”的表现。这些节日包括春节、端午节等传统节日，还包括满月、周岁、结婚等。其中结婚是最重要也是礼节最多的。婚姻多由父母安排，从提亲到正式成为夫妻的这段时间里对两个家庭的行为都有严格的要求，例如：男女双方在结婚前不能相见，男方家长要准备彩礼，女儿在告别父母时要哭泣等。所有的行为都有严格的要求，且只有遵照这些要求，双方家长才会是有面子的，得到他人的尊敬和祝福。

6. 严格的家族伦理规范。

这些伦理规范对家族成员的行为有禁止性的要求。最为严格的是族外婚，即同族的青年男女不得结婚，否则将被视为乱伦，要受到全族人的指责。前面提到东林的第三个儿子曾与族人东清长女的女儿红花相恋，但最后也没能结婚。生意兴隆的茂魁曾一度成为黄村女子的提亲对象，有一位同姓的姑娘甚至为此改了姓氏。虽然这位姑娘很漂亮，但是茂魁仍然不敢打破族外婚的传统。除此之外，性爱限制是古代大家族得以存在下去的另一个文化因素，如在公共场合“男女不杂坐”“叔嫂不通问”，丈夫不得“私妻子”。大家族首先是对乱伦的防范，然后是对夫妻以外的男女关系的防范，最后对夫妻关系也做出要求，这些伦理规范不断内化到个人的行为意识之中。

中华人民共和国成立以后尤其是在“文化大革命”期间，家族制度受到了很大的冲击，“文化大革命”结束，传统的家族制度又重新发展起来并且具有了新的特点：

1. 黄村的轮值与反哺家族类型在形式上仍极接近于传统的扩大家族。所谓轮值就是年老的父母轮流到成家的儿子家吃住，通常玉田的民居结构是允许父母与已成家的儿子一同居住的。而反哺则是由已成家的儿子分别向年老的父母提供口粮。而黄村较高的生育率水平也为这种制度的实施提供了可能。其在吃住方式、生计联合的程度、房产财产分化的程度上有或多或少的变异，但对家族共同体的认同和作为中国人先在文化条件的大家族理念依然如故。

2. 核心家庭增多。核心家庭是指夫妻两人和未婚的子女共同组成的家庭。20 世纪 80 年代的黄村，核心家庭的数量在一定程度上增加了，但由几代人共同组成的大家庭依然普遍存在。

3. 礼制得到延续。20 世纪 80 年代，礼制对黄村人的约束力下降，但是仍然不能忽视它的作用。20 世纪 80 年代子女的恋爱婚姻得到自由，也可以理解为家长的绝对权威地位下降。年轻人可以自由恋爱，向全村人宣布他们的恋爱关系。但是到他们结婚的时候，仍然象征性地请媒婆为他们说媒，征得父母的同意，定下婚期，如期举行婚礼，才能正式成为夫妻。这是礼制延续的体现。

4. 家庭内子女的数量受到生育制度的限制，但是黄村的家庭多生子女。在《银翅》一书所调查的 20 世纪 80 年代，实际人口数要比上报的人口数多。中华人民共和国成立后虽禁止了童养媳的做法并且大力宣传男女平等，但重男轻女的现象仍然存在。总体来讲，改革开放初期的 20 世纪 80 年代，新的制度和政策虽然促使传统的家族制度发生一些改变，但其本质并未发生根本性的变化。

5. 以血缘关系为纽带形成的人际关系对人们行为仍有重要的影响。例如在选择生产经营的合作人时，家庭内部成员仍是重要的选择。20 世纪初，穷困的东林为了生存下来，找到与自己有姻亲关系的姐夫共同创业。虽然东林和姐夫属于不同的家族，但是姻亲关系却让两个人走到了一起。到了 20 世纪 80 年代，黄村人在选择共同经营银耳的合伙人时，仍然优先考虑家族内的亲属，有的是兄弟，有的是父子，家族制度仍然具有很大的影响力。

6. 家庭成员的流动性增强。20 世纪中叶，黄村人的活动场所被限定在古田县以内，很少有人把生意做到古田县以外的地方。但是到了改革开放以后，黄村的村民为了打开银耳的销路，在全国范围内寻找合作伙伴，村民的流动性大大增强。当然这样的变化与社会的稳定、开放和黄村的生计方式的变化是分不开的。

依据以上的分析不难看出，黄村家族制度的变迁主要表现在家族内部趋于民主化，人与人之间紧密的联系趋于松散。但是以血缘关系为纽带连接的人与人之间的关系并没有发生实质性的变化，黄村的村民仍然延续着这一传统的关系内涵。另一个重要的变化是乡绅阶层政治权利的衰落，这一点会在后面具体论述。

二、从单一到多元：生产方式的变迁

黄村位于福建省玉田县，在 20 世纪上半叶，黄村是以单一的水稻为生计的汉族村落，土地不仅是人们赖以生存的基础，也是黄村人的情感依托。即使是在年轻时就从事商业的金翼之家的家长东林，也一直从地主手里租种土地，让侄子大哥二哥、儿子四哥和长工从事农业生产。20 世纪 50 年代，四哥成为一个成功的商人以后仍然大量购买土地，可见土地不仅是一种重要的生计方式，农本位的思想深深扎根在黄村人的心中。像中国的大部分地区一样，土地改革之前土地归地主所有，农户想要耕种土地就要向地主租地耕种，土地的实际所有权和使用权分离。黄村山谷一带的土地租佃制度有不允许田主自由退耕的永佃、根据一定契约确定耕种年数的定期佃与租佃期不固定、田主可随时抽田或换田的不定期佃。以上诸租佃方式的共同特点是由租户负担耕种资本。肥料、籽种、粮食等一律由佃户出，业主只管收租，为地方一贯制度。此地稻谷分益制依田亩或收成好坏定谷租数量，共有 5 种：二八分、三七、四六、五五、四六倒分。金翼之家和业主的谷租即为倒四六分制，即金翼之家占有全部收成的 60%。实物地租与货币地租交叉进行，因为社会不安定有时影响实物与货币之间的折算，故 20 世纪 40 年代后多行实物租。黄村一带尚有一类包租制。即业主、佃户之间约定，无论丰歉必交一定数量谷租。在玉田县，常驻农人租地主土地，久佃之后逐渐得到了田面权。当田面权的所有者再度把土地转租给他人耕种时，“一田二主”或“一田数主”的土地制度模式便呈现出来。不定期佃、包租制和一田数主的土地制度对于真正耕种土地的人来说是十分沉重的负担，不仅要自付生产成本，还要将所产的十分之六七甚至更多交付他人但除此之外也别无他法。

中华人民共和国成立以后到“文化大革命”期间，仍是以单一的农作物为主要生计，但是这段时间农业生产受到政策的很大影响。中华人民共和国成立后的两年，在全国范围内推行土地改革，使“耕者有其田”。这一时期出现的社会问题主要包括成分的划分以及土地的重新分配问题，涉及更多的是社会变革和政治政策。随后随着“大跃进”和人民公社化运动展开，由于“平均主义”造成生产效率下降，到“文革”末期，黄村的人们开始寻找新的生计方式。

1977 年玉田人姚德惠经过不断的努力第一个在玉田培育出银耳，将银耳的培育秘诀公之于众，并于改革开放时成立了食用菌场。聪明的玉田人经过不断的学习，培养木耳已经成为他们的生产活动，大大减轻了人口增长所形成的压力。产业结构发生变化，种植业、林业、牧业、渔业在玉田县的总产值中呈现下降趋势，而以养殖食用菌为主的副业却在不断地上升。不仅如此，从木耳的生产到销售的过程中，逐渐形成了专门提供菌种和木屑的单位或个人以及专门从事烘干职业的人。在销售的最初阶段，黄村人带着所产的银耳到广东、湖南、东北等地去销售，并且逐渐建立了稳定的销售渠道，后来出现了在当地收购到别处销售来赚取差价的小贩。

这说明，产业结构的变革不仅满足了人们的生存需要，而且扩大了人们的活动范围，为新的生活方式的变革提供了可能，这和使农民与土地紧密相连的小农经济是有很大区别的。黄村在近百年的变迁中仍然是以农业生产为主要的生存方式，但是民国时期的农业生产主要是种植稻米，农作物的销售地点停留在县以内，是一个彼此熟悉的社会内部群众的交易；而现在则是以银耳生产为主，银耳的销售渠道也打破了地域的界限。除了银耳种植外，还出现了负责销售、烘干和提供木屑的小贩，黄村的生产方式与分工出现分化。通过银耳的对外销售，建立起黄村与外部广大地区的联系，增加了流动性。

三、乡绅的没落：政治制度的变迁

变化最大的是当地的政治制度。在长达两千年的封建制度之下，“皇权不下县，县下皆自治”，在这种情况下，地方绅士在地方组织中占有战略性和主导性地位，他们多是知识分子，年轻时从事过政治活动，总是凭借其经济地位和社会权威对乡土社会进行控制，成为乡土社会中的精英。费孝通先生的著作《中国士绅》对当时中国基层的政治权利分配做了详细的说明。在政府官员与地方绅士之间，存在着负责传达消息的一群人，他们负责把国家的政策传达给基层，绅士们经过讨论后做出可以或不可以接受的决定，这些人再把绅士们的态度传达给政府，这一制度就是保甲制度。

20 世纪上半叶的黄村除了形成已久的保甲制度外，还有军阀等地方势力和土匪。在这一时期，省市阶层的政治权利受到了军阀势力的严重影响，东林店铺里的伙计云生、长子三哥和小儿子小哥都曾经被土匪绑架过。军队也不能维护黄村居民们的利益。当时正处于中国的特殊时期，政治十分混乱，金翼之家也曾为战争贡献过两个男丁。

中华人民共和国成立后，在民主实践中逐渐形成了基层群众自治制度，黄村的居民可以通过村委会了解国家的政策，组织生产，也可以通过村委会反映社会问题。与保甲制度不同的是，甲人是由地方的绅士选择的，他们主要起到上听下达的作用，没有实际的权利，地位低，真正对地方进行统治的是绅士阶层。而村委会则是由当地居民选举产生的，不论财产的多少都可以参与选举，每个公民都可以参与到政治活动之中。作为家族制度的一部分——乡绅权力和地位衰落，取代它的是现代社会的民主和公民参与。

四、科学与宗教并存

除了上述三个方面，《银翅》一书中还重点考察了黄村人的信仰体系。在玉田，人们信仰的宗教有很多种，不仅有贯彻于日常生活与行为的儒家文化、道家文化、佛教文化还有基督教文化以及其他民间信仰。陈靖姑信仰系统是一种被乡民普遍接受的民间信仰，女子结婚、求子、当地的庆典、民俗节日等，都要去庙里祭拜。比较特别的是基督教在当地的传播。基督教在清末传入福建，通过说教、创建教会学校和医院等，逐渐被当地居民接受，东林的四个儿子中就有两个信奉基督教。黄村的居民不断地学习先进的科学技术来达到他们的目的，而到 20 世纪 80 年代，这些复杂的信仰系统并没有太大的变化，人们仍然像以前一样向神祈求平安和丰收。一位玉田居民说："科学与宗教是两条路上跑的车，它们不会相撞。"

五、自我调适与内在联系

无论是家族制度、生产方式还是政治制度、宗教信仰，与其他的社会子系统都只是社会生活的一部分，要探讨一个社会的变迁，就不能将它们彼此割裂开来。所有的子系统统一于大的社会系统，彼此之间相互影响，相互作用，当某一个子系统发生变化时，其他的子系统也会相应地发生变化，以进行自我调适，达到新的均衡。

传统的水稻种植，尤其是在农忙季节，需要大量的劳动力，这使得同一家族的人不得不联合起来以应对生产的需要。在这一联合的过程中，同样需要有人能够对同族或者同村的事务进行决断，这个人就是乡绅。而在中华人民共和国成立后以及社会主义改造过程中，原有的社会秩序瓦解，一套新的行为准则与规范逐渐建立起来。改革开放以后，银耳的生产和出售成为黄村的主要经济来源，而银耳的生产往往不需要大量的劳动力，通常是两三家合作种植。这就使原来的大家族内部分成小的单位，削弱了家族联合的纽带。家族关系弱化，个体性增强。

黄村虽然只是我国东部的一个村庄，但是有理由相信，这个村庄的变化，也是中国其他地区农村的变化，是中国乡土社会的一个缩影。

（指导教师：王晓丽）

参考文献

[1] 林耀华．金翼［M］．北京：三联书店，1999.
[2] 庄孔韶．银翅［M］．北京：三联书店，2000.
[3] 费孝通．乡土中国［M］．北京：中国书局，2013.
[4] 费孝通．中国士绅［M］．北京：三联书店，2009.

自组织视角下业主集体行动研究

——以云南省昆明市五华区两个社区为例

陈彦奇[①] 韩 坤[②] 林圣哲[③] 邹 敏[④]

【摘 要】本研究首先从静态角度从自组织的结构要素入手对社区中的业主群体展开分析，自组织的结构要素有自组织的集体行动的情境、共同的利益目标、连接业主成员的工具性关系纽带和组织者与参与者。其次，本研究从动态角度分析自组织状态下业主群体的运转情况，包括集体行动内部运行和作为行动个体针对如物业公司的行动。最后，研究对自组织下的业主集体行动进行了探讨和反思。

【关键词】业主集体行动 自组织 业委会

一、研究问题的提出

我国从20世纪90年代开始启动住房改革，在此宏观政策背景下，房屋产权私有化的趋势逐步加深。伴着住房私有化，庞大业主群体和物业小区迅速成长，占据了城市人口和小区总量的绝大多数，成为城市中最有竞争力的人口和最有活力的区域。业主拥有产权，自身权益意识增强，在城市社区居民群体中发挥着集

---

① 陈彦奇（1995—），云南省昆明人，民族学与社会学学院民族学专业，2013级本科生。
② 韩坤（1994—），云南昆明人，民族学与社会学学院社会学专业，2012级本科生。
③ 林圣哲（1993—），浙江温州人，民族学与社会学学院社会学专业，2012级本科生。
④ 邹敏（1994—），福建三明人，民族学与社会学学院社会学专业，2012级本科生。

体抗争、争取权益的作用。具体说来，业主集体行动发挥着应对开发商延期交房、物业公司管理不当和小区建设缺漏等问题、为业主争取权利的作用。业主集体行动发生在一定社区情境下，先由几个“领导者”提议，然后业主之间由共同的利益目标连接共同行动。在城市社区中，业主的集体行动发挥着重要作用。业主集体行动的特点是自发性，在行动的过程中具有组织性。“自组织”可以理解为在特定环境下群体自我管理、自我服务和自我协调的现象①；“自组织”是社会共同体在发展过程中形成的机制，从而可以发展为适应当前城市社区单位制转型的社区治理模式；“自组织”也被看作如草根组织的实体，自组织还可以形成自组织网络②，在社区中邻里网络是自组织的表现形式之一。当前自组织的形式在社区建设尤其是社区自治中扮演着重要的角色。就社区自组织理论来说，社会自组织理论为政府改革和建立新公共管理模式提供了理论基础③。因此，本研究以自组织的视角结合对昆明市五华区的Y小区和J小区的实地调研，对业主集体行动展开分析和讨论。

Y小区建于2005年，位于昆明市靠近市中心的地段，其业主维权行动曾成为全市社区业主维权的样板，但是近年来业主与物业纠纷矛盾不断，问题层出不穷。J小区建于2000年，位于昆明市北市区，业主和物业公司矛盾突出，业主多次集体行动并成功解决了问题。Y小区和J小区业主的集体行动具有典型性，有经验借鉴意义。因此，在调查过程中，我们分别对两个小区的业主用非结构访谈的方法进行资料收集。

二、研究意义

本研究结合社区实际发展情况，以社区自组织理论为研究视角，具有理论意义和实际意义。

首先，以社区自组织理论为研究视角。将自组织理论引入社区研究中，可以参考前人的研究成果，细致深入地在实际情况下研究和探讨业主集体行动，可以

① 陈伟东．邻里网络：自组织的社会结构——解读城市社区自治的一种分析框架［J］．湖湘论坛．2010（2）．

② 陈伟东．邻里网络：自组织的社会结构——解读城市社区自治的一种分析框架［J］．湖湘论坛．2010（2）．

③ 陈伟东．李雪萍．社区自组织的要素与价值［J］．江汉论坛，2004（3）．

从一个侧面验证自组织的现象是否具有普遍性。自组织的理论视角有利于人们更深入地发现业主集体行动背后的本质。而且，针对我国的实际情况，在自组织的理论视角下业主之间具有关系性等特征。探讨业主集体行动可以有多个理论视角，对于笔者来说，自组织的理论较为新颖，本研究是在自组织理论视角下探讨业主集体行动的尝试。

其次，研究从社区基本情况出发，具有为基层社区治理探索经验并提供参考的实际意义。本研究深入基层，接触到业主群体内部，为业委会内部管理提供参考。研究可以反映社区自治中的问题，可以验证社区治理和社区自组织能力建设路径，进而为基层社区治理探索经验、提供参考。

三、文献综述

近年来对业主的研究，尤其是对业主组织的研究是一个较新的领域。以大中城市社区为例，对业主行动进行的研究，研究内容多聚焦于业主的维权行动，包括其与居民委员会和物业公司的互动，辅之以业主委员会内部的组织行动。除研究维权行动和组织行动本身，研究还探讨了住房改革的制度背景、社区基层政权、房地产市场化等外部因素对维权行动和组织行动的影响。

（一）研究内容

关于业主行动的研究将业主看作行动主体。陈鹏认为业主在行动中具有一般消费者、物业产权人和普通公民的身份①。研究者从原因上探究业主维权的行动，比如张磊在《业主维权运动：产生原因及动员机制》中分析认为，房地产商利益集团的强势地位使物业公司侵犯业主权益是业主维权行动产生的根本原因②。按照张磊的思路，业主维权行动出现的原因在于房地产利益集团的强势。李江新则认为，业主委员会的产生也有国家推动的色彩，在住房改革的推动中，政府推广和号召建立业主委员会，而业主们的行动和维权仍然遵循着旧有的路径，没能发挥出业主委员会行动的最大优势。陈鹏则将部分业主的行动界定为

---

① 陈鹏．当代中国城市业主的法权抗争——关于业主维权活动的一个分析框架［J］．社会学研究．2010（1）．

② 张磊．业主维权运动：产生原因及动员机制［J］．社会学研究．2005（6）．

“法权抗争”，即业主凭借对法律的应用维护和捍卫自身合法权益，并在法权抗争的基础上以业主维权形式作为分类依据，将业主的行动分为上访维权、诉讼维权和立法维权三类①。在具体行动中，业主们的行动多由个人走向集体，对于业主来说，业主维权的行动过程是学法用法、依法抗争的理性过程②。就业主行动的目标来看，陈鹏将其具体分为消费权益、公共权益和社会利益三类③。就业主行动的结果而言，行动本身能促进积极的结果，如“标准租”房主，获得了腾退的房子和土地使用公证；而大多数“经租”房主的维权仍处在旷日持久的相持中④。

（二）研究视角

在以业主行动为研究主题的研究中，主要有公民权利、自组织和社会运动三个视角，研究者主要采用定性研究的方法，资料分析的方法是案例比较和个案分析。

1. 公民权利的视角

学者们在研究业主时，认为随着住房制度私有化的加深，业主自我意识觉醒，公民意识增强。有研究者论述到，业主维权不仅是维护其在社区以及在物业纠纷中的权力，而且是对公民权利的维护。夏建中在《中国公民社会的先声：以业主委员会为例》⑤ 中就从宏观视角探究了业主委员会的性质。在众多研究中，以公民权利视角探讨业主的维权行动是很重要的。

2. 社会运动的视角

研究者用社会运动的理论框架来解释业主维权行动。郭于华和沈原在《居住的政治：B市业主维权与社区建设的实证研究》中就用了亚兰·杜汉的社会学与社会运动理论的理论框架对“万人诉讼”运动进行了分析⑥。张磊在《业主维权运动：产生原因及动员机制》中，采用社会运动理论中的资源动员、政治过程理

① 陈鹏．当代中国城市业主的法权抗争——关于业主维权活动的一个分析框架［J］．社会学研究．2010（1）．

② 郭于华．沈原．居住的政治：B市业主维权与社区建设的实证研究［J］．开放时代．2012（2）．

③ 陈鹏．当代中国城市业主的法权抗争——关于业主维权活动的一个分析框架［J］．社会学研究．2010（1）．

④ 郭于华．沈原．居住的政治：B市业主维权与社区建设的实证研究［J］．开放时代．2012（2）．

⑤ 夏建中．中国公民社会的先声——以业主委员会为例［J］．文史哲．2003（3）．

⑥ 郭于华．沈原．居住的政治：B市业主维权与社区建设的实证研究［J］．开放时代．2012（2）．

论和利益集团理论研究中国城市的业主维权运动①。

3. 自组织的视角

相比于前两种视角，自组织视角从微观方面研究业主集体行动较少。以李磊的《城市业主网络自组织相关问题研究》② 为代表，此研究揭示现阶段城市业主网络自组织行为逻辑及其主要利弊，并针对城市业主网络自组织中暴露出来的问题，提出将网络自组织与现实社会自组织结合起来等对策。

研究者在研究社区治理的过程中，引入社会自组织理论探讨了社区自治道路。陈伟东③认为，城市社区自治应该包括社区内组织间的自组织网络、社区内邻里间的自组织网络。但目前，社区内各种组织之间的权利关系处于被组织阶段，社区邻里网络处于自组织发育阶段。罗家德认为，自组织作为一种治理机制有两个特点：一是社群网络中成员的互动，牵涉成员的关系特征与关系运作以及此过程中资源与权力的交换与互相依赖；二是自组织团体的网络结构，牵涉成员的组成、动员的过程、社会网的结构以及边界等。杨贵华④认为，社区自组织是不需要外部力量的强制性干预的，社区通过自身就可以实现自我管理、自我教育、自我服务、自我约束，进而实现社区公共生活的有序化。

（三）评价与启示

通过以上分析可以窥见，关于业主行动的研究在学术界越来越热门，且视角也越来越广泛。研究者们主要聚焦在业主维权的法律依据及维权方式以及业主各自发展遭遇困境的原因、业主维权的性质和过程几个方面。不同学者从不同角度使用不同理论框架来叙述和描述，使得业主的集体行动不局限于维权运动本身，还延伸到了公民行动的层面。自组织理论对于社区自治建设有丰富深远的意义。

结合内容和视角，本研究得到以下启示：首先，关注业主集体行动的情境，关注引发行动的内外部原因，探讨业主集体行动逻辑，从结构方面分析作为自组织的业主群体的行动要素。其次，结合社区自治和社区建设等内容，在探讨业主集体行动中将自组织作为机制来探讨。最后，可以适当结合其他视角，如公民权

---

① 张磊．业主维权运动：产生原因及动员机制［J］．社会学研究．2005（6）

② 李磊．城市业主网络自组织相关问题研究［J］．社会科学家．2014（7）．

③ 陈伟东．邻里网络：自组织的社会结构——解读城市社区自治的一种分析框架［J］．湖湘论坛．2010（2）．

④ 杨贵华．自组织与社区共同体的自组织机制［J］．东南学术．2007（5）．

利视角和社会运动等视角对业主集体行动展开具体的思考。

四、业主自组织形成的结构要素

情境因素是自组织形成的前提。有的业主自组织集体行动发生在社区刚刚形成的情境下，起因是业主与开发商就房屋面积、质量、擅自更改规划、产权证、售后服务等产生矛盾；有的业主自组织集体行动发生在社区建成以后的情境下，业主利益与物业管理冲突，起因是业主与物业之间涉及物业费、物业服务质量、更换物业、公共空间产权等矛盾；还有的业主自组织集体行动发生在业主与政府有关部门互动的情境下。在社区调研中发现，Y 小区业主集体行动的情境属于第三种情况。根据对 Y 小区老住户的访谈，在 2008 年，根据当时昆明市区规划方案，属于该小区的一条道路要改为城市公用道路。小区业主认为，小区道路改为公用道路后会加剧业主“停车难”问题；而且他们认为，小区道路属于业主私有。在这样的情境下，小区业主采取了集体行动的方式。经过商讨和权衡，为了保留小区内道路，12 名业主自发行动与政府城建相关部门沟通，并提出打通小区附近的红菱路来代替小区内道路的建议，最后业主维权获得成功。小区道路“私变公”的情境是促使 Y 小区业主以集体行动方式维权的重要因素。

共同的利益目标是业主集体行动形成自组织的重要因素。共同的利益目标使得业主的集体行动具有导向性，并在自组织中提供动力。共同的利益目标使得短时间内在像商品房社区这样的陌生人社会中业主的力量得到凝聚和集中，形成有组织的具有行动力的集体力量。J 小区于 2000 年建成，根据对 J 小区现任业委会副主任的访谈，我们了解到从小区建成到 2010 年，业主一直没有领到土地使用证。于是以领土地使用证为共同利益目标，当时作为普通业主的副主任和部分业主联系，向其他业主提议罢免老业委会。大部分业主都具有领取土地使用证的利益诉求，因此业主们重新选举成立新业委会。新业委会成立后，业主代表去补办土地使用证并帮两百多户业主拿到了土地使用证。在副主任联合其他业主进行集体行动时，他们基于共同利益目标形成了新的组织，最后顺利达成目标。

工具性关系是连接个体的结构性要素。工具性关系的形成基于业主对于共同利益的认同，工具性关系通过以信任和互惠为特征的合作得以巩固。在 J 小区补办土地证的过程中，业主之间由工具性关系连接，在业主代表和普通业主之间产生了信任和互惠，这进一步强化了业主之间的关系，并为后来的业主集体行动和新业委会的管理奠定了基础。信任和互惠形成以后，面对面协商的方式稳定下来，就形成了类似于正式制度的行动模式。虽然在笔者调研的社区，业委会等组织方式大同小异，但是每个社区业主的行动模式和互相之间的认同互惠规范都是不同的。

成员是自组织结构中的实体要素。在业主自组织结构中，成员都是具有平等权利的，但是根据成员各自的能力和维权意愿程度，成员中会分出组织者和参与者。与正式组织的成员不同，自组织成员在权利的使用方面是平等的，自组织的内部控制和管理依靠成员的协商和自我约束。在 Y 小区和 J 小区的业主集体行动中，都有一批业主作为代表主动参与维权。如 J 小区的现任业委会副主任，经过访谈得知，当时其他业主都注意到了没有领到土地使用证的情况，但是副主任觉得有必要采取行动成立新业委会，以真正维护业主权益。于是他就成了自组织中的领导者。在对 Y 小区的调研中，访谈到的多数是在集体行动中作为参与者的业主，他们在集体行动中起到支持业主代表的作用；也有的参与者抱着“事不关己”的态度在集体行动中“搭便车”。

从结构要素来分析业主自组织，主要有集体行动的情境、共同的利益目标、连接业主成员的工具性关系纽带以及组织者（领导者）和参与者这几方面因素。在调研中，我们运用自组织视角来分析业主集体行动时发现，在业主集体行动初期，业主行动表现出的是群体行动的特点，但随着成功经验的积累，行动模式稳定，而且业主之间形成稳定的互惠关系模式，具备共同利益，目标由当时情境下暂时的目标升级为共同维护集体利益的目标，自组织的形态逐渐成熟。

五、业主自组织运行过程

（一）业主自组织集体行动的内部运行

在形成了自组织形态后，业主集体行动形成一定机制，而且行动机制较为灵活，成员之间通过面对面协商的机制进行沟通和交流。在调研中，我们通过观察发现，社区公共空间如小区广场就为业主进行协商、组织集体行动提供了空间。当业委会固定下来后，业主大会是自组织内部协调沟通的重要途径。

根据对 Y 小区业主的访谈，我们了解到业主群体中作为组织者的业主最早是在 2008 年的维权行动中站出来的，这一批作为组织者的业主也成了 Y 小区第一届业委会的骨干成员。作为参与者的其他业主认为，他们在与政府有关部门打交道方面有经验，而且有能力在争取业主共同利益中做出贡献。据部分业主回忆，在第一届业委会产生时，作为骨干成员的主任和副主任由自荐或推荐的方式选出，有的业主动员同一楼层的业主填表推荐自己。在Y小区初期的维权行动中，参与者认为那几位组织者站在为业主服务的立场争取权益，取得了很好的效果。

然而，之后的几次业主集体行动更多地表现为业委会单独行动，业委会骨干并未沟通协调大多数业主的意见。据几名业主回忆，2009年，在没有开业主代表大会的情况下，业委会的骨干成员商讨决定更换物业公司。其中一名业主说，当时小区确实存在诸如下水道等公共设施维修不利等问题，但他看到业委会张贴在小区展板上的关于对物业的账目审计公示才知道，业委会认为物业公司收取了小区公共部分的收益，并已经聘请了一家会计师事务所对物业的账目进行审计。从这一事件可以看出，Y小区当时的业委会独立行动，忽略了与原有自组织成员的沟通交流，业委会的独自行动脱离了大部分业主群体，看似他们是作为业主集体代表进行维权行动，但这实际上是由少数业主发起的行动，并非真正意义上的业主集体行动。

上述未通过多数业主沟通协商的维权行动为之后的业委会解散和自组织沟通协商机制重建埋下了伏笔。根据对某业主的访谈，当时他认为前两届业委会在后期发展过程中已经表现出明显的脱离业主群体的趋势，只是在名义上打着维护居民利益的旗号。因此，2012年，部分业主邀约其他业主提出召开业主代表大会、罢免业主委员会的建议。根据笔者的访谈，一名业主称，当时包括他在内的大部分业主不愿意卷入更大的冲突中，因此两年前刚有人提议时，并没有太多业主响应；直到2014年7月，才由多数业主通过集体行动成立了独立于当时业委会并与之抗争的“监督小组”。从Y小区的业主集体行动过程中可以看出，以前产生于业主集体行动中并在业主自组织基础上固定下来的业委会，在自身发展中因为未与业主成员进行有效沟通和协调，使自组织失效。结合前文提到的自组织的要素，前任业委会的行动未顾及参与者的利益，而且行动目标基于小部分业主的利益而不是大部分业主的利益。于是Y小区的其他业主再次进行集体行动，重建了自组织的秩序。可见，在业主自组织的发展过程中，成员之间需要建立相互沟通和透明运作的机制，行动目标应该建立在多数人的利益上。

（二）业主自组织对外的集体行动过程

结合前文所述，自组织集体行动的特征之一是成员具有共同利益目标。在具体行动过程中，基于一致的目标，成员在业委会的组织下采取集体行动。在J小区业主集体抗争更换物业公司的过程中，有序的自组织行动使得自组织的共同目标得以达成。根据对现任业委会副主任的访谈，笔者了解到，在四年前物管公司未经与业主的协商就提高物业费，而且其他业主还认为，小区车位应该属于全体业主所有，停车收益也应归全体业主。为了维护共同利益，业主们一致同意对物管公司提高物业费的举措进行抵制。业委会建议，除非物管公司向业主返还停车费，否则全体业主停止缴纳物管费。建议一经提出，小区大部分业主采取集体行动不再向物业公司缴纳费用。这是在J小区自组织相对成熟的情况下，业主针对物业公司集体行动的表现。之后，业主对物业公司的不满积累到了一定程度。

根据对该副主任的访谈，笔者了解到，在2011年，业委会以书面形式召开业主大会，发放了投票单，并通过了更换物管公司的决议。副主任说，当时J小区的1000多户业主参加投票，其中约960户同意更换物管。通过自组织视角对J小区业主集体行动进行分析，笔者认为，在J小区更换物管的集体行动中，业主参加投票，这一点充分体现了自组织成员参与行动的平等权利，投票结果使业主共同的利益目标更具有保障。在有效的组织下，业主的意志得到统一，并在有序的行动模式下推动集体行动。在整个行动过程中，自组织下的业主集体可以作为与物业公司相对的行动主体。

另外，在调研中，笔者注意到J小区采取书面召开业主大会这一较为灵活的形式。在Y小区以及其他社区，由于缺乏场地等资源，召集业主代表进度慢，业主大会开会间隔时间长且商讨结果不理想。因此，笔者认为J小区的业委会以书面形式开业主大会较为灵活且是一种新颖的业主集体行动形式。

六、关于自组织视角下业主集体行动的探讨与反思

经过在两个小区的实地调研以及对业主的访谈，笔者对两个小区的业主集体行动有了大致的了解。通过前文对静态角度的结构要素和动态进程的分析，对业主集体行动的现象进行探讨与反思。

从社区角度来说，居民自组织是社区自治的重要形式，自组织形式可以充分

发挥居民自主管理社区的能力。不同于居民被政府组织的方式，业主集体行动实现了居民自发参与社区管理方式的转变。在调查中笔者发现，业主在集体行动中具有参与社区公共事务和公共生活的意识，而且愿意为公共利益付诸行动。业主集体行动的逻辑是利益关联性，由Y小区道路的例子就可看出，小区公共设施以及小区公共空间承载了小区居民的公共利益。小区居民对公共利益有强烈的认同。在自组织的集体行动中，原本陌生的邻居由共同维权目标的工具性关系联系在一起。业主集体行动有利于居民之间形成信任和互惠关系，进而形成业主关系网。在Y小区中就有业主在集体行动中认识并形成互惠关系，对于他们来说，这是在社区范围内扩充了他们个人的社会资本。笔者认为，建立在共同利益上的工具性关系可以发展为情感性关系。自组织视角下的业主集体行动可以作为加强居民关系、进行社区社会资本积累的途径之一。从社区层次上来说，业主自发组织的集体行动是居民之间社会资本和参与能力的初步整合，这也为社区中介组织如社区服务站介入管理提供了方便。比如，J小区在业主集体行动中就做到了资源的初步整合，这就为盘江社区服务站对各小区进行管理提供了便利。

在两个小区业主的集体行动中，也发现了一定问题。杨贵华①认为，居民社区参与有两个维度，即有序性和自主性。居民参与的有序性是集体行动自组织的重要特征之一，也是自组织的行动区别于群体行动的特征。在Y社区业主成立监督小组罢免前业委会的案例中，业委会没有和多数业主协商就擅自做出请会计事务所审计物业账目的决定。结合其他业主对此事的看法，笔者认为，业委会的行动没有遵从业主集体行动的规范，前业委会的行动越来越失序，直到新秩序和新的自组织建立。一些业主认为，如果进行维权行动时能理智一些或是对业委会有监督机制效果会更好。结合实际情况来看，业主在维权过程中也需要使用法律来争取自己的权益，采取符合大多数业主权益的行动，协调各方利益，在合理的秩序内行动。

七、结　论

经过在Y小区和J小区的调研，可以看出，业主自组织现象有公民精神的特

① 杨贵华．转换居民的社区参与方式：城市社区自组织能力建设路径研究［J］．复旦学报（社会科学版）．2009（1）．

点。以自组织看待业主集体行动，从静态结构角度来看，可以看出主要有集体行动的情境、共同的利益目标、连接业主成员的工具性关系纽带和组织者（领导者）和参与者这几点因素。从动态角度来看，自组织在内部运行过程中，需要多数成员之间面对面协商并通过业主大会这样的沟通机制进行有序的集体行动；自组织对外运行，发挥的是作为独立行动个体维护成员利益的作用。在运行过程中，根据调研社区的情况，业主集体行动具有增进业主交往、形成业主关系网和配合社区自治的作用，但也存在业主行动时缺乏有序依法维权意识的问题。笔者认为，业主自发进行维权的集体行动，是具有自发性特点的自组织行动，是居民参与社区建设的方式。结合实际情况来看，现实中业主与物业冲突较多，所以业主集体行动需要在有序中发展，并借助社区中介组织的管理实现在自发性基础上的有序化，增强处理社区事务的能力。

（指导教师：秦广强）

参考文献

［1］陈鹏．当代中国城市业主的法权抗争——关于业主维权活动的一个分析框架［J］．社会学研究．2010（1）．

［2］陈伟东．邻里网络：自组织的社会结构——解读城市社区自治的一种分析框架［J］．湖湘论坛．2010（2）．

［3］陈伟东．李雪萍．社区自组织的要素与价值［J］．江汉论坛．2004（3）．

［4］郭于华．沈原．居住的政治：B 市业主维权与社区建设的实证研究［J］．开放时代．2012（2）．

［5］黄晓星．国家基层策略行为与社区过程：基于南苑业主自治的社区故事［J］．社会 2013（4）．

［6］李磊．城市业主网络自组织相关问题研究［J］．社会科学家．2014（7）．

［7］刘能．怨恨解释、动员结构和理性选择——有关中国都市地区集体行动发生可能性的分析［J］．开放时代．2004（4）．

［8］夏建中．中国公民社会的先声——以业主委员会为例［J］．文史哲．2003（3）．

［9］杨贵华．城市社区自组织能力及其指标体系［J］．社会主义研究．2009（1）．

［10］杨贵华．转换居民的社区参与方式：城市社区自组织能力建设路径研究［J］．复旦学报（社会科学版）．2009（1）．

［11］杨贵华．自组织与社区共同体的自组织机制［J］．东南学术．2007（5）．

[12] 王汉生．吴莹．基层社会中“看得见”与“看不见”的国家——发生在一个商品房小区中的几个故事［J］．社会学研究．2011（1）．

[13] 张磊．业主维权运动：产生原因及动员机制［J］．社会学研究．2005（6）．

毕旺琴的文化变迁：以芒康弦子为例

洛桑次仁[①]

【摘　要】本文以流行于康巴藏区弦子歌舞艺术中的重要乐器毕旺琴为对象，通过文献搜集、访谈等人类学调查方法，考查芒康地区毕旺琴原材料的来源与挑选、制作过程，意欲呈现在此过程中的宗教、文化、社会意义和相应的人与物的关系。在说明毕旺琴在康藏地区的社会网络中所承载的文化意涵的同时，本文强调提出，从原材料交流到制作进而至表演是一个完整的音乐实践的过程，这样一种连续过程的视角，反对的正是当前全球经济化中过于强调经济、认为经济可与文化分割而实则戕害文化的视角。

【关键词】毕旺琴　文化意义　社会网络

一、绪　论

弦子藏语称“谐”，源于青藏高原的藏族聚居地。弦子泛指集歌舞词曲器乐为一体的艺术类型，从狭义来说它仅代指乐器，藏语称“毕旺”，由于弦子概念意义模糊，下文将代指乐器之意统称为毕旺，而用弦子指称集歌舞乐曲为一体的表演艺术形式。弦子因其琴韵悠扬、舞步优美深受藏民族喜爱，是藏族群众最为喜闻乐见的艺术形式之一。可以这么说，弦子是雪域千年的艺术瑰宝，是康巴藏族精神文化的宝贵财富，也是三江（澜沧江、金沙江、怒江）峡谷文化的重要标志之一。

---

① 洛桑次仁（1993—），西藏昌都人，民族学与社会学学院民族学专业，2012 级本科生。

藏族弦子主要流行于康方言的四水六岗核心区，即现今的西藏昌都、四川甘孜、青海玉树、云南迪庆四州市，以位居藏、川、滇交界的巴塘、芒康、德钦三地弦子歌舞文化流传最为普遍，最具代表性。2006 年最具代表性的巴塘弦子和芒康弦子都被列入了首批国家级非物质文化遗产名录。本研究就是以芒康地区的弦子为例，来探讨其演奏乐器“毕旺”的社会、文化意义。

二、研究方法

本研究使用的方法主要是文献搜集法和半结构式访谈。2014 年下半年，笔者进行了数月的文献搜集和整理，为访谈做前期准备。笔者本人是西藏昌都人。在 2015 年寒假回家期间（1 月底至 2 月底），以昌都市录制 2015 年春节藏历木羊新年电视节目为契机，利用同乡优势，向来自昌都芒康县索多西乡的阿松、格桑次仁、扎西泽仁等多位艺人用藏语进行了访谈。访谈都是在艺人们当时下榻的西藏昌都市雪域宾馆和贵宾楼进行的。

三、文献综述

有学者考证认为，毕旺琴是西藏土生土长的传统乐器。“毕旺”作为乐器称谓早有记载，而且泛指弦鸣乐器。早在吐蕃时期修建的桑耶寺、大昭寺和布达拉宫以及稍后修建的古格城堡、托林寺和萨迦寺等古代建筑的壁画当中，就有演奏这类乐器的情景，而且其演奏形式各具特色，既有弹拨者，亦有拉奏者。[①] 目前弦子文化以及毕旺琴的研究者主要有艺术界、人文社科学界、民间学者三类研究群体，他们从不同角度研究弦子和毕旺，主要包括毕旺琴的来历传说、历史渊源、乐器分类、制作和装饰工艺、表演技巧和形式、文化功能；毕旺琴与藏族农耕文化之间的关系；毕旺琴与其他乐器的比较；毕旺琴的发展创新问题等。但对物与人之间的关系——更具体而言，对因毕旺琴的原料取材和制作在康藏社会形成的交流圈以及琴具含有的社会文化意义尚未涉及。本文使用人类学的方法，拟

① 觉嘎．第七届毗邻地区康巴文化艺术节暨首届藏族音乐歌舞文化论坛论文集［C］．成都：四川大学出版社，2013：279.

在此方面做一尝试。[①]

（一）物的社会生命

人类学对物与文化的研究主要包括以下几个方面：（1）对于物本身的研究——即认为任何物都有其自成一格且不可取代的逻辑，人类学所关注的是将这一逻辑的特性与社会文化结合，进而讨论物性是如何塑造或呈现社会文化的；（2）交换和社会文化性质的研究；（3）物的象征性及其与其他分类的关系；（4）以物为切入点，透过历史、社会、文化脉络来探讨社会生活及其背后的心性；（5）物性与历史及其社会经济条件；（6）物质文化，即由物切入来观察被研究对象的文化形态。[②] 这些方面可以用阿尔君·阿帕杜莱的观点进行总括：在理论层次上，是人的行为赋予了物的意义，但在方法层面上，却是动态中的物说明了人和社会的内涵。[③] 因此，他强调“物的社会生命（The Social Life of Things）”，即以物的生命史为切入点，透过历史，使物与经济、历史、社会文化结合，从而凸显了物的生命、价值与重要性。[④] 本文正是采用此种以物（毕旺琴）为切入点、与（康藏）社会文化相结合的视角，剖析毕旺琴这种藏族民间乐器的文化意义和社会维系作用。

（二）民族乐器的社会维系作用

将民族乐器与社会、文化意义研究结合是音乐人类学和民族音乐学的主要关注点。这种关注早期在关注乐器本身（强调研究乐器的时候必须对其外形、材料和音域、原理等做详细描述）的同时，会对乐器对于社会的重要性做简单了解；[⑤] 后来视角逐渐转向了乐器与个人的关系，例如：音乐结构、乐器本身及演

---

① 杨岭多吉．藏族弦子艺术研究：中国首届藏族弦子与热巴艺术高峰论坛论文集［C］．北京：民族出版社，2014.

② 黄应贵．物与物质文化［M］．台北：“中央研究院”民族学研究所，2004.

③ Appadurai，Arjun，ed. 1986. Social Life of Things：Commodities in Cultule Perspective. Cambridge：Carnbridge University Press.

④ 他论述道：“没有一种物的社会分析（不管分析者是经济学家，还是艺术史家，或者人类学家）能避免被称为方法论上的拜物教（methodological fetishism）的东西。”在方法论拜物教的视角下，他认为商品视为物的生命史中的一个阶段。并由此开启了“物的人类学（anthropology of things）”研究。

⑤ Merriiam，Alan P.，1964. The Anthoupology of music. Evanston：North—western University Press.

奏者的关系及影响①、乐器的个人创作以及社会维系及历史建构作用②；进而关注到了乐器与社会、文化的关系。例如：在音乐的流派差异中我们看到了乐器与人——不管是制作者还是演奏家——都有不可分割的联系③，关注乐器与文化的深层联系以及在此基础上人们形成的认同观念，也有对于乐器制造者、演奏者个人生活史以及乐器演奏家的师徒传承的关注。④

在琴与人的关系研究中，蔡灿煌通过讲述人与乐器之间的故事，阐明人与乐器之间的密切联系。⑤ 对于这种人与琴的密切关系，本文想再借用斯摩尔（Christopher Small）的 musicing 概念做更进一步的分析。斯摩尔用动词 musicing 代替 music，来呈现音乐与社会、文化的密切联系。在他看来，musicing 是各种能力的聚合，在一场音乐公演中，有演出、有聆听、有预习、也有创作，音乐演出实际是通过音乐演奏这样的行为来实现各类人群之间的相互作用。⑥ 换言之，斯摩尔强调演奏过程中的 musicing。本文在他的观点基础上再向前推一步，试图证明在乐器的制作过程中便存在 musicing，使得社会中的人与人相互联系，形成社会网络；在此过程中，乐器也获得了相应的社会文化意义。具体而言，本文尝试探讨康藏社会网络如何通过芒康地区的毕旺琴来展示以及在此过程中，琴的文化意涵如何被赋予并产生变化。随着意义的变化，琴的社会生命也随之变化，与之相关联的人的地位也发生着变化。

---

① Berliner, Paul F. 1978. The soul of mbira: Music and Traditions of the Shona People of Zimbabwe. Chicago: University of Chicago Press.

② Rice, Timothy. 1987. "Towards the Remodellingof Ethnomusicology." Ethnomusicology (3): 469—88.

③ Johnson, Henry. 2004a. "Introduction." In Special Lssue on "Musical Instrument, Material Culture, and Meaning: Toward an Ethno – Organology". Edited by Henry Johnson and Wang Ying fen. In the Journal of Chinese Ritual, Theatre and Folklore. No. 144; 7 – 38

④ Baumann, Max Peter: "Festivals, Musical Actors and Mental Constructs in the Process of Globalization." the World of Music 43, 2001

⑤ Tsai Tsan—huang. 2004. "Tne Entangled Relationship between Life Stories and Musical Instruments: A Case—Study of the Qin" In Special issue on "Musical Insruments, Material Cultule, and Mearning: Toward an Eshno – Organnology". Edited by Henry Johnson and Wang Ying—fen. In the Journal of Chinese Ritual, Theatre and Folktore. No. 144: 163—94.

⑥ Tsai Tsan—huang. 2004. "Tne Entangled Relationship between Life Stories and Musical Instruments: A Case—Study of the Qin" In Special issue on "Musical Insruments, Material Cultule, and Mearning: Toward an Eshno – Organnology". Edited by Henry Johnson and Wang Ying—fen. In the Journal of Chinese Ritual, Theatre and Folktore. No. 144: 163—94.

Christopher Small Musicking; The Meanings of Peferming and listening Wesleyan University Press 1998

四、芒康地区毕旺琴的文化意义和社会维系作用

毕旺琴的组成部分包括：琴筒—琴杆—琴头—弦轴—蒙皮—琴弓—琴弦—千斤—琴马，每个部分原材质不同，来源不同。本研究通过2015年寒假期间访谈西藏昌都的两位民间藏族弦子艺人，了解到这些材料的来源及其包含的宗教、文化和社会意义以及在现阶段市场化过程中，制作材料的变化带来的宗教、文化、社会意义方面的变化。

毕旺琴不仅是民间文化的产物，而且在宗教文化中，也有着特殊的身份，它是佛乐的一种，在佛教文化中毕旺琴属五妙欲的声蕴。① 所以在传统制作工艺中，在取材时颇有讲究，富有宗教意义。且在取材时，物的交流关涉人与物和人与人之间的交流，故而获取原材料的过程亦含有文化意义和社会意义。

（一）原材料的来源与挑选及其宗教、文化、社会意义

1. 琴弓

琴弓由弓杆和弓弦构成，其主要材料来源于竹子和马尾，在中华人民共和国成立前，由于当地不产竹子或是所产竹子极少，所以竹子大多来自异地，通常来自较为温暖湿润的河谷地带——纬度偏南的云南藏族聚居区。

访谈人阿松告诉笔者，② 在康巴藏区，尤其是三江并流横断山脉区域的藏人虔信以卡瓦格博神山③为主峰的神山系统。当地藏民认为，今生能绕卡瓦格博神山一圈，能增长福运，消除灾难等，所以人们以绕过卡瓦格博神山为荣。卡瓦格博神山周边气候较湿润温暖，森林丰富，植被茂密，恰好此地产竹子，所以信徒

① 在藏传佛教中，五欲供与五佛有关，是五蕴和五官的感官器官。大日如来代表“色”（识），即视觉，镜子是其象征物；宝生如来代表“声”，即听觉，象征物为琴或铙钹；阿弥陀佛代表代表“香”，即味觉，象征物为琴或盈满香料的海螺；不空成就如来代表“味”，即味觉，象征物为水果；不动如来代表“触”（或“色”），即触觉，象征物为丝绸。在金刚乘佛教中，五欲供被化为手持五欲供的五大供养天女。五妙欲是最为精妙的组合，可以吸引或迷住色、声、香、味、触五种感官。在传统上，五欲供的形式如下：1）镜子表示“色”；2）琴、铙钹或锣表示“声”；3）焚香或盈满香料的海螺表示“香”；4）水果表示“味”；5）绫罗表示“触”。见（英）比尔（Bill，R.）著；向红茄译．藏传佛教象征符号与器物．北京市：中国藏学出版社，2007.

② 访谈对象阿松，32岁，西藏昌都芒康县索多西乡人。

③ 梅里雪山的主峰，在云南省北部境内。

在徒步跋涉绕神山过程中，会就地取竹。一些竹子用来当扶杖，另一些捆绑风马旗扛在肩上以求祈福消灾。信徒们会将这些竹子带回自己的家乡。一部分竹子立在家中最中心的梁柱边，当地人认为从神山带来的竹子犹如仙竹，会给家中带来好运，免灾免祸；一部分竹子则会被制作成毕旺琴的琴弓。人们认为这些采自神山、绕过神山的竹子能拉出妙音仙曲。

随着时间的变化，竹子这一材料的来源地与采集方式也有所改变。中华人民共和国成立后，毕旺琴弓材料的来源有着很大的变化，现在琴弓主要是由人们通常见到的竹条大扫把的把根或是用做竹篓的藤条制成。虽然这样得来简单方便，但是琴弓竹条原先具有的宗教意义大大减弱了。至于弓弦，一般是用马尾做成，由于弓弦与琴弦多是同一材料制成的，故对原材料马尾的来源及其文化意义等详细情况将在下文有关琴弦的小节叙述中指出。

2. 琴杆和琴头

琴杆的材料为木制，但可按木料品质分成几等。上选是柳木制成的琴杆，柳木杆笔直光滑，品相最好，一般生长在山谷海拔较低的山底间，利于采集。其次可用山杨树或杉树木来做琴杆，这两种树多见于山腰与山底之间，也利于采集。绝大部分琴杆只做简单装饰或是不做装饰，简单的装饰包括在琴杆上做线形浅雕花草、吉祥图案等。

琴头与琴杆的材料同属一种，只是琴头的雕刻有所讲究。琴头常见造型有莲花头、佛塔头、龙头或是不加修饰。不难看出，各种琴头样式都与藏传佛教有着密不可分的联系，莲花、佛塔、龙都是藏传佛教的象征符号，都包含着深层的文化内涵。比如莲花象征着出淤泥而不染的品质及修成正果；佛塔更不需要说明，是佛教文化的产物；龙即龙神，藏人早在吐蕃以前就崇拜龙，因为龙神是藏族原始宗教苯教的历神，祭拜龙神，来年能雨水丰沛，谷物丰收。藏传佛教是由苯教和佛教交融结合形成的，它们的关系是你中有我，我中有你，所以龙神也是藏传佛教的象征符号。故而，琴头的造型受到宗教的影响，并且藏族认为琴头有祈福消灾的功能。

3. 琴马

琴马一般用松树制作，因为松树带有一定的松香（最好有金色的琴鞍，这样松香才多），松香抹在琴弦上，拨弹时琴声才不会哑。

4. 琴弦和千斤

琴弦的选用古今不同。以前或者说是传统的毕旺琴，主要是以马尾做弦，并且以公马马尾为最佳。只选马尾做弦，而不用牛尾、骡尾或驴尾的原因是，这些当地常见牲畜的尾巴都不及马尾长而结实。

笔者从访谈对象阿松处得知，当地几乎是不饲养马的，这是由当地的自然条件决定的。当地属河谷地带，草原稀缺、地形狭窄，所以当地人以农耕为主，养马成本过高（而且藏人忌吃马肉）。受这些条件限制，当地养马的人家寥寥无几，大多以骡或驴来代替马。

既然本地不产马，那么马尾究竟从何而来？通过深度访谈笔者得知，马主要是由进行商贸交易的牧人牵来的。由于牧区没有田地不产粮食，他们就需要用马驮来酥油、肉类等游牧产品，以交换他们所需的盐巴和谷物粮食。所以牧人们就要跋山涉水，行进在高山峡谷间幽深绵延的羊肠小道上，进行传统的物物交换。茶马古道的出现便是得益于这类牧商。他们具有无畏的探险开辟精神，充当了探路者的角色。他们开辟出来的蜿蜒小道犹如蛛网密布在藏东的峡谷峻岭之中，架构出重要的交通网络，促进了这片地区人群之间的流通与互动，使各地的物质文化得以交流互动。当牧商的马帮经过金沙江沿岸的河谷地带时（即西藏芒康索多西乡）时，也会停留此地进行物物交换。一般情况下，他们会在当地借宿。在牧商借宿的这段时间内，当地的年轻人便会偷偷到商队马匹的歇脚处，拿一根食指长的小木棍，悄悄地躲在马的身后，用木棍将些许马尾绕起，之后顺势用力一扯，制作琴弦的马尾就有着落了。大部分男子的毕旺琴弦材料就是这样来的。牧商对自己的马再熟悉不过，心里清楚马尾被扯落。虽心疼，但念及一则当地人痴迷弦子而马尾稀缺，二则自己需在此借宿交换商品，牧商大多也就卖个人情而不追究。也会有人直接向牧商求取马尾，这种情况下牧商也会忍痛割爱，但这种情况很少，除非与牧商交情颇深。

如今，人们用尼龙丝（类似鱼线）替代马尾做琴弦，虽然尼龙丝的音色不及马尾，还会有杂音，但音色音质也并未大打折扣，且易买到、不易断，所以现在当地男子普遍采用尼龙丝做琴弦、马尾做琴弓。

将琴弦缚在一起的是千斤。传统毕旺琴上千斤是用獐子皮（原麝）制成的，獐子皮越细越好。而如今讲究不多，只需随便用一根细线捆绑即可。

5. 琴筒和蒙皮

毕旺琴制作中最关键的部分就是琴筒，因为琴筒的好坏直接关系到琴的优次，而且琴筒材料的选择和制作是制作过程中最细致费心的工序。上等的琴筒原材料是杜鹃木。杜鹃木多见于山顶，不易采集。琴筒也可退而求其次用山杨制成。

在1999年左右，当地人开始用白色橡胶管（用于下水道）做琴筒，这种材质的琴筒勉强可以演奏。由于杜鹃木稀少，作为初学者的年轻人便会用胶管做琴筒。这些胶管是当地建筑工程留下的。

琴筒上的蒙皮通常是用雌性山羊皮做成的膜制成，这是传统毕旺琴蒙皮的标配。一般来说蒙皮越薄越好，共鸣及音质优。蒙皮还可用母犏牛皮、藏香猪皮制成。这些皮都来自于死动物，人们并不会为了做琴膜而肆意杀生。

6. 弦轴

弦轴又称旋柄，一般用杜鹃木制成。毕旺琴同二胡一样有两把弦轴，用来调整音调。

由上可见，毕旺琴的构造、其原材料的来源及挑选充分体现了琴背后潜在的深层社会文化意义，如琴杆材料（竹条）由于卡瓦格博神山的加持而具有灵性，在琴头上雕刻具有藏传佛教特色的象征符号，为奏出妙音仙曲并求神灵保佑，这都体现了其宗教意义；对植物知识的掌握、不乱杀生以及当地不同生计的人们之间特有的保持默契的交流和交换方式等则体现了文化意义；原材料的获取（马尾的偷取或交换）之中，还夹带着人们之间情感和物质的交流，形成社会网络，从而体现了其中的社会意义。

这些意义来自于人，都是人赋予的，体现了人与物（制作琴的原材料）之间的关系。这种人与物的关系也体现为人与自然的关系——以因地制宜、地区间互通有无来体现。这种区域交流联结成康藏社会网络，因此，这种人与物的关系也是（物质交换的康藏地区中）人与人之间关系的体现。这种交换和流动使物与经济、历史、社会文化相结合，让物有了独立的生命、价值与重要性。

而这一切都是为了琴的制作，是制作不可或缺的步骤和组成。也可以说，琴的制作，使得社会中的各类人群相互作用联系，形成网络，从而使这些原材料提供者的能力聚合在一起，形成制作器乐的 musicing。而具体的制作过程，更需要综合考虑人和物的特殊性能和规格要求，将人的想象力和创造力付诸原材料制出琴具。换言之，琴的制作工艺和过程是将（多种）人的（多种）能力和物的性能聚合一体的过程。

（二）琴的制作工艺：人的能动性和物性的关联和聚合

毕旺琴目前还是手工制作，现代工具也有少量使用，比如，琴杆上部需凿孔时会使用电钻，提高了效率。制作毕旺琴的大致步骤为：琴筒—琴杆—弦轴—琴弓—琴弦—琴马。琴筒的大小能决定琴身大小。民间共识标配的毕旺琴琴杆至琴筒边的长度大约为成年男子手掌的宽度（十厘米左右），琴筒至弦轴（底下的弦轴）之间的长度有两卡长（拇指至中指张开的长度，差不多有一肘长），两个弦轴之间的长度大概三寸[①]。琴弦为两根，公弦粗、母弦细（即内外弦），比例大致为3：2。琴弓呈桥型，其长度不宜超过琴身。

不同地区的毕旺琴有所不同，主要差异体现在彩绘、规格和音色上。本次调查因时间有限，笔者着重了解了巴塘毕旺琴和芒康毕旺琴在彩绘和音色上的不同。琴具制成后有些地区会在琴具上进行彩绘。但在受访者的家乡[②]即西藏芒康索多西乡一般不会彩绘。西藏境内的毕旺琴都以原色为基调，因为当地人认为这样更传统、更原生态，更有历史价值。[③] 而对江（金沙江）的巴塘毕旺琴却是以彩绘闻名。其他地区的藏族对巴塘毕旺琴的彩绘并不会排斥，认为其美观大方，且彩绘的图纹是具有藏文化特色的象征符号，如莲花、雍仲符号等吉祥图案。巴塘毕旺琴与芒康毕旺琴的音调也有区别，民间曾这样形容道：巴塘毕旺琴如男声，低沉稳重；芒康毕旺琴如女声，高声飘萧。无论是彩绘、规格、音色，虽有差异，但各有所长。

俗语中说“在哪座山唱哪首歌”，弦子文化亦是如此。虽然各地的弦子大体相同，但不同的地域和历史背景形成了弦子文化中的差异性，造就了弦子文化的多样性，并使得这一文化充满活力、历久弥新。

（三）匠人与琴师：人的地位因物的社会生命变化而改变

在当地，学琴并没有明显清晰的师承关系，多为家族传承。如果家中有长辈熟通琴技，晚辈好学，那么有可能形成初级形式的技艺传授。而在大部分情况下，初学者（从12—13岁开始学）自己凭着记忆胡乱拉，直至能拉奏出简单的曲子。之后若想再提高技艺，初学者们便会在新年或节庆里人们欢歌共舞时，找到最有声望的琴师与他同奏，边学边拉。通过这样的方式，初学者的琴技进步最

① 1寸约为3.33厘米。

② 访谈对象：匠人之子格桑次仁，30岁，西藏昌都芒康县索多西乡人。少量内容还来自于扎西泽仁等几位同乡人。此部分及后述访谈内容均来自于对其的访谈。

③ 西藏的有关领导曾还要求过弦子民间艺人前往拉萨参加演出时，毕旺琴禁带彩绘，因为在他们看来，复杂刻画的弦子不传统，无历史感。

快，若有问题也可及时提问。

受访者告诉笔者，当地有专职的制琴匠人。但大部分专职匠人前身并非做毕旺琴，多是木匠，也有做鼓（佛教用鼓）的。他们多是凭着木工技术优势开始转做琴的。

其实在当地，几乎每一名会奏琴的男子都会造琴，也可以这么说，人们既是匠人又是琴师，乐手的琴通常都是自己动手制作的，不会或不愿制作者可求能人代劳。但受制作技艺水平和材质等因素影响，制作出来的乐器质量参差不齐，而且次品占多数，所以专业匠人或者说是造琴能人的地位声望较高。访谈中，笔者了解到，目前在当地出现了“会造琴者必会奏琴，会奏琴者未必会造琴”的现象，但擅奏琴者会造琴的仍占多数。

在谈到专职匠人与专职琴师的地位究竟谁高谁低的问题时，访谈对象将两者地位比喻为会倾斜的天平，两侧都倾斜过。从前，匠人的地位高于琴师，这是因为当时资源条件有限、技术掌握较难和交流不畅等，如果匠人不造琴，那琴师就无琴或无好琴可奏。

现如今，状况却有颠倒之势，琴师地位相对要比匠人的地位高。一方面由于全球化的影响，各地之间的交流与互动增强了，现代技术的引进使毕旺琴的制作历久弥新且更为容易，而专职匠人也不再那么紧缺。另一方面，弦子在2006年被评为国家级非物质文化遗产——被赋予新的社会生命后，演奏技艺高超者有些被评为非遗传承人，其社会地位得到提高。有些琴师作为原生态舞者、歌者能到地方歌舞厅参加演出活动，获得演出费或劳务费或是发布专辑获得酬劳，所以收入比较可观。换言之，随着弦子新的意义生成，琴师的社会价值和经济价值得到了比较明显的提升。

而如今匠人的处境似乎有些被动。匠人制作的琴成品或卖或送。若送，是送给亲戚好友，或者为还人情而送琴。若卖，则卖给艺术团等组织机构或个人。艺术团会进行团购预定，价格稳定。而乡里人或其他个人上门买者，则会经历一番讨价还价，价格波动较大。一些传统匠人，很不愿意去市场兜售自己的琴具，因为可能会在市场上遇到一些尴尬情形。例如，一些买家并不看琴具的好坏优次，而是让匠人演奏一番。如果拉得好，则将其买下或是有的当即送给好友或旁人，甚至有的人直接给予琴具售价相当的钱当作演奏费用，却不要琴具。这种现象颇让匠人苦恼。匠人认为，买家只注重他演奏琴的技艺而忽略其制作琴的技艺，似乎有点本末倒置，伤及匠人的自尊。这种现象一方面说明弦子文化开始传播开来，为大众熟知；另一方面也反映了当前大众重表演（琴师作为表演者也因此获利）轻制作、匠人地位相对被轻视的现象。这种重表演轻制作，从某种程度上即将琴的表演与制作分割，而不是将制作和表演视作一个过程。这也是本文强调由原材料交流到制作进而至表演是一个完整的 musicing 过程的意义所在。这样一种连续过程的视角，反对的正是过于强调经济、认为经济可与文化分割而实则戕害文化的视角。

在经济全球化的当下，随着市场经济的导入和弦子文化非遗申请的成功，当地的经济、社会正在发生改变。上述这种体现在人身上的经济利益的变化，恰恰说明了这种经济和社会的改变影响着毕旺琴与人们的关系。在政府推出的“文化搭台，经济唱戏”模式中，上自政府下至百姓阶层无不弥漫着一股“经济为重，文化为辅”的气息，体现着一种经济和文化分割的观念，致使与“经济”割离的“文化”处于较为被动的境况。在弦子文化的发展过程中，受商业化和表演化的影响，弦子文化受众群体的审美观念正趋于肤浅化、表面化，而对于弦子文化的灵魂毕旺琴，人们缺乏认识，以至于琴所具有的文化意义、精神内涵正在逐渐被削弱。正因为此，弦子文化的灵魂工程师（即毕旺匠人）和他们制作出来的琴具，陷入了前边谈到的买家轻制作、重表演的窘境——琴的价值被忽视、匠人的自尊被伤及。

匠人气节不可忽视。物能体现人与（人所创造或生产的）物之间的关系，人的价值和精神在其间体现。琴被制作的过程，就是在进行 musicing。制作的过程也是人琴之间情感上的交流与互动，也因此，被赋予了更充足的感情和意义精心制作的琴才能更好地在弹奏中抒发出人的情感——一种以物品为媒介的人与人的感情共鸣。

结　论

由上可见，在毕旺琴的传统制作工艺中，取材颇有讲究，蕴含着深厚的历史，富有宗教、社会和文化意义。民间艺人通过口耳相传、摸索经验，形成了制琴的民间知识，体现出藏民族物尽其用、因地制宜、人与自然和谐相处的生存智慧，人与人之间进行着丰富的情感物质交流，地区间的互通有无形成了发达的社会网络。由于原材料的稀缺或现代材料的代替，毕旺琴的构造也在随着时间改变，而这种在制作上的创新也许是最好的传承方式，使弦子文化历久弥新。匠人与琴师，两者既是艺人也是传承人，应尽量尊重匠人的劳动成果，注重物的文化意义和情感意义，使弦子文化健康发展。

总之，藏族弦子作为萦绕雪域的妙音仙曲，传唱在藏东的高山、峡谷、草原之中，情深意浓的悠悠琴声，一直伴随着人们成长。每每听到故乡的神韵，都似乎是在聆听着祖辈的故事，告诉人们要热爱生活，勇往直前。有句话是这么说的，艺术是表达及沟通的辅助工具，艺术的功能便是认识和理解。人类学的初衷也是如此，感受他者文化，理解人性。而藏族弦子就有着这样的艺术魅力和学术价值。

（指导教师：张曦、胡琰）

参考文献

［1］（英）比尔（Bill，R.）．藏传佛教象征符号与器物［M］．北京：中国藏学出版社，2007.

［2］蔡灿煌．音乐物质文化研究（乐器学）的新途径——乐器的传记性案例及乐器博物馆案例［J］．音乐艺术，2006（01）．

［3］丹尼尔·米勒．物质文化与大众消费［M］．南京：江苏美术出版社，2010.

［4］第七届藏川青滇毗邻地区康巴文化艺术节组委会．第七届毗邻地区康巴文化艺术节暨首届藏族音乐歌舞文化论坛论文集［C］．成都：四川大学出版社，2013.

［5］郭璐璐．藏族巴塘弦子艺术特征探析［D］．北京：中央民族大学，2010.

［6］黄应贵．物与物质文化［M］．台北："中央研究院"民族学研究所，2004.

［7］嘉雍群培．论藏族弦子（谐）艺术的形成与类别［J］．中国音乐学，2003（04）．

［8］康·格桑梅朵．漫谈藏族"毕旺"拉弦琴的历史文化［J］．西藏艺术研究，2010（02）．

［9］马塞尔·莫斯．礼物：古式社会中交换的形式与理由［M］．上海：上海人民出版社，2002.

［10］田联韬．藏族传统乐器［J］．乐器，1990.

［11］杨岭多吉．藏族弦子艺术研究－中国首届藏族弦子与热巴艺术高峰论坛论文集［C］．北京：民族出版社，2014.

［12］张曦．音乐研究诸理论与民俗·民族音乐［J］．民族艺林，2013（08）．

［13］Appadurai. Arjun Social Life of Things：Commodities in Cultural Perspective 1986.

［14］Berliner. Paul F The Soul of Mbira：Music and Traditions of the Shona People of Zimbabwe

1978.

[15] Christopher Small Musicking; The Meanings of Peferming and listening Wesleyan University Press 1998.

[16] Henry Johnson; Wang Ying－fen Special Issue on Musical Instruments, Material Culture, andMeaning: Toward an Ethno－Organology.

[17] Merriam. Alan P The Anthropology of Music 1964.

[18] Rice. Timothy Towards the Remodelling of Ethnomusicology 1987 (03).

[19] Tsai Tsan －huang The Entangled Relationship between Life Stories and Musical Instruments: A Case－Study of the Qin 2004.

同一个族群中的多样认同感

——以吉林省延边朝鲜族自治州的朝鲜族为例

任姝静[①]

【摘　要】本研究以非结构式访谈和问卷调查相结合的方式，对吉林省延边朝鲜族自治州延吉市和汪清县有流动经历的朝鲜族进行调查，试图分析他们在流动过程中形成的对朝鲜族的认同感。通过研究分析，本文认为，在同一个族群中，由于社会环境和接触群体不同，可能会形成多样的认同感，进而提出多样的认同感也可以促进族群繁荣发展的观点。

【关键词】认同感　流动人口　朝鲜族

一、绪　论

本文以朝鲜族流动人口的认同感为研究对象，通过分析朝鲜族流动人口的流动经历和内心认同感、亲切感的变化，得出同一个族群具有多样的认同感，多样的认同感应该促进发展而不是产生隔阂的结论。也就是说，人们认可多样的认同感，宽容这样一种现象的存在，理解这样的现象存在的原因，然后消除隔阂，依靠内心的亲切感和文化的相似性促进发展，对于族群发展、文化繁荣、经济合作都有十分重要的意义。

---

① 任姝静（1994—），吉林延边人，民族学与社会学学院民族学专业，2012 级本科生。

学术界对“流动人口”有多种界定①，相互之间有一定的差异性。本研究中的“流动人口”侧重于从朝鲜族聚居地区流出的人群，他们主要包括：（1）到国内大中城市定居的高学历朝鲜族；（2）流动到国内大中城市打工的低学历朝鲜族；（3）赴韩打工的朝鲜族。

笔者是来自吉林省延边朝鲜族自治州汪清县的朝鲜族，父母都是朝鲜族（除了两个表姐夫是汉族之外，家中亲属都是朝鲜族），在小学三年级之前读的是朝鲜族学校，具备朝鲜语听说读写能力，小学四年级起在汉族学校读书，现在北京的中央民族大学读书。笔者身边有民考民、民考汉的同学，有去国内大城市就业的哥哥姐姐，有去韩国打工的亲属。这些社会关系和语言优势为笔者调查提供了便利。

二、研究方法

在调查中，考虑到年龄、性别、代际、阶层、民族（国籍）、职业这些变量，笔者共访谈了 62 人（长久以来，笔者对本课题有着浓厚的兴趣，访谈过程是多年进行和长年积累的结果，并不是在确立论文题目后草草访谈的），发放问卷 230 份，调查的朝鲜族流动人口可分为年轻人群体（主要在 18—35 岁区间内）和年长人群体（主要在 45—65 岁区间内）。

笔者采取的是非结构式②的访谈方法，在绪论中提到笔者在调查朝鲜族流动人口方面有亲缘优势，在调查中，如果强调结构性，以刻板的提问回答的方式来访谈，会让亲友觉得不舒服，可能达不到预期的调查效果。笔者在告知被访者正在访谈这样一个事实的前提下，以聊天这种轻松的方式来进行访谈，让被访者多聊一些曾经的经历，以被访者讲述为主的方式来进行访谈，收到了意想不到的效果。

笔者访谈的对象中，包括民考民和民考汉的同学各 10 人，有流动到韩国经

---

① 流动人口指离开了户籍所在地到其他地方居住的人口，但目前尚无明确和统一的定义。在流动的时长，流动的原因，流动者的年龄，户籍是否变化，是否是国际流动等方还存在争议。

② 结构式访谈，又名标准化访谈，常用于定量研究中，该方法对每一位被访者精确地呈现同样顺序提出的同样的问题，以确保不同样本群之间或不同测量周期之间具有可比性。结构式访谈也用于质的研究中，尤其方便对焦点小组成员进行深入访谈，以了解并比较小组成员对某问题的不同看法和观点。（俞少宾　崔兴硕《身份认同转变的影响因素分析》）

历的亲友 20 人，嫁给韩国人的女士两人，在北京或上海工作的亲友 10 人，还在延吉市公园街道办事处有幸访谈到朝鲜族民俗乐团的朝鲜族老人 10 人。

除了运用访谈的研究方法之外，笔者还采用了问卷调查的研究方法，得到延边大学的同学帮助，在延边大学的朝鲜族大学生中发放了 200 份问卷，在北京民族文化宫举办延边州成果展（2014 年 6 月 28 日）的时候，发放了 30 份问卷。

本论文的成果是在这些访谈和调查基础上得出的结论。

三、文献综述

从民族来源、历史范畴、民族特征、地理特点、国家属性等角度进行分析，中国朝鲜族是迁入民族，自古就有流动的历史。它既是世界朝鲜民族的一个重要组成部分，也是中华民族的一个重要组成部分（金元石，2003 年）。中国朝鲜族作为一个跨界民族，它的流动性、它的认同感研究都具有重要的意义。

人们为什么会流动？19 世纪末，莱文斯坦就提出，人口流动遵循一定规律（李明欢，2000 年）。在人口流动研究领域，学者大多认同“推拉模型”，人口流动的“推力”指的是让人离开流出地的因素，在本研究中，这种推力是流出地不能提供足够的就业机会等因素。人口流动的“拉力”指的是流入地吸引人口的因素，在本研究中包括能够提供就业机会、教育条件、医疗设施等。

身份认同指的是个人或群体对其显著特征或所属群体的感知和表达（俞少宾 崔兴硕，2012 年）。笔者认为，流动人口由于环境的变化、接触人群的不同，在身份认同方面可能会有一定的变化，通过比较流动人口流动前后的环境和交往人群来研究认同是否发生变化及其原因，是一个可行的途径。

在身份认同的形成因素中，包括原生论（Geertz 和 Van den Berghe）和情境论（Reitz）。原生论指的是血缘、语言、宗教、风俗习惯等与生俱来的认同感，本研究中的朝鲜族之间由于血缘、风俗习惯等因素会相互形成亲切感和认同感。情境论指的是群体间的不平等待遇以及群体间的冲突和竞争可以增强群体内部的认同感。笔者认为，国际朝鲜族友人之间具有文化上、血缘上的认同感，可是随着时代发展，群体内部的经历已然发生了变化。比如中国朝鲜族在迁入中国之后，在中国大地上扎根建设，洒下汗水，在抗日战争和解放战争时贡献血与泪，已然成为中华民族不可分割的一部分，现在的中国朝鲜族的认同和国际上其他朝鲜族的认同早已发生了变化。以上是宏观上的，本次调查落实到微观上的个人，笔者发现，教育背景不同、人生境遇不同会让人产生不同的认同感。比如，人在流动的过程中，得到韩国友人的帮助，他可能会觉得“韩国人也是朝鲜族”，感觉很亲切；如果受到歧视，则加强了与原来群体的认同而抗拒新群体。由此，笔者认为，同一个族群（本研究中的朝鲜族）具有多样的认同感，这也是本文的研究主题，并试图通过对调查材料的分析了解认同多样性的成因。[①]

迈克尔·皮奥雷（Michael Piore）认为，在发达国家本土的劳动力不愿意进入下层市场时，外国移民填补空缺具有一定的必要性。如果一定需要外国移民，那么语言文化上有相似性的中国朝鲜族进入韩国工作，比其他外国移民具有更多的便利性，这是韩国提供越来越多的便利政策吸引中国朝鲜族劳动力的原因。中国朝鲜族外出务工，大多将收入带回国内消费，对于中国国民经济增长也有着重要的作用，这也是中国支持朝鲜族外出务工的原因。随着中国朝鲜族搭建桥梁，近年来中韩两国的关系越来越好，政策也越来越优惠便利。可是外来流动人口在融入流入地主流社会的时候必然会产生一定的问题，如何缓解“外劳”和本国人的矛盾也提上了日程。德国学者冈瑟·舒尔茨指出，流动人口的社会适应问题绝不仅仅是“文化问题”。虽然韩国在吸纳劳动力时颇为积极，但在流动人口的社会保障和管理方面投入还是不够，对于劳动力的区别对待和歧视现象还是很严重。斯蒂芬·卡斯特和马克·米勒提出，从20世纪末到21世纪初叶是“国际流动人口的时代”，其主要趋势表现在国际流动人口的全球化、快速化和女性化上。流动人口是多种因素综合的现象，是日益强化的全球经济政治体系下的一个次级体系，由于任何国家都不可能只对信息、商品、资本开放而对人口流动实行封闭，因此，不论政府如何堵截，人口流动的潮流都不可能在近期内扭转。全世界从政界到民间的当务之急，是学会认识、理解、接受大批人口流动的社会现实。

---

① 高丽大学的尹仁镇教授在讲座中讲过这样的一个故事。有一批犹太人移民到美国后，经历了千辛万苦，慢慢进入美国的中上层社会，还没来得及让其他美国人认识这样一个族群，下一批犹太人就来到了美国，后来的这一批犹太人是逃难而来，生活窘迫，只能从事最脏最差的工作，很多美国人由此觉得犹太人是低等的，歧视犹太人，前一批犹太人想方设法的和后一批犹太人保持距离，划分界限，想告诉美国人说“我们和他们”是不一样的，但事实上，不论他们怎么做，美国人心里，犹太人就是犹太人，就是将歧视鄙夷的心态带到了所有犹太人身上。后来，前一批犹太人意识到，与其划界线，不如伸出援助之手，帮助后一批犹太人改善生活，提高社会地位，只有整个族群的地位提高，美国人才能高看他们。于是，犹太人互相帮助互相团结，共同发展。笔者由这个故事，想论述这样的一个结论，那就是，同一个族群可以具有多样的认同感，多样的认同感也可以促进合作发展。与其用“不同”去疏远，不如用“相同”来合作共赢。

所以，笔者认为，中韩两国在贸易合作时，如果能够利用朝鲜族族群文化源流上的相似性，则有利于促进合作，共同繁荣发展；而不应该强调隔阂，区别对待，这是百害而无一利的。推而广之，人与人会有不同的认同感，多样的认同感不应该是分歧的来源，应该用相似的部分来拉近关系，而不是用不同的部分来疏离对方。

四、具体分析

（一）年轻的朝鲜族流动人口

本研究中涉及的年轻人群体主要包括接受“民考民”学校教育和“民考汉”学校教育的两大人群，选取这两大人群进行比照分析，是考虑到教育背景的不同和在受教育过程中接触群体的不同可能会影响并产生不同的族群认同。选择接受民考民教育还是民考汉教育，大多是在学生的幼年时期由家长来决定的。

在上面的研究方法中提到，笔者访谈了民考民和民考汉的同学各 10 人，在延边大学发放了 200 份问卷，问卷也是由民考民和民考汉的朝鲜族同学填写的。以下的论述主要是通过访谈得来，问卷起到了补充和支持笔者观点的作用。

1. 不同的教育环境和认同

（1）民考民。

“民考民”指的是主要接受朝鲜族学校教育的朝鲜族。他们的朝鲜语（即韩语）[①] 语言能力非常强。他们与人交流主要使用朝鲜语。他们大多爱听韩国音乐，喜爱韩国品牌的服装、化妆品、电器等。

让孩子读朝鲜族学校的家长，认为朝鲜族就应该会讲朝鲜语，会使用朝鲜语，而且又有语言相通的外国——韩国，掌握好朝鲜语也意味着掌握好了韩语，对于升学就业都有很大帮助；而且相对而言，朝鲜族学校生源相对少，竞争压力小，又有加分等优惠政策，在升学时有机会考取更好的学校。

---

① 朝鲜语和韩语的区别：笔者喜欢将朝鲜语和韩语的差异比作四川话和贵州话的差别，朝鲜语和韩语沟通无障碍，语法结构相同，只不过在近代发展过程中，在新词汇的使用上，韩语音译英文词汇，朝鲜语音译韩语词汇，举个例子，像商店这样的词汇，韩语是슈퍼마켓（即英文中“supermarket”的音译表达）朝语是“상점”（即中文中“商店”的音译表达）。

（2）民考汉。

“民考汉”指的是主要接受汉语学校教育的朝鲜族。他们在成长过程中接触非朝鲜族[①]的时间更多，汉语十分流利，与非朝鲜族来往完全无障碍。

让孩子读汉语学校的家长，多是因为在生活过程中经历过或者见过由于汉语语言能力差吃过亏的人，认为要在中国国内发展，还是要掌握好汉语，这样才能在工作生活中更好地表达自我，展现个人能力。另外，朝鲜语学校学生家长大多在韩国务工，教育管理孩子的时间较少，给孩子的零花钱较多，使得朝鲜语学校一些学生使用昂贵的物品，爱化妆染发，穿名牌衣服，聚会喝酒现象较多，攀比现象比较严重。部分家长因而产生顾虑，选择让孩子读汉语学校。

（3）两个群体不同的认同。

基于笔者自己在民考汉学习过程中的自身体会以及对周围朋友的了解，笔者发现，虽然是在非朝鲜族环境中受教育，但民考汉的朝鲜族内心还是更喜欢和朝鲜族接触、交往。这种交往是一种在非朝鲜族环境中的朝鲜族与朝鲜族的团结。但这种接触和民考民的情形不同。他们想要进入民考民的朝鲜族圈子还是有一定的困难。与受民考民学校教育的学生相比，民考汉朝鲜族的朝鲜语听说读写都要差一些，受朝鲜族文化的影响不深，并不像民考民的朝鲜族那样喜爱在家中观看韩国节目，吃穿住行都喜爱追随“韩流”。受不同文化背景影响的他们在交谈时会出现某些问题，比如民考民的朝鲜族会聊到一些民考汉的朝鲜族可能不知道的韩国歌手、综艺明星、韩国服装品牌等，话题不能引发共鸣，所以相应地比较难以拉近关系。而在这个方面，民考汉的朝鲜族在非朝鲜族那里可以得到更多的认可、产生共鸣，形成一定程度的文化认同感。

如前所述，接受民考民还是民考汉教育大多是由家长决定的，这无疑也体现了代际影响。笔者观察发现，在一个家庭中，各个成员的族群认同和文化认同会相互影响，具有相似性。如果父母擅长朝鲜语，有韩国务工经历或者身边朋友大多是朝鲜族，往往会让孩子读朝鲜语学校。在孩子成长过程中，接触的最多的还是朝鲜族，这样的家庭对同民族会有很强烈的认同感。若父母工作环境中有很多非朝鲜族，父母更有可能让孩子读汉语学校，孩子在成长环境中会接触到更多的非朝鲜族。虽然这些孩子对非朝鲜语环境中的朝鲜族有更多的好感，但觉得民族

---

① 在东北朝鲜族聚居地区除了朝鲜族之外，还有居住着汉族、满族和较少的回族、蒙古族等民族，所以笔者在文中将其他民族统称为“非朝鲜族”。

成分对友谊和生活并没有多大影响，所以对同民族的认同感在日常生活中没有特别强烈。

2. 接受教育之后的择业和认同

众所周知，朝鲜族的平均受教育水平是相当高的，但是很多朝鲜族聚居区并不能给朝鲜族提供足够多的或者无法提供合适的工作岗位。以延边朝鲜族自治州为例，当地没有多少大型的韩资企业或中韩合作的企业①，接受了本科及本科以上教育的朝鲜族回到家乡难以找到合适的工作，所以大多会选择去往北京、天津、上海、青岛等地，或是去韩国工作。选择去大城市工作的朝鲜族中，有不少选择进入韩资企业工作。为什么大多数朝鲜族高才生会在国内韩资企业工作？因为不论他们的专业是什么，他们的语言优势令他们能比其他民族的员工更好地和韩国高层管理者以及韩国培训人员沟通，甚至可以起到翻译的作用。从而，他们的价值可以得到更好地体现，故而满足感增强，工作效率提高。

目前，越来越多的朝鲜族在韩国找到白领、公务员这种“体面工作”，为什么很多朝鲜族会选择赴韩务工呢？首先，朝鲜族具备语言优势，这是非常重要的。其他民族选择在国内流动务工时，朝鲜族将眼光放到与其相邻的境外，就是因为得天独厚的民族语言优势。其次，政策支持，不论是韩国还是中国，都支持朝鲜族赴韩务工。当地朝鲜族只要能负担来回机票费用和少量手续费就可以相对轻松地办理3个月的韩国签证，并且此后续签时根据个人信用可以慢慢延长。再次，韩国的薪酬要比国内同等工种的薪酬高很多。比如在韩国，餐饮等服务行业人均月薪可以达到7000元人民币左右，这是国内服务行业难以达到的人均薪资水平。最后，这些朝鲜族的家乡经济水平相对落后，可提供的工作岗位相对较少。

笔者通过访谈发现，这些朝鲜族在外出务工的过程中，他们的个人经历以及在这些经历中他们与周边朝鲜族的关系会影响他们的族群认同。在他们的人生经历中，如果身边的朝鲜族扮演着好友的角色，非常聊得来，并在遇到困难时，由于是同民族友人而给予更多的帮助，那么他们的族群认同会较强。赴韩后，如果韩国人包容尊重他们，或者比起东南亚的打工者，由于是同民族韩国人给予他们更多的帮助和理解，或者说朝鲜族这个身份给他们带来了自豪感，那么这些人的

① 从韩国企业在华投资的地域分布看，山东、辽宁、上海、北京、广东是韩资企业较为集中的前五大地区。

族群认同就会十分强。相反，如果在一个人的成长过程中，并没有感觉到民族身份的不同给他的工作生活带来什么不同，那他的族群认同感可能就不会在日常生活中凸显。更甚至，如果在个人经历中，他们在韩国受到韩国人的歧视，或是在国内没有获得同民族的理解和认同，那么他们的族群认同感可能会被弱化。（此段论述主要是基于对在延吉市公园街道办事处排练的朝鲜族民俗乐团的朝鲜族老人的访谈，其他的被访者也有这样的特点。在韩国流动时或被友好对待或被歧视的经历深深地影响了他们的族群认同感。）

（二）朝鲜族年长的流动人口

笔者调查的另一大群体是下岗或者病退后赴韩工作的人群。就像在前面提到的，他们的年龄段大概是 45—65 岁，属于中老年。他们家中上有老、下有小，外出时父母和孩子都留在国内。在这个年龄阶段的人，他们并没有生活方面的困难，子女大都已成家，又有一定的退休金，维持生活是不成问题的。但他们还是愿意出国再工作几年，想要多赚些钱为子女减轻负担。

由于他们大多并没有什么技术专长，所以在韩国务工时，多从事餐饮、工厂等劳动力密集型行业，少数从事建筑工人等工作，由于做建筑工人等体力工作可能会伤到身体，并非理想工种，有些人会做木工、瓦工或者美甲美发等技术活，加之有语言优势，他们要比泰国、越南等地区的务工人员更容易找到相对轻松的工作。总体来讲，他们多把这类务工当作短期的事情，并不认为这是长久的职业。只希望在能赚钱的情况下，省吃俭用，好攒到钱回家乡开店做生意。他们中个别人即使在韩国工作得很辛苦，赚钱赚得非常不容易，回国后也会进行炫耀型消费，想让亲友觉得他们过得很好，赚了很多钱。

相比较而言，女性在流动过程中占有更大的优势。她们通常在国内收入较低。但在外出务工时，她们从事的工作通常比男子的工作轻松，却可以获得和男子差不多的收入；并且在务工过程中有可能结识国外的男子，以婚姻的方式移民入外籍而改变生活状况。在赴韩务工群体中，也有不少夫妻搭档务工。“夫妻搭档”在韩国也可以成为一种工作岗位的名称，妻子负责做清扫等细致的工作，丈夫则做出力的工作，两人互补搭档，可以提高效率。据访谈对象说，如果两人共同在韩国务工，通常一个月两人能收入两万元，花销 1 万元，每月就可以攒下 1 万元，比单人外出务工攒钱更多。这也是朝鲜族群体中夫妻共同出国务工、留守儿童增多的社会现象产生的原因之一。

但经济只是这个群体流出的主要原因之一，随着越来越多的朝鲜族前往韩国，他们对韩国的了解增多并有了一定的社会关系，他们选择前去的原因也开始多样化。笔者母亲的一个朋友，他们一家三口先后去了韩国，却是为了不同的目的。这个朋友是家中最早赴韩务工的人，她之前在国内一所职业高中工作，后来选择病退离职赴韩务工，在韩国主要做家庭汉语老师的工作。在那里工作相对不稳定，所以她多次往返国内外，在韩国教汉语，在国内教韩语。她的女儿在韩国高丽大学交换学习了半年，交换期间女儿半工半读。女儿在国内本科毕业后又赴韩攻读研究生。这位阿姨的丈夫，原本是一位公务员，不料得了喉癌。考虑到韩国的医疗条件更好一些，就选择在韩国一边打工一边定期做相应的检查和治疗。所以，从他们一家三口的例子中，可以看到他们由于不同的原因而选择去韩国，为了赚钱、为了深造、为了医疗、为了探亲等，这些在他们家庭的案例中呈现，也在其他赴韩朝鲜族的案例中体现。同样，也是去往国内其他城市工作生活的朝鲜族的流动动因。但不论是出于哪种原因，朝鲜族在大量流入韩国和国内的大中城市。

较为年长的朝鲜族流动人口在国内有工作经历，从某种程度上来讲，即使他们不选择流动，也能在流出地找到工作，能够生活。他们往往是为了追求更好的生活，积累更多的财富而选择流动。年长的流动人口常常会认为流出地的生活比较安逸，即使流入地再好，他们也愿意最终回到流出地生活。他们对流出地的人、流出地的生活难以割舍，即使在流动过程中认同感会产生一些变化，但大多是表层的；从深层次看，年长的流动人口具有成熟的心态和看待事物的角度，他们对于流出地的人有着难以割舍的感情和认同感。

中国朝鲜族从朝鲜半岛迁入中国后，就深深地融入中国的血液之中，成了中华民族不可分割的重要组成部分。同时，中国朝鲜族具有的朝鲜族特征，有助于联系全世界各地的朝鲜民族，能够促进中国和相关各国的友好交往。

在中国朝鲜族内部，民考民教育背景的人和民考汉教育背景的人之间的认同也有着微妙的不同。在北京的望京地区，即便都是韩国人，想回到韩国的一派和想留在中国的一派之间也有着不同的想法。总之，即便是同一个民族，其内部的认同也是复杂多样的，其中的因素非常值得探究。如前文所述，亲缘关系、文化背景等原生性因素在族群认同中起到了非常重要的作用。但在认同中起到分化作用的因素包括：流动期间流入地或友好或歧视的经历；民考民、民考汉的教育背景；年轻、年老的阅历等情境性因素都影响了族群认同。

随着中国朝鲜族受教育水平的不断提高，不论是在国内的大中城市还是在韩国，中国的朝鲜族高才生的努力和工作成就逐渐在改变韩国人对中国朝鲜族旧有的看法，韩国也开始重用来自中国的朝鲜族大学生，尊重中国朝鲜族。笔者认为，一个族群想要被尊重，想要被认同，重要的是自我崛起，自立自强。在看到相对处于弱势的同伴时，要做的不是划清界限，不是跟别人说“我跟他不同”，而是伸出手去帮他一把。只有合作共同发展，整个群体才能够被尊重。用“不同”去彼此伤害，不如用“相同”去合作，多赢发展。

笔者的观点是同一个民族会有多样的认同感，但多样的认同感并不是分歧的来源，而是繁荣的源泉。费孝通先生讲“各美其美，美人之美，美美与共，天下大同”，对待认同问题，笔者认为，如果能够包容多样性，理解对方的不同，并且重视相同的部分，利用“相同”来促进合作，相互帮助，这是互利多赢的事情，何乐而不为呢？研究民族的认同感，不是为了增加隔阂，而是通过研究，知道产生“不同”的原因，从而理解“他者”，通过相同的部分来拉近彼此的距离，友好、合作、共赢、繁荣，这些才是我们应该追求的。中国是一个多民族国家，有很多跨境民族，在全球化的时代，与其通过“不同”来排斥同胞，排斥这些跨境民族，不如让这些跨境民族通过文化的相似性，发展贸易，加强合作，促进与邻国的友好往来。在一个民族的内部也是如此，与其把人分类，与发展得好的人群亲近，与发展得差的人群疏离，来强调“不同”，不如伸出援助之手，进行合作，把整个族群的资源整合起来发展。所以笔者认为，多样的认同也可以促进族群繁荣发展。

（指导老师：胡琰）

参考文献

［1］金元石．关于中国朝鲜族的含义［J］．中国边疆史地研究，2003（4）．

［2］李明欢．20世纪西方国际移民理论［J］．厦门大学学报，2000（4）．

［3］李明欢．当代西方国际移民理论再探讨［J］．厦门大学学报，2010（2）．

［4］钱锦．西方学者关于移民城市适应性研究的理论综述［J］．国际问题研究，2010（3）．

［5］俞少宾，崔兴硕．身份认同转变的影响因素探析——基于16位在韩朝鲜族移民的结构式访谈［J］．华侨华人历史研究，2012（4）．

海纳百川·社会与社工篇

管理员与学生关系现状初探

——以中央民族大学1号宿舍公寓为例

孙　巧[①]　鲍佳妮[②]　李　月[③]

【摘　要】本研究通过对宿舍管理人员和学生双方的多次访谈，结合自身日常观察和真实感受，运用比较、分析、归纳等方法，全方位、多层次地对目前宿舍管理人员和学生之间的关系现状及其背后的管理体制进行描述和分析，试图探究双方冲突爆发的原因，并为双方关系的改进提供一些可行性的建议。

【关键词】大学生　双重角色　宿舍管理员

一、研究问题的提出

本研究的选题确立来源于生活实际和成员的兴趣。研究对象为大学宿舍管理人员和大学生，尝试从多角度探寻宿舍管理员与学生的关系。宿舍管理员与大学生的关系会直接影响学生的生活，涉及双方信息接收与安全问题的处理等多个方面。若由于两者之间的矛盾，使得宿舍环境被破坏，学生反映的问题不能及时解决，那么很可能给学生造成很大的负面影响。为此，希望通过本次研究阐明宿舍管理人员与学生互动的真实现状和背后的制约因素。其中包括以下几个问题：

---

① 孙巧（1993—），湖北荆州人，民族学与社会学学院社会学专业，2012级本科生。

② 鲍佳妮（1994—），黑龙江大庆人，民族学与社会学学院社会工作专业，2012级本科生。

③ 李月（1994—），山东烟台人，民族学与社会学学院社会学专业，2012级本科生。

1. 宿舍管理员队伍现状以及对自身的工作职责与角色的认识；
2. 宿舍管理员与学生之间关系的评估；
3. 学生对宿舍管理人员的职责权限的认知以及自身权利意识。

二、研究背景及意义

宿舍作为大学生成长和生活的重要场所，对大学生的成长、成才及未来的发展具有非比寻常的意义。在学习上学生与老师的联系密切，而在生活中似乎室友成了最为密切的互动对象。然而在大学宿舍生活中不得不重视的一个群体便是宿舍管理人员，他们兼任着宿舍的安全、卫生、传达消息等管理工作。正是由于这几个寻常而重要的任务的存在，他们成了每栋宿舍楼易被忽视却不容忽视的关键群体。

宿舍管理人员在充当公寓宿舍的管理者的同时，更是学生们在宿舍这个大家庭里的服务者，“宿舍里的大事儿小事儿都会找楼管”，宿舍管理员早已成为大学生生活中必不可少的一部分。但是，不能忽视的是，两者之间存在着潜在的矛盾，很多时候甚至是一触即发，一旦矛盾爆发，就会造成两面俱伤的后果，给冲突双方都带来不必要的负面影响。尤其是近年来，随着社会化进程加快，人们的交往愈加陌生化等，大学生与宿舍管理人员的潜在冲突和矛盾也愈加白热化。

本次关于高校宿舍管理员与学生关系的调查，具有理论意义和现实意义。在理论意义上，一方面，可以很好地探讨宿舍管理人员自身具有的双重身份角色：管理者与服务者两者的关系，这既是对角色冲突理论很好的运用，也能加深对该理论的认识与理解。另一方面，从社会行动的角度看，分析大学生与宿舍管理员在所处特定情境下、持各自不同的价值观念所进行的互动是怎样的，这种互动如何影响着宿舍秩序的运行，这将是对社会行动理论的一次运用和实践。在现实意义上，通过这次调查，可以建立起宿舍管理员与学生的一个沟通交流的渠道，充分了解学生的需求与宿舍管理员的难处。一方面，可以减少两者之间的交流沟通障碍，减少甚至避免相关冲突事件的发生；另一方面，也有利于双方加深彼此的了解，改善原有的一些不和谐关系，建立温馨和谐的校园宿舍文化。

三、文献回顾

（一）关于高校宿舍管理研究

1987 年国家教委曾颁发〔87〕教总字 003 号文件，文件指出：“高等学校在搞好伙食的基础上，改革要继续向后勤其他领域扩展，首先要搞好学生宿舍的管理改革。”在这样的大背景下，20 世纪 90 年代以来宿舍管理人员改革的成效是显著的，也涌现出很多关于高校宿舍管理的有相当影响的研究。如陈翰、吕民的《北京地区高校学生宿舍管理的调查与分析》（1997 年）通过大量调查分析，总括了几项改革成果：加强宿舍管理人员领导，注重队伍建设，改革管理模式，理顺领导体制，增加经费收入；最后还提出现行管理管理中存在的问题和改善方法。孔维霞（2010 年）在《高校宿舍管理路径》中提出，除了提高住宿区软硬件设施和改善环境之外，主要是从宿舍管理人员入手，加强他们的素质建设，明确各自的管理职责，转变旧有观念。张小春（2008 年）、于胜利（2012 年）对于宿舍管理社会化改革的分析都强调主要是理顺关系、建构科学的管理体制；明确以学校教育管理为主、学生宿舍投资方服务育人为辅，学生自我教育、自我管理、自我服务为补充的工作机制。必须理顺学工处、后勤管理处、宿舍投资管理方的关系，不能让学生工作处于游离不定的状态。前者还要求宿舍管理人员变“滞后服务”为“超前服务”，变“被动服务”为“主动服务”，变“数量服务”为“质量服务”。

（二）宿舍管理员队伍现状和角色定位

在一些较早期关于宿舍管理的研究中，如陈翰、吕民对北京 69 所高校宿舍管理情况进行的第二次全方位调查中，谈到宿舍管理人员的素质有待提高。邹薇（2003 年）提出新型宿舍管理人员应当具备较高的政治素质和业务素质，要有较强的服务意识和团结合作意识。周静（2009 年）的《高校学生宿舍管理员队伍的现状与对策》以重庆某高校聘用的 18 名管理员为例，总结出大多数高校（宿舍）管理员的六个特点：学历层次不高，年龄偏大，农村户口占多数，管理经验不足甚至从未从事过管理工作，缺乏一定的管理、教育能力，缺乏较为系统的理论知识和专业技术训练。

吴建强（2002 年）、张园园（2007 年）研究的是高校后勤社会化改革中宿舍管理人员的角色定位，指出管理员集多种角色于一身，包括管理者、服务者、教育者，且在新形势下管理员的观念要从以管理为主逐步转向以服务导向为主。后者还具体比较了学校社会工作者与新型宿舍管理员的角色以及两者在工作中的利与弊，最后建议以专业的社会工作者代替宿舍管理人员，将更有利于学生的学习与成长。冉素贞（2013 年）则从强化管理、健全服务和创建特色宿舍文化三个方面强调高校育人的这一重要功能。

（三）大学生对宿舍管理人员的态度及两者间的互动

目前针对大学生对宿舍管理员的态度和行为以及他们对管理体制的看法方面的研究是比较少的。其中具有代表性的是王盛航、何梦洁、顾林丽（2013 年）从法学的角度研究了高校宿舍管理权与学生权利的冲突。其中具体明确了高校具有收取住宿费的权力、管理权和求偿权，学生具有隐私权、财产权。但是高校对宿舍的查处方式与学生的权利是冲突的，比如：1. 突击检查卫生和大功率电器，有时还会搜查学生抽屉、衣柜等，搜查到的违规电器会被没收并罚款；2. 电压控制，当学生使用大功率电器时宿舍电路会自动跳闸。调查显示，大部分学生认为宿舍管理人员没有权力进入宿舍搜查，学校也不能用行政权对宿舍进行管理。以双方权利冲突作为切入点，显然学生对宿舍管理人员和学校管理的态度是不满的。

目前关于宿舍管理人员与学生的直接互动关系的研究也很少，学者孔维霞在其研究中也只是提到宿舍管理人员与大学生之间需要保持一定张力。大多数研究都限于宿舍管理研究，有的只是概念的基础研究，有的过于笼统，有的过于零散，没有系统性，研究缺乏深度。因此，笔者将在借鉴前人经验、吸收前人成果的基础上，对宿舍管理人员与学生互动关系及其背后的影响因素进行重点研究，以丰富此类研究，并力争做出有创新性的成果。

四、宿舍管理人员与学生关系的特征分析

根据平时生活中的一些观察以及对学生和宿舍管理人员的访谈笔记的整理总结，笔者发现无论是从学生对宿舍管理人员的总体印象还是从宿舍管理人员对学生的总体印象出发，得出的结论都较为一致，双方对彼此的印象均为总体感觉还

可以，个别人或者个别情况下态度不太好。所以笔者将学生与宿舍管理人员的关系总体特征概括为“和谐的表面背后暗含冲突的隐患”，其具体表现为以下几个方面。

（一）宿舍管理人员对待工作基本认真负责，学生行为态度良好较为配合

据了解，宿舍管理制度实行的是 8 人轮班制，每人每周有一天休息时间。其中正门分 A、B、C 三班，时间分别为 7：00—15：00、15：00—23：00、23：00—次日 7：00，侧门只分 A、B 两班。除了正门 A、B 班是每班两人以外，其余各班每班只一人。宿舍管理人员基本是高中或大专学历，其中宿舍管理楼长接受过成人教育。站台的宿舍管理人员负责的工作是最基本的，而她们也是与学生直接接触最多的，比如对非本楼人员进楼的登记，对计算机、行李箱或其他大件物品的出楼进行登记，配合保卫部检查等。因为工作繁多琐碎且又与学生的安全息息相关，因此宿舍管理人员需要克服许多困难来保证工作不出差错，例如侧门的宿舍管理人员在岗期间连续 8 小时不能上厕所，非本地宿舍管理人员对自己确切放假时间不清楚，且一般比学生晚几天，为此常常订不到车票等。为此，各位宿舍管理人员均表示，面对这些困难她们都能克服以保证工作顺利完成。其认真负责的态度与良好的工作效果也颇受学生们认可。从学生角度来说，作为被管理者，学生们基本上都会配合宿舍管理人员的突击检查、卫生安全检查等工作。对于门禁规定，大部分女生也都能准时回寝。因此宿舍管理人员对学生的评价也较为正面。

（二）部分宿舍管理人员态度不佳，管理过于严格，引起学生不满

对于宿舍管理人员的不满，学生们主要集中反映在部分宿舍管理人员态度与管理严格程度这两方面。笔者观察发现，本次访谈的学生均表示感觉宿舍管理人员有时态度较差，口气硬。比如：有学生不慎遗失门卡，到宿舍管理人员处重新办卡激活时，学生需要在 10 分钟之内往返上下楼，需要麻烦宿舍管理人员两次，有时候个别宿舍管理人员会表现出极不耐烦的态度，让学生情绪压抑有所抱怨。也有学生反映，去前台宿舍管理人员那里登记报修门上的感应锁坏了，第二天却被安装了螺丝钉，并签字“门已修”。这样的态度让学生们反感。此外，在管理方面，访谈中有几位同学认为宿舍管理人员过于苛刻，管理不够人性化。体现在

当宿舍管理人员与保卫部进行突击检查时发现违规电器会不留情面地没收，事后学生希望宿舍管理人员能够返还却被告知不能再拿回等。

（三）部分学生不遵守宿舍规定，行为过于放纵，导致宿舍管理人员恼怒

对于学生的不满，宿舍管理人员表示部分学生不遵守宿舍相关规定，不配合宿舍管理人员管理，让她们有些恼怒。在学生手册上、在宿舍楼大厅墙上均有关于宿舍寝室管理的相关制度规定。然而一些学生明知故犯，依然在寝室使用违规电器，事后还不断纠缠要求归还被没收的电器。这让身为管理者的宿舍管理人员十分为难。类似的事情还有许多，宿舍管理人员表示，宿舍管理是要为学生们的人身安全和财产负责，因此执行规定时不可留情；但是许多学生并不理解，把不满归咎于没收她们电器的宿舍管理人员，因此宿舍管理人员恼怒之余也有几分无奈。

（四）双方均希望能促进两者关系和谐发展，保证宿舍管理更好进行

在整个访谈过程中，无论宿舍管理人员还是学生均对自己一方进行了反思，也对对方提出了建议。被访谈的学生们表示，学生应该配合宿舍管理人员检查，一起做好清洁除蟑等工作；同时她们希望楼长助理可以多与学生沟通交流，将学生诉求反映给宿舍管理人员。而宿舍管理人员则表示，在工作中应该更人性化，也希望学生能理解宿舍管理人员的困难，能够遵守规章制度，少饮酒、早回寝、垃圾不随手乱丢。

五、特定视角与原因分析

宿舍管理人员与学生的这种互动，看似学生和宿舍管理人员两个群体的直接交往，却同时牵涉到其他相关因素。一些研究文献谈道，传统的宿舍管理人员和学生之间是管理者与被管理者的关系，宿舍管理人员是学校工作人员的一部分。但现在宿舍管理工作由市场化的后勤公司外包，宿舍管理人员在法律关系上应该是作为被雇佣的服务者，和学生之间是服务与被服务的关系。但是事实上，体制化制度依旧有残余，宿舍管理人员作为管理体系的基层和管理的直接执行者，需

要严格执行学校的宿舍管理规章，因而不免带有管理者的角色身份。这种管理性和服务性在探索时期呈现出界限不清晰的特点。

（一）制　度

学生与宿舍管理人员之间有潜在对立冲突。这些冲突来自规章制度和学生需求之间的矛盾，是学生个人生活诉求和管理需求方面的矛盾。宿舍管理人员是制度的直接执行者，在这种冲突中，非常容易成为学生发泄不满的对象。

1. 学校从人身安全、方便管理等角度考虑问题，制定相关规章制度，会忽视一部分学生的个性化诉求。学校出于督促学生早归以及晚上进出安全的考虑，设立门禁，并且会定期将晚归记录发报到各院系单位。这给外出打工、自习、游玩的学生造成不便，尤其是个别学院严格规定晚回一次就会进行通报批评，而这与学院学生需要完成实验任务而不得不晚归的现实产生矛盾。

2. 侧重焦点不同。在安全方面学校以问题预防为主，再小的隐患也要注意，容易“小题大做”；而学生以方便生活为主，忽视小概率事件。比如进出带计算机和大件行李需要登记，在学生看来，是浪费时间，没有多大的防盗成效；而公寓部的工作人员认为，至少一些小偷会因此而惊慌露出马脚，他们就会进一步地盘查。从客观上说，这种条例防盗效果有限；现在也有很多学生怕麻烦喜欢将计算机放入背包中，无法被检出，登记上有漏洞，事后根据丢失情况来查看进出记录自然难有成效。

更典型的例子是，据专家建议为了防火要拆除床帏。但学生从经验上来看，若干年来，不曾听说过因床帏发生火灾的案例，而其他床具用品甚至比床帏更容易着火。因为小概率事件而要求学生拆除床帏，给学生生活带来不便，挨门挨户通知学生的宿舍管理人员于是成为直接的“出气筒”，一些学生表现出极大的抵触情绪。这种情绪虽没有集体爆发出来，但是会停留在学生心底。

（二）沟　通

从制度角度讲，宿舍管理人员的职能和学生需求之间有冲突因而造成紧张关系，那么沟通角度更多关注在执行过程中的有效信息交流情况。

职能信息不清。学生不了解宿舍管理员的职能范围，所以容易将由其他工作人员带来的不满指向宿舍管理人员。本次研究课题起源于学生对楼道卫生清理不及时的不满，但是根据调查，宿舍工作人员分为维修部、保卫部、保洁部和公寓部以及专门的 3 名心理辅导员。各部门各司其职，分工明确。清洁工作是保洁部的责任，不属于公寓部的管辖范围，但是因为信息不对称，学生将之统一视为宿舍管理人员的责任，楼底的公寓部人员是最直接与学生接触的，所以容易成为靶子。学生也并不清楚自己该遵守的具体宿舍规章制度。比如经常强调的大功率电器不能用，多少功率就算大功率呢？一个电夹板算不算？一个寝室限定的最高电功率又是多少呢？一个寝室若同时开着 8 台计算机，加上几个手机充电器是不是快要达到最大限定功率而有些危险呢？这些虽为最基本的知识但还是有很多学生并不清楚。还有若一个寝室连续断电 3 次，寝室的智能电压表将不能自动恢复，之后则必须请维修师傅来修理。若是这些规章小知识能得到很好的宣传普及，则不会有那么多的同学“以身试法”，一定要弄到自家寝室电表烧坏才甘心吧。

而在饱受争议的没收违禁电器的管理措施中，宿舍管理人员的搜查行动并非自发的，而是配合保卫部指令的，同时没收物品也由保卫部的人代管。而事后当有同学向直接没收者之一“宿舍管理人员”讨要物品的时候，宿舍管理人员常以物品不在自己手上为由拒绝。事实上，作为直接的参与者，宿舍管理人员直接承受着学生的不满情绪，加之少数宿舍管理人员表达生硬，给人推卸责任的“嫌疑”，无法获得学生的谅解。在调查中，宿舍管理人员表示，他们对物品没有处置权，和保卫部没有密切的沟通渠道，是难以帮助学生讨要物品的。但对讨要物品无果和虽然没有讨要物品但心有抱怨的相关学生来说，在不了解相关信息的情况下，难以感受到宿舍管理人员在管理体系中的为难之处，因此难以谅解宿舍管理人员。从学生角度考虑，宿舍管理人员的确和保卫部有一定的接触，也有机会帮忙去询问，比如交接物品的时候可以问问后续处置办法。笔者因为时间和信任问题，没有获得进一步的资料。

（三）角色功能

前面两个角度，更多地侧重于管理方面的问题。而在宿舍公寓改革宏观背景下，宿舍管理人员开始呈现两种角色属性，管理者和服务者。宿舍管理人员既需要遵守上级指令严格执行管理条例，也需要在具体操作中进行融通，甚至提供规定条例以外的服务，这和学生希望公寓能提供家一般温暖的服务的需求是相一致的。然而在这个逐渐摸索的改革中，在既定规则下怎样的情况可以通融、哪些领域可以提供非制度要求的服务却没有具体的标准，所以就留给了宿舍管理人员一定的自主权，如何界定更多依赖于宿舍管理人员自身的判断和服务意识。

1. 通融

这种通融受宿舍管理人员对学生请求合理性判断的影响。

在前文中提道，理工科学生因为实验需要必然要晚归，而被采访的正门阿姨表示已经酌情考虑，会专门给理工科的学生开门；同时遇到醉酒难以上楼的学生也会勉强开电梯。在这两个例子中，宿舍管理人员充分考虑了学生的特殊情况而采取了通融手段，前者是出于理解，后者是出于无奈，共同点在于学生遇到这种情况没有解决问题的方法。而在另外一个例子中，学生拎着大包小包凌晨四点多赶飞机，难以下楼，阿姨拒绝开电梯招致学生的不满。同样是学生遇到困难，需要宿舍管理人员的帮助，为什么前后待遇不同？在后面的例子中，一方面这类学生的要求同样和学校规定相违背，也的确可以通过自身的“努力”下楼，不过代价是体力；另外一方面其状况难以引起宿舍管理人员的同情，缺少足够感情上的“合理性”，因而无法改变宿舍管理人员对规定的遵从取向。当然偶尔也存在宿舍管理人员通融放行的例子。可见这种判断本身带有随意性，会因为主体间的沟通效果而改变通融的难度。

2. 服务态度

宿舍管理人员的业绩评介更多由后勤部门决定，执行好规定、不出问题就算尽职尽责了，因此没有强烈的意识回应学生的需求。同学对公寓“家”的诉求具体之一落实在宿舍管理人员的态度上，希望其能给予家人般的亲近感受，至少希望办公和进出的时候能得到宿舍管理人员的热情回应。而事实上宿舍管理人员的服务态度因“门”而异，其中可能牵扯到很多因素，除去个人性格等问题，可能和正侧门任务压力不一样有关系。正门的阿姨反映，来来往往的人太多，无法一一打招呼，加上各种监督任务，所以难以松懈；而侧门任务较轻，来往人员相对较少，所以侧门阿姨会有和同学谈心的工夫。

（四）学生素质

在访谈中发现，学生素质对于双方关系的影响至关重要。醉酒晚归大吵大闹、乱丢垃圾毫无公德、不配合登记，这是宿舍管理人员认为最影响宿舍管理与双方关系的三大问题。部分学生素质较低，不遵守规章制度，不配合宿舍管理人员工作给宿舍管理人员的管理工作造成了极大的不便。宿舍管理人员因此恼怒却又无奈，导致对少数学生没有好脸色。这样的态度又让学生心生不满，更加不愿配合宿舍管理人员工作。如此恶性循环，加上没有较好的沟通机制来释放双方积累的负面情绪，容易导致冲突的爆发。作为被管理者一方，学生们的素质将直接决定宿舍管理人员管理工作的难易程度。当工作太难、进展不顺时，身为执行人员压力较大、心情不好也是人之常情，无可厚非。宿舍管理人员将这种情绪通过对学生的态度来释放虽然有些不妥，但也情有可原。

六、结论与反思

在本次调研中，从小组对住宿学生与宿舍管理人员进行的访谈中发现，两者关系好坏的关键在于沟通与相互了解。学生有些想当然地过分放大宿舍管理人员的职责范围，而宿舍管理人员也有忽视自己的权力使用范围的情况，这样的情况既可能因为学生作为主体无法对环境形势正确地把握，也可能因为宿舍管理人员放纵个人权力导致不当管理。因此良好的沟通是缓解两者紧张关系的重要途径。

本次调研主要通过宿舍管理人员与住宿学生的日常矛盾点切入，通过冲突原因与过程了解两者间产生矛盾的本质。本次研究止于宿舍楼内的管理系统，因为不能对学校公寓部人员进行访谈，无法把握住宿楼的外部管理环境，因此无法找出冲突的外部原因，而止于通过层级信息传递后的异化或衍生的冲突。另外，由于笔者对两者冲突的过分关注，有诱导学生与宿舍管理人员说出不满的嫌疑，这可能使得访谈过程强化了冲突情绪，表达出来的内容比实际情况更夸张，信息被重新建构。且由于小组自身条件有限、人力与财力等多方面原因，没能多角度探究，这也是访谈过程中的缺憾。

（指导教师：柴玲）

参考文献

［1］陈翰，吕民．北京地区高校学生宿舍管理的调查与分析［C］．2003.

［2］孔维霞．高校宿舍管理路径之所思［J］．文学界（理论版），2010.

［3］冉素贞．高校宿舍育人功能途径初探［J］．教育观察，2013（18）．

［4］王盛航、何梦洁、顾林丽．对高校宿舍管理权与学生权利冲突的思考［J］．史志学刊，2013（04）．

［5］吴建强．论新形势下的学生宿舍管理［J］．镇江高专学报，2002－10（第15卷第4期）．

［6］孔维霞．高校宿舍管理路径之所思［J］．文学界·学科园地，2010.

［7］张小春．社会化——当前高校宿舍管理改革的新思路［J］．网络财富，2008（13）．

［8］张园园．学校宿舍管理员：学校社会工作者介入高校的新角色［J］．社会工作，2007（07）．

［9］周静．高校学生宿舍管理员队伍的现状与对策［J］．重庆教育学院学报，2009（4）．

［10］邹薇．浅谈学生宿舍管理人员的素质［J］．重庆石油高等专科学校学报，2003（5）．

两地社会工作本科生自我专业认同的比较与思考

——基于中央民族大学和台湾“中国文化大学”的实证研究

马林刚[①]　邹　松[②]

【摘　要】本研究运用专业认同量表和专业情境量表，分别从适切性认同、认知性认同、行为性认同和情感性认同四个方面来测量社会工作专业本科生的专业认同以及从专业前景、专业价值、学习环境和培养目标四个方面来测量社会工作专业学生的专业情境。研究以中央民族大学和台湾“中国文化大学”社会工作系的学生为对象，探讨了两地社会工作专业学生专业认同及专业情境的差异。研究发现，两地社会工作学生的专业情境在前景地位和专业价值维度上有显著差异，专业认同则只在专业认知和认同上有显著差异；相比内地，台湾地区学生的专业认同更有可能受到专业情境的影响；影响学生专业认同最重要的因素是专业价值感。

【关键词】社会工作　专业认同　专业情境　两地对比

一、研究背景

21 世纪以来，我国社会工作事业快速发展。随着社会工作专业在全国许多大专院校开设，社会工作本科学生队伍也日渐庞大。这些进入社会工作科系的学

---

① 马林刚（1994—），云南红河州人，民族学与社会学学院社会工作专业，2012 级本科生。

② 邹松（1994—），江西省赣州人，民族学与社会学学院社会工作专业，2012 级本科生。

生发展状况如何，对社会工作有何了解，对社会工作专业的认同情况如何？毕业以后从事与社会工作相关的业务意愿如何，都是值得探讨和思考的问题。台湾地区的社会工作专业发展走过了30多年的历史，而内地的社会工作专业教育1989年才正式开始。可以说，台湾地区的社会工作教育走在了内地的前面。两地虽然同处于中华文化圈，但是由于种种原因，两地的经济社会文化环境都存在一定差异。在不同的教育体系和不同的社会体制下接受社会工作教育的学生，在对本专业认同上是否存在显著差异，又因何导致了这些差异？

我国《社会工作发展纲要》提出10年内建设300万社会工作人才队伍的目标①，这对社会工作人才队伍的培养提出了挑战。既要保证社会工作人才培养的数量也要保证社会工作人才培养的质量，就必须关注高校社会工作专业学生的发展情况。社会工作专业本科学生对本专业的认同直接影响到其以后从事社会工作相关领域的意愿与动机。探究两地社会工作本科专业学生对本专业的认同程度，有助于了解学生的思想动态与价值倾向。而两地学生在专业认同上表现出来的差异，则有助于更深层次地看到两地在社会工作专业教育上存在的差异以及两地青年在专业价值认识上的异同。

二、专业认同的概念梳理与影响因素

（一）专业认同的界定

认同（identity，亦作 identification），起源于拉丁文 idem（即相同、同一，the same），最早使用认同这一概念的是精神分析学的鼻祖——弗洛伊德，他认为认同是个人与他人、群体或被模仿人物在感情上、心理上趋同的过程②。在心理学词典中，认同是指“一个人将其他个人或群体的行为方式、态度理念、价值标准等经由模仿内化，而使其本人与他人或群体趋于一致的心理历程”③。认同是对我们是谁、从何处来、到何处去的反思性理解，是一种主观的感情，属于感性

---

① 中华人民共和国民政部，社会工作专业人才队伍建设中长期规划（2011—2020年）[OL]，民政部网站：http：//www.mca.gov.cn/article/zwgk/fvfg/shgz/201204/20120400302330.shtml，访问于2014年11月15日。

② 陈国强，石奕龙．简明文化人类学词典［Z］，杭州：浙江人民出版社，1990.

③ 张春兴．张氏心理学大辞典［Z］．上海：上海辞书出版社．1992.

的范畴[①]，它对于人的行动有极其重要的意义，是行动者意义的来源[②]。

本研究所指的专业认同来源于认同，区别于职业认同。为了更好地把握专业认同这个概念，现在先了解职业认同的含义。职业认同指个体对于所从事职业的目标、职业的社会价值及其他因素的看法、与社会对该职业的评价及期望的一致性。即个人对他人或群体的有关职业方面的看法、认识完全赞同或认可[③]。本研究中，专业认同的概念参考以往学者的研究，指学习者在了解所学专业的基础上，对所学专业的接受与认可并愿意以积极的态度和主动的行为去学习探究所学专业，是一种对所学专业在认识、态度和行为上的移入过程[④]。

（二）内地学者对社会工作专业认同的研究

近年来我国政府对社会工作的重视程度不断提高，截至目前已有超过 250 所高校开设社会工作专业，每年培养超过 1 万人的社会工作人才[⑤]。但是，这些人才中究竟有多少在毕业后从事与社会工作相关的工作？是一个值得深思的问题。不可否认，目前我国社会工作人才有着很高比例的流失，这其中有受到社会工作发展现状等客观因素影响的因素——如工作中的培训机会、工作强度、薪酬水平、晋升制度等[⑥]，但是也不能忽略专业生产过程中主观能动性的重要意义，即不能以纯粹的工具理性看待社会工作专业学生的专业认同、择业就业问题，因为高校的任务正是培养学生的专业认同，从而改善专业的发展前景，尤其是对于社会工作这种新兴专业[⑦]。而在高校学生的培养过程中，具体是哪些因素在影响社会工作专业学生的自我专业认同呢？对于这个问题，已有一些学者通过研究给出了自己的答案，归纳起来包括以下因素：就个人而言，价值观念[⑧]、兴趣爱好、

① 王顶明．对专业认同有关概念的理论述评［J］．学园，2008（02）．

② ［英］安东尼·吉登斯．现代性与自我认同［M］（1996）．赵旭东、方文译．北京：三联书店，1998.

③ 车文博．心理咨询大百科全书［Z］．杭州：浙江科学技术出版社，2001.

④ 王顶明、刘永存．硕士研究生专业认同调查［J］．中国高教研究．2007（08）．

⑤ 方琦．社会工作专业学生专业认同影响因素及前瞻思考［D］．安徽大学．2014.

⑥ 姜伦．社会工作专业人才流失现象分阶段分析及对策探讨［D］．西北大学．2014.

⑦ 林彦斌．专业认同影响从业意愿路径的实证分析［J］．高教探索．2013（3）．

⑧ 陈清丹．社会工作专业学生对专业认同的调查［J］．中华女子学院学报，2005（12）．

性格类型[①]可能会影响学生的专业认同；就学生的学习生涯而言，是否参加过实习、实习质量以及所在的年级等因素都会影响学生的专业认同状况[②]；就学校方面而言，学校的硬件条件、老师的教学水平、学术水平也可能会成为影响学生专业认同的因素[③]。

（三）中国台湾地区学者对社会工作学生专业认同的研究

前面已经提到，中国台湾地区社会工作的发展虽比内地成熟，但是在台湾学界对社会工作学生专业认同的研究并不多，笔者推测这可能是因为目前台湾社工界对专业认同的研究并不像内地这样迫切——台湾学者对台湾 4 所一般大学与科技大学社会工作系 423 名学生所做的研究表明，社会工作系的学生有 75% 会选择未来从事社会工作[④]，这个数字远远大于内地的 10%—30%[⑤]。台湾东海大学硕士汤雅婷研究专业认同与实习结构、学习投入之间的联系得出这样的结论：若有实习前的准备工作，则专业认同与学习投入较高；实习学生在专业认同上，对专业价值、专业自我、专业理念的认同偏高，对专业投入的认同较低；而在学习投入中，认知投入对专业认同具有最高预测力，达三分之一[⑥]。对于外部环境对社会工作专业学生专业认同的影响，陈金志等人通过研究发现：社会工作系学生的家人对其就读社会工作系的态度、本身对课程学习的满意度、整体学习状况的满意度以及本身对社会工作专业生涯的认识程度能明显地影响学生对社会工作专业的认同[⑦]。

---

① 胡志海，黄河林．大学生人格类型与专业认同间的关系研究［J］．心理科学．2006，29（6）：1498－1501.

② 秦攀博．大学生专业认同的特点及其相关研究［D］．西南大学．2009（5）：28－42.

③ 李巍巍等．我国大学生专业认同研究综述［J］．黑龙江教育学院学报，2011（12）：21－22.

④ 陈金英，汤志龙．专业生涯认同：影响社会工作系学生生涯选择之相关因素［J］．社会政策与社会工作学刊（台湾），2006，06，01：151－187.

⑤ 毛明华，陈赞畅．从社会工作人才大量流失看社会工作发展：基于当前社工毕业生流向的思考［J］．社会工作（下半月），2007（8）：45－46.

⑥ 汤雅婷．社会工作系学士班学生实习结构、学习投入与专业认同相关之研究［D］．东海大学（台湾）．2012.

⑦ 陈金英，汤志龙．专业生涯认同：影响社会工作系学生生涯选择之相关因素［J］．社会政策与社会工作学刊（台湾），2006（6）．

三、研究设计

研究采取定量实证研究，通过发放问卷获取数据，然后对获取的数据进行统计分析得出研究结果。

（一）研究框架

根据前面对专业认同的界定，专业认同指学习者在了解所学专业的基础上，对所学专业的接受与认可并愿意以积极的态度和主动的行为学习探究所学专业，是一种对所学专业在认识、态度和行为上的移入过程。根据以往的研究可知，影响专业认同的因素众多，包括专业发展前景、对专业价值的认可程度、专业的学习环境以及专业的培养目标等各个方面。根据西南大学秦攀博的研究，把这些影响因素称为专业情境。所以，本研究把“专业情境影响专业认同”确立为总的研究框架，以此为基础分析内地和台湾地区社会工作专业本科学生自我专业认同的差异。具体来说，该框架确立了以下三个研究假设：

1. 台湾地区社会工作专业学生的专业情境优于内地学生；
2. 台湾地区社会工作专业学生的自我专业认同程度比内地学生高；
3. 专业前景是影响专业认同最重要的因素。

（二）量表说明

本研究中使用的量表包括大学生专业认同量表和专业具体情境量表，两个量表均采用西南大学秦攀博设计的量表①，下面对两个量表进行具体说明。

1. 专业认同量表

该量表包括认知性、情感性、行为性、适切性四个维度，共23个项目。问卷采用Liket五点计分，专业认同总分为四个维度的平均分，分数越高代表专业认同感越高。该量表各个维度的内部一致性α系数在0.760—0.894之间，总量表的α系数为0.916；各个维度的折半信度系数在0.720—0.914之间，总量表的折半信度系数为0.939。就量表的效度而言，量表的结构效度较高——各个维度与总认同的相关系数在0.573—0.895之间，显著性水平全部达到0.001；量表的

① 秦攀博．大学生专业认同的特点及其相关研究［D］．西南大学，2009.

效标效度良好——效标题与总问卷的相关系数为 0. 685，显著性水平达到 0. 001；量表的内容效度可靠——问卷由西南大学秦攀博于 2009 年设计，知网上目前被引次数已达 48 次，量表设计时的题项来源于对以往的研究回顾以及开放式问卷，经过严格的初测—再测—终测流程，所以较为可靠。综上所述，该专业认同量表信度、效度良好，适合应用于本研究。

2. 专业情景量表

专业情境量表包括专业前景、专业价值、专业学习环境和专业培养目标四个维度，共 20 个项目。同样采用 Liket 五点计分，经过一定的技术性调整后，专业情境总分为四个维度的平均分，分数越高代表专业情境感越好。该量表各个维度的内部一致性 α 系数在 0. 815—0. 844 之间，总量表的 α 系数为 0. 905；各个维度的折半信度系数在 0. 805—0. 844 之间，总量表的折半信度系数为 0. 930。该量表的结构效度情况如下：四个维度之间相关系数为 0. 405—0. 619，保持中度相关，说明因子保持独立。四维度与专业情境调查问卷总分之间的相关系数为 0. 703—0. 837，呈高度相关，说明四个因子能够反映总分的内容。综上，专业情境量表的信度、效度良好，可用于本研究。

（三）问卷结构

根据已有量表结合研究需求，确定问卷结构如下（具体问卷见文末附录）：

第一部分：基本信息	性别、年级、年龄、选择社会工作专业的原因等
第二部分：专业认同量表	适切性认同，4 项指标（是否适合社会工作专业）
	认知性认同，5 项指标（是否了解社会工作专业）
	行为性认同，6 项指标（是否尽力学习社会工作专业知识）
	情感性认同，8 项指标（情感上是否接受了社会工作）
第三部分：专业情境量表	专业前景，6 项指标（社会工作以后的待遇、社会地位如何）
	专业价值，4 项指标（社会工作对实现自我价值的帮助）
	学习环境，6 项指标（社会工作目前的学习环境）
	培养目标，4 项指标（社会工作的培养目标合理性与实用性）

四、研究结果

（一）样本构成与数据整理

本次研究总共在中央民族大学和台湾“中国文化大学”发出问卷144份，其中回收有效问卷139份；样本构成情况如表1所示。

表1 样本构成情况

单位：人

分组		中央民族大学	台湾“中国文化大学”	合计
年级	大一	21	11	32
	大二	22	11	33
	大三	21	19	40
	大四	17	17	34
性别	男	17	28	45
	女	64	30	94
合计		81	58	139

数据录入完毕之后，对数据进行信度分析，结果显示，总问卷的内部一致性 α 系数为0.941；折半信度系数分别为0.910和0.923，说明问卷信度良好，比较可靠。根据研究需求，在原始数据的基础上生成专业前景地位、专业价值、学习环境、培养目标、专业情境以及适切性认同、认知性认同、行为性认同、情感性认同、专业总认同等10个变量，其中除专业情境和专业总认同两个变量外，其余8个变量的值为对应指标的平均值，专业情境和专业总认同的值为对应维度的平均值。

（二）两地专业情境与专业认同的基本情况

进行该部分的论述之前，需要声明本次研究所用量表的选项结构。本研究中两个量表内所有题项都采用Liket五点计分法，即从1—5依次为完全不符合、不符合、不确定、符合、完全符合。所以，数据量化之后，中间临界值为3，即3

为中立判断，高于3为正向判断，低于3则为负向判断。

表2　两地专业情境均值表

地区		前景地位	专业价值	学习环境	培养目标	专业情境
内地	均值	2.4852	3.2816	3.3249	3.4905	3.1456
	标准差	0.7545	0.7960	0.7567	0.8946	0.5669
台湾	均值	2.7644	3.5948	3.2759	3.6034	3.3096
	标准差	0.7460	0.8440	0.9348	0.8391	0.6284
总计	均值	2.6034	3.4142	3.3041	3.5383	3.2150
	标准差	0.7609	0.8283	0.8338	0.8702	0.5970

根据表2可知，不管是台湾地区还是内地，社会工作专业学生对专业情境的判断都更倾向于负向判断，总体均值为2.60，即两地学生都不太看好社会工作专业的发展前景。在其他三个维度上，两地学生以及总体的均值在3.28—3.60，最高的为培养目标，内地、台湾地区及总体学生分别达到3.49、3.60和3.53，情况相对较好,这可以看作是两地社会工作教育系统努力的结果。

表3　两地专业认同均值表

地区		适切性认同	认知性认同	行为性认同	情感性认同	专业总认同
内地	均值	3.1329	3.4519	3.2321	3.3623	3.2983
	标准差	0.7281	0.5931	0.7427	0.7738	0.5641
台湾	均值	3.3362	3.6690	3.1782	3.5474	3.4327
	标准差	0.9087	0.6320	0.7760	0.8497	0.6435
总计	均值	3.2190	3.5424	3.2092	3.4407	3.3552
	标准差	0.8126	0.6168	0.7546	0.8090	0.6005

根据表3可以看出，内地社会工作专业学生的专业总认同均值仅为3.30，低于秦攀博在川渝及广东6所高校各个专业所做研究得出的认同均值3.348。社会工作专业学生的专业认同低于其他专业？这有待进一步研究。从表中还可以知道，台湾地区社会工作学生的认知性认同达到了较高的水平，这应该是得益于社

会工作在台湾地区的发展，使得学生有更多的机会了解、接触社会工作这个专业。

（三）两地专业情境与专业认同的比较

以地区为分组依据（1 代表内地，2 代表台湾），笔者进一步对两地社会工作专业学生的专业情境和专业认同进行独立样本 t 检验。

表 4　两地专业情景差异的独立样本 t 检验

	t	P	均值差值	差值标准误差	差值的 95% 置信区间	
					下限	上限
前景地位	-2.150	0.033	-0.27914	0.12985	-0.53593	-0.02234
专业价值	-2.218	0.028	-0.31318	0.14120	-0.59244	-0.03392
学习环境	0.339	0.735	0.04903	0.14465	-0.23704	0.33510
培养目标	-0.749	0.455	-0.11294	0.15071	-0.41101	0.18512
专业情境	-1.598	0.112	-0.16406	0.10265	-0.36707	0.03896

表 4 的数据说明，台湾地区和内地社会工作专业学生在总的专业情境上的差异尚未达到统计显著的水平（$P=0.112>0.05$），所以不能简单地认为台湾地区和内地社会工作专业学生的专业情境有差异。但是在专业情境的具体维度上，台湾地区和内地存在达到统计显著水平的差异的维度——专业前景地位和专业价值维度上统计显著，P 值分别为 0.033 和 0.028，即可以很有把握容错率低于 5%）地认为台湾地区的社会工作专业发展前景比内地好，台湾地区对社会工作专业价值的认可程度比内地高。

如果抛开 P 值不谈，从均值差值也能发现一些问题。从社会工作专业学生总的专业情境来看，两所学校间均值差值为 -0.16，也就是说台湾“中国文化大学”社会工作专业情境极有可能比中央民族大学好。分开从四个维度来看，造成专业情境差值为负值的原因除了统计显著的前景地位和专业价值外，还有培养目标，台湾“中国文化大学”的值比中央民族大学高 0.11——即在专业培养目标维度上，台湾“中国文化大学”的培养目标更清晰实用。

表 5　两地专业认同差异的独立样本 t 检验

	t	P	均值差值	差值标准误差	差值的 95% 置信区间	
					下限	上限
适切性认同	-1.453	0.149	-0.20330	0.13994	-0.48006	0.07347
认知性认同	-2.071	0.040	-0.21711	0.10485	-0.42445	-0.00978
行为性认同	0.412	0.681	0.05391	0.13089	-0.20495	0.31276
情感性认同	-1.327	0.187	-0.18507	0.13949	-0.46095	0.09080
专业总认同	-1.298	0.197	-0.13440	0.10357	-0.33923	0.07043

从表 5 来看，在两地专业认同及其各个维度的 t 检验中，统计显著的只有认知性认同（$P=0.040<0.05$），即两地社会工作学生的认知性认同存在显著差异，台湾地区学生对社会工作专业的认知水平要高于内地学生。

如果从均值差值来看，虽然犯错概率增大，但也能大致发现两地学生的适切性认同、认知性认同、情感性认同以及专业总认同的均值差值皆为负值，这说明台湾“中国文化大学”社会工作专业学生的专业总认同及其中的适切性、认知性和情感性三个维度要高于中央民族大学的社会工作专业学生。但是在行为性认同方面，为一个很小的正值，即中央民族大学社会工作专业学生在适切性认同、认知性认同和情感性认同三个维度都处于劣势的情况下，在行为性认同上与台湾“中国文化大学”学生持平甚至稍微高于对方，这说明尽管不像台湾“中国文化大学”的学生那样认同社会工作专业，但是中央民族大学的学生却会花费相同甚至稍多的精力去学习社会工作专业。

（四）专业认同的影响因素分析与比较

1. 专业情境与专业认同的相关关系分析

根据以往研究，专业认同受专业情境的影响；就本研究而言，专业认同和专业情境都分为四个维度，专业情境的四个维度与专业认同的四个维度之间的相关关系如何？这种相关关系在两地之间又有何差异？为此，笔者对专业情境及其四个维度与专业认同及其四个维度做相关分析，得出表 6。

表6　专业认同与专业情境相关系数表

		适切性	认知性	行为性	情感性	专业总认同
前景地位	总体	0. 395***	0. 101	0. 395***	0. 458***	0. 438***
	内地	0. 246*	0. 195	0. 389***	0. 389***	0. 391***
	台湾	0. 537***	-0. 084	0. 436***	0. 524***	0. 473***
专业价值	总体	0. 637***	0. 355***	0. 621***	0. 717***	0. 742***
	内地	0. 526***	0. 400***	0. 532***	0. 676***	0. 680***
	台湾	0. 741***	0. 257*	0. 771***	0. 755***	0. 806***
学习环境	总体	0. 288**	0. 371***	0. 421***	0. 368***	0. 448***
	内地	0. 131	0. 378***	0. 389***	0. 386***	0. 400***
	台湾	0. 440***	0. 387***	0. 456***	0. 363***	0. 508***
培养目标	总体	0. 300***	0. 289**	0. 353***	0. 499***	0. 454***
	内地	0. 162	0. 354***	0. 243*	0. 416***	0. 366***
	台湾	0. 457***	0. 188	0. 517***	0. 605***	0. 563***
专业情境	总体	0. 557***	0. 390***	0. 617***	0. 705***	0. 719***
	内地	0. 374***	0. 471***	0. 542***	0. 660***	0. 647***
	台湾	0. 724***	0. 268*	0. 730***	0. 746***	0. 788***

注：***：$P<0.001$；**：$P<0.01$；*：$P<0.05$

从表中可以看出，就总体数据而言，专业情境与专业总认同的相关系数为0. 719，达到高度相关；在总体数据上达到高度相关的还有专业价值与情感性认同和总认同的相关、专业情境与情感性认同的相关。不管是台湾地区的数据还是内地的数据，专业情境的各个维度与专业认同的各个维度的相关系数很大一部分都达到中度相关，这说明专业情境影响专业认同的结论是可靠的。但需要特别说明的是，专业的前景地位与专业的认知性认同并没有显著的相关关系。

如果从两地对比的角度来看，会发现台湾地区的数据中专业情境及其各个维度与适切性认同、行为性认同、情感性认同以及专业总认同的相关系数高于内地的数据，这说明台湾地区社会工作专业学生的专业认同比内地学生更有可能受到专业情境的影响——这与华南农业大学林彦斌老师的研究①相呼应，他通过研究得出结论认为，社会工作专业学生的专业认同不能通过纯粹工具理性来判断，专业认同在很大程度上受到主观能动性的影响，尤其是在目前内地社会工作发展尚未充分的处境下——台湾地区的社会工作发展比内地成熟，但是内地的社会工作学生在社会工作的专业认同上有更强的主观能动性。

2. 多元线性模型分析

为了进一步了解专业情境各个维度对专业认同的影响，笔者以专业情境的四个维度的值作为自变量，以专业总认同为因变量建立多元线性模型如下：

$$y = \beta_0 + \beta_1 x_1 + \beta_2 x_2 + \beta_3 x_3 + \beta_4 x_4 + \varepsilon$$

其中 y 代表专业总认同；β_0 代表模型常量，即方程的纵截距；x_1—x_4、β_1—β_4 分别代表专业情境的四个维度及其参数。运用 SPSS 将模型带入数据，得出表 7：

表 7　多元线性模型分析表

	模型一：总体数据		模型二：内地数据		模型三：台湾地区数据	
	非标准化系数	标准化系数	非标准化系数	标准化系数	非标准化系数	标准化系数
（常量）	1.04***		1.31***		0.79***	
专业价值	0.44***	0.61***	0.41***	0.58***	0.48***	0.64***
学习环境	0.13***	0.19***	0.13	0.17	0.14***	0.20***
培养目标	0.07	0.10	0.07	0.11	0.05	0.07
前景地位	0.04	0.05	-0.01	-0.01	0.1	0.11

注：***：$P<0.001$；**：$P<0.01$；*：$P<0.05$

从表 7 中，可以看到专业情境的四个维度因子对专业认同的影响。对专业认同最具影响力的是专业价值因子，其标准化参数值在 0.6 左右，显著性水平达到 0.001。专业情境四个因子中另一个能部分达到（在台湾地区和总体的数据集中达到）统计显著水平的是学习环境因子，标准化参数值在 0.19 左右（$P<0.01$）。

结合上面的分析，建构最终线性模型如下：

---

① 林彦斌. 专业认同影响从业意愿路径的实证分析［J］. 高教探索. 2013（3）.

$$y = \beta_0 + \beta_1 x_1 + \beta_2 x_2 + \varepsilon$$

模型中，y 代表学生的专业认同，x_1 代表专业价值，x_2 代表学习环境，该模型对因变量专业认同的解释情况如下：

表 8　模型解释比较表

	R	R^2	调整 R^2	标准估计的误差	F	P
总体	0.778[a]	0.605	0.600	0.38430	124.955	0.000
内地	0.699[a]	0.489	0.475	0.40865	36.333	0.000
台湾地区	0.831[a]	0.690	0.683	0.36152	93.456	0.000

a. 预测变量（常量）：专业学习环境判断，专业价值判断。

表中显示，最终模型在总体数据、内地数据和台湾地区数据三个数据集中，分别能解释 60.5%、48.9% 和 68.3% 的因变量变异。该模型在台湾地区的适用程度高于内地。但总体而言，模型的解释力良好。至此，可以得出本部分的结论：社会工作专业学生的专业认同主要受专业价值和学习环境的影响，且这种影响在台湾比在内地表现得更明显。

五、结论与讨论

（一）社会工作专业学生对社会工作的专业情境的判断

根据本研究的数据，社会工作本科生对本专业的情景判断得分在 3.1—3.3 间，仅高于临界值 3 最多 0.3 的水平，虽然总体上为正值，即学生对社会工作的专业情境持正面评价，但这种正面评价存在两个问题：

1. 正面评价只是低水平的正面评价，如内地的专业情境得分仅为 3.15；

2. 低水平的正面评价只是对学习环境、培养目标和专业价值的评价，并不包含专业前景。专业情境中的专业前景维度得分最低，仅为 2.4—2.7，即学生总体来说对社会工作的未来发展持负面评价。

当然，这两个问题是联系的，对专业前景的负面判断在很大程度上影响了整个专业情境的得分——因为学生觉得社会工作专业发展前景不好，导致学生即使已经认可社会工作专业的专业价值、专业学习环境和专业培养目标，但总体的专业情境判断依然不乐观。换一个角度来说，学生虽然对社会工作的未来发展持负面态度，但不能因此而否定社会工作的发展前景，因为社会工作在中国内地只是一个尚未发展成熟的职业（学科），很多人并不了解社会工作这个专业，导致该专业的社会认可程度不高①。虽然如此，也应该看到内地社会工作教师们做出的努力——根据本调查的数据，学生对社会工作专业情境的专业学习环境维度与专业培养目标维度处于良好水平，而这与当前社会工作教师和学校的努力是分不开的。

（二）社会工作专业学生专业认同的分析

在专业认同的四个维度上，台湾地区数据和内地数据在排布上显示出一定差异，台湾地区四个维度得分从高到低依次是认知性认同、情感性认同、适切性认同和行为性认同，而内地的排序则为认知性认同、情感性认同、行为性认同和适切性认同。这可以有两方面的解释：

1. 相比于内地的学生，台湾地区的学生更可能觉得社会工作专业适合自己。从数据来看，台湾地区的学生因喜欢社会工作而选择该专业的比例占到69%，远高于内地的14%，且在两个地区学生选择社会工作专业原因的差异性检验中，显著性水平达到0.000；

2. 相比于台湾地区的学生，内地的学生更可能花费较多的精力在社会工作专业的学习上。虽然统计未显著，但可以看出在专业认同的四个维度之中，内地学生的得分唯一超过台湾地区学生的为行为性认同。

（三）专业价值对专业认同的影响力分析

在对专业认同影响因素的分析过程中，笔者注意到专业价值对专业认同具有很强的影响力。专业价值与专业认同及其四个维度均有显著的相关关系，且除了认知性认同之外都达到了0.000的显著性水平，而相关系数也很高，分别为0.637（适切性认同）、0.355（认知性认同）、0.621（行为性认同）、0.717（专业总认同）；在台湾地区的数据里，专业价值与专业总认同的相关系数更是达到了0.806的水平。在建立线性模型的过程中，专业价值对专业认同的解释力也很高，仅专业价值一个自变量就能解释专业认同55%的变异。因此，可以确定专

① 史柏年．体制因素与专业认同：兼谈社会工作职业化策略［J］．华东理工大学学报（社会科学版）．2006（4）．

业价值是专业情境里最能影响专业认同的一个维度。

如果细化分析专业价值维度下的具体指标，还能有所发现。专业价值维度下的四个指标分别是：社会工作专业能实现我的理想、社会工作专业能够实现自我价值、社会工作专业的知识对我的能力提高有帮助以及社会工作专业本身能吸引人。笔者测量的专业价值其实是社会工作专业能在多大程度上帮助学生实现自我价值——自我价值的定位因人而异，但终究是由社会文化基础决定的。如果一个社会能够充分认可社会工作的专业价值，那么社会工作必然也就能成为社会个体实现自我价值的工具。但是目前，社会工作还没有被两地社会广泛认可，这可能是当前社会工作学生自我专业认同不足的主要原因。

六、小结与反思

纵观整个研究，不管是内地还是台湾地区，社会工作专业学生的专业情境和专业认同都不容乐观——尽管本研究的种种迹象也表明台湾地区的社会工作发展比内地更成熟。而究其根本，专业价值感不足是造成这种不乐观的根本原因。有学者指出，社会工作专业的存在与发展是依赖于一定的哲学基础和价值理念的，社会工作的专业伦理与方法技巧也同样立足于这种哲学基础和价值理念①。台湾地区和内地同属于中华文化圈，虽然由于种种原因而使两地多年的发展相对独立，但是两地依然有着共通的社会文化基础。而社会工作来源于西方，西方有着和我国不一样的社会文化基础——所以当社会工作专业被引到内地和台湾地区时，就面临着专业伦理方法和技巧与当地社会文化基础的矛盾。这或许是内地和台湾地区社会工作价值感不足的主要原因。

社会工作专业源于西方，在中国内地呈现出后发快生的态势，尽管社会工作在中国内地的发展呈现出一派欣欣向荣的态势，但是社会工作的专业价值获得的社会认可程度却并不理想，而专业价值正是影响社会工作专业认同的最关键的因素。要提升社会工作学生的专业认同感，必须从专业价值入手，但这并非易事——在当前的中国内地社会，社会工作科学助人的模式依然难以抗衡中国传统社会“血浓于水”的情怀。

（指导老师：秦广强、卫小将）

① 卫小将．排异与契合：社会工作的本土局限性分析［J］．社会．2014（8）．

参考文献

［1］社会工作专业人才队伍建设中长期规划（2011—2020年）［OL］，民政部网站：http：//www.mca.gov.cn/article/zwgk/fvfg/shgz/201204/20120400302330.shtml，访问于2014年11月15日。

［2］陈国强，石奕龙．简明文化人类学词典［Z］，杭州：浙江人民出版社，1990.

［3］张春兴．张氏心理学大辞典［Z］．上海：上海辞书出版社．1992.

［4］王顶明．对专业认同有关概念的理论述评［J］．学园，2008.

［5］吉登斯．现代性与自我认同［M］（1996）．赵旭东、方文译．北京：三联书店，1998.

［6］车文博．心理咨询大百科全书［Z］．杭州：浙江科学技术出版社，2001.

［7］卫小将．排异与契合：社会工作的本土局限性分析［J］．社会．2014（8）．

［8］王顶明、刘永存．硕士研究生专业认同调查［J］．中国高教研究．2007（8）．

［9］方琦．社会工作专业学生专业认同影响因素及前瞻思考［D］．安徽大学．2014，5.

［10］姜伦．社会工作专业人才流失现象分阶段分析及对策探讨［D］．西北大学．2014，06.

［11］林彦斌．专业认同影响从业意愿路径的实证分析［J］．高教探索．2013（3）．

［12］陈清丹．社会工作专业学生对专业认同的调查［J］．中华女子学院学报，2005（12）．

［13］胡志海．大学生人格类型与专业认同间的关系研究［J］．心理科学，2006，29（6）．

［14］秦攀博．大学生专业认同的特点及其相关研究［D］．西南大学．2009，05.

［15］李巍巍等．我国大学生专业认同研究综述［J］．黑龙江教育学院学报，2011（12）．

［16］陈金英，汤志龙．专业生涯认同：影响社会工作系学生生涯选择之相关因素［J］．社会政策与社会工作学刊（台湾），2006，06，01.

［17］毛明华，陈赞畅．从社会工作人才大量流失看社会工作发展：基于当前社工毕业生流向的思考［J］．社会工作（下半月），2007（8）．

［18］汤雅婷．社会工作系学士班学生实习结构、学习投入与专业认同相关之研究［D］．东海大学（台湾）．2012，01.

［19］史柏年．体制因素与专业认同：兼谈社会工作职业化策略［J］．华东理工大学学报（社会科学版）．2006（4）．

附　录

调查问卷

亲爱的同学：

您好！为了了解社会工作专业学生的自我专业认同情况，特进行此次调查。本次调查所有数据将只用于统计分析，您的个人意见信息将按照社会调查研究伦理的保密原则得到保护。您的答案并无对错、好坏之分，请您结合自己的实际情况如实填写本问卷，感谢您的支持与配合！

填答注意事项：1. 选择题，根据您的实际情况在相应选项的编号上画圈，形如①、②、③…

2. 填空题，根据您的实际情况直接填入横线（______）

第一部分　基本信息

a1. 性别　1. 男　2. 女

a2. 年龄________

a3. 年级　1. 大一　2. 大二　3. 大三　4. 大四

a4. 您目前信仰的宗教（没有请填无）______________

a5. 您进入大学以前的居住地类型

1. 省会城市　2. 地市级城市　3. 县城

4. 乡镇　5. 城市郊区的农村　6. 一般农村

a6. 您的生源地省份属于以下哪个区域

1. 东部沿海地区　2. 东北地区　3. 中部地区

4. 西南地区　5. 西北地区

a7. 您选择社会工作专业的原因属于以下哪种类型

1. 喜欢该专业所以主动选择　2. 为了进入目前的大学而随便选的专业

3. 填报志愿时不了解或盲目选择的专业　4. 父母等人的意愿

5. 被调剂的专业

a8. 您家庭的月收入大概属于以下哪个阶段

1. 2000 以下　2. 2001 至 4500　3. 4501 至 7000

4. 7001 至 10000　　5. 10001 至 20000　　6. 20000 以上

注意：以下所有问题均采用李克特量表设计，从 1 到 5 依次为完全不符合、不符合、不确定、符合、完全符合。请根据您的实际情况做出判断并选择相应选项（原问卷为表格形式）。

第二部分　专业认同量表

1. 我知道社工专业对学习者素质的要求
2. 我了解社工专业的就业状况
3. 我知道社工专业在本校的地位
4. 我知道外界对社工专业的评价
5. 总体上我了解我所学的社工专业
6. 我乐意从事和社工专业有关的工作
7. 我在内心里已经接受了我这个专业
8. 我没有想过要换专业学习
9. 我对社工专业有比较正面的评价
10. 我对社工专业的发展前景很有信心
11. 我对社工专业产生了积极的感情
12. 我对本校本专业的总体情况感到满意
13. 总体上我喜欢社会工作这个专业
14. 我经常阅读和社工专业有关的书籍
15. 我会及时认真地完成专业课程作业
16. 专业课我能认真听讲
17. 我把很多时间用在社工专业上
18. 我对社工专业的学习坚持不懈
19. 我积极参加和专业有关的实践活动
20. 我具备较好的专业思维
21. 我的性格和该专业匹配
22. 社工专业能够体现我的特长
23. 我学习该专业感到很轻松

第三部分　专业情境量表

1. 社工专业毕业后物质待遇较好
2. 社工专业的就业率相比其他专业较高
3. 社工专业毕业后工作环境较好
4. 社工专业进入稳定的行业工作较容易
5. 社工专业的社会地位高
6. 总体上社工专业就业前景好
7. 社工专业能实现我的理想
8. 社工专业能够实现自我价值
9. 社工专业的知识对我能力提高有帮助
10. 该专业本身能吸引人
11. 社工专业的课程设置合理
12. 社工专业的教师配置合适
13. 社工专业的学习氛围好
14. 社工专业的教学方式恰当
15. 社工专业的教学设备设施完善
16. 本校本专业的基本情况让我满意
17. 社工专业培养目标很模糊
18. 社工专业学不到什么有用的东西
19. 社工专业的知识体系很空泛
20. 社工专业知识体系不符合市场的需要

少数民族大学生朋友选择与民族成分的关系研究

——以中央民族大学为例

丁倩茹[①] 马林刚[②]

【摘 要】目前学界对于民族关系的研究很多，而笔者则选择了少数民族大学生择友观念进行研究。通过对200份问卷收集而来的数据进行量化处理与分析，笔者得出以下结论：（1）少数民族大学生选择朋友具有一定的民族取向，且这种取向存在民族差异；（2）少数民族大学生的民族认同、成长环境影响少数民族大学生的择友观念；（3）少数民族大学生择友时，他们的主观择友取向与客观择友结果存在差距，很可能是学校的社交环境造成的；（4）部分大学生更喜欢与同民族大学生交往，这部分人更多的是考虑到同民族大学生间生活习惯接近、共同话语更多而做出这种选择。

【关键词】少数民族大学生 择友取向 民族认同 成长环境 客观环境

一、前 言

近些年来，我国的民族关系总体上一直呈现出一种良好的发展态势。但是，

---

① 丁倩茹（1994—），陕西汉中人，中央民族大学民族学与社会学学院社会工作专业，2012级本科生。

② 马林刚（1994—），云南红河州人，中央民族大学民族学与社会学学院社会工作专业，2012级本科生。

总体上态势良好并不意味着不存在局部上的问题。所以与民族关系相关的研究在我国这样一个由56个民族组成的多民族国家里具有长久性的意义。

少数民族大学生朋友关系网，看似是大学生个人层面的事物，是大学生日常生活中再普通不过的产物，但稍加仔细思考就不难发现，这个关系网反映了大学生的价值观念，如果再把它和民族关系联系起来，它反映的就可以是少数民族大学生的民族交往观念。以往的学者研究表明，少数民族大学生在建构自己的朋友圈时是存在民族取向的，这种取向可能会影响到少数民族大学生在未来民族交往中的表现和对民族关系的看法。

这种取向的具体表现是什么？哪些因素在影响这种取向？除了这种民族取向之外还有什么因素在影响少数民族大学生的人际交往？回答这三个问题，有助于把握少数民族大学生的族际交往态势，有助于对少数民族大学生的管理。基于此，笔者提出“少数民族大学生朋友选择与民族成分的关系研究”这一课题，希望能够解答以上三个问题。

二、文献回顾

前人对于少数民族大学生朋友选择的研究颇多，大多数文献基本的立足点是对民族交往以及影响民族交往的因素的研究。他们都是采取以定量研究为主、定性研究为辅的方式收集资料，通过发放问卷并且对案主进行深入访谈，从而得出结论。通过他们的研究，可以看到他们的研究成果主要集中于以下几个方面：

（一）大学生交友中民族交往现状的研究

前人对大学生民族交往的研究不算很多，并且研究的民族多集中于藏族、维吾尔族等少数民族。在陈永湧《青海少数民族大学生人际交往关系探析》一文中，作者从少数民族大学生人际交往关系受困扰现状、少数民族大学生人际交往能力现状、少数民族大学生人际交往焦虑现状三个方面入手，分析了青海的少数民族大学生的交往状况。作者的调查对象以该校的藏、回、土、撒拉、蒙古族大学生为主。作者的研究结果是：（1）成长经历和文化背景差异对少数民族大学生人际关系行为形成一定困扰，少数学生所受困扰程度较严重。（2）少数民族大学生人际交往能力普遍较强，但也存在一些问题，如：交往的主动性不高，范围狭窄，层次单一；情景的处理能力差，不善于运用肢体语言交往策略进行族际互动，对交往对象和环境的适应能力较差，常常表现出紧张和不自然。其中，回族和撒拉族大学生的交往焦虑程度略高于藏族、土族和蒙古族大学生，回族和撒拉族大学生在交往过程中有患得患失的倾向，渴望交往又害怕交往，担心被其他民族所歧视或本民族的忌讳得不到尊重。①

（二）少数民族大学生交友中民族取向的研究

有些研究者从少数民族大学生选择交友对象的角度入手，揭示了少数民族大学生交友民族因素的差异。余玲在《中央民族大学大学生社会交往的民族取向研究》一文中指出，不同的民族具有不同的民族交友倾向。作者以中央民族大学为例，并选择藏族、维吾尔族、蒙古族、朝鲜族、回族、土族、壮族大学生作为调查研究对象，运用问卷调查法、结构式访谈法、参与观察法等方法进行调查，综合考虑各民族地域分布特点、语言和文化特点、民族意识等因素。

作者根据调查数据得出了自己的结论：不同的民族都有自己的民族交友选择倾向和原则。成长的环境不同、语言的使用习惯不同也会影响少数民族学生对待其他民族文化的态度；而且就算是同一个民族的大学生，但是所学的专业不一样、院系的特点不一样也会影响他们接受其他民族文化的态度。除此之外，宗教也是一个影响朋友选择的重要因素，像藏族、回族、维吾尔族等学生选择朋友时都会比较考虑朋友的宗教信仰。

（三）影响少数民族大学生选择朋友的因素研究

影响少数民族大学生交友选择的研究有很多，不过大致概括起来有以下几个因素影响了少数民族大学生的民族交往与民族择友取向。

龚雪露在《新疆高校民汉学生交往研究——以新疆大学维吾尔族学生与汉族学生交往为例》一文中指出，影响民族大学生交往的因素有语言因素、文化与习俗因素和民族意识因素。但是在万明钢、高承海的《宗教认同和民族认同对民族交往态度的影响——基于藏族、回族和东乡族大学生的数据分析》中作者的结论是：（1）藏族、回族和东乡族大学生的民族认同具有双重认同的特点，他们对本民族积极认同，同时也有与汉族交往的积极态度，民族认同对民族交往态度没

① 陈永湧，青海少数民族大学生人际交往关系探析［J］，青海社会科学，2009.

有显著影响。（2）不同民族间的接触和交往对宗教认同、民族认同和交往态度有影响。（3）宗教认同对民族交往态度有影响，但是这种影响存在民族差异（藏族与回族和东乡族）。[①]

三、研究方法

本次研究采取定量实证研究的方法，通过发放问卷来获取数据，然后分析处理，得出结论。

（一）研究假设

1. 少数民族大学生在进行朋友选择时具有民族取向。已经有理论研究证明，人们在日常交往中总是趋向于和周围的人保持一致[②]。反过来可以这样理解：人们总是更乐意融入与自己相似的群体。对于少数民族大学生来说，什么样的群体和自己最相似？当然是由和自己同民族的同学组成的群体。所以少数民族大学生可能会倾向于寻找和自己同民族的同学做朋友。

2. 少数民族大学生选择朋友时民族取向的强烈程度与自身的民族认同、成长环境相关。当考查一些社会事实时，必须把这一事实的历史、文化等背景联系起来，对它的理解才能更深刻、更准确[③]。少数民族大学生的价值观很可能与他（她）的早期经历具有一定的相关性，所以在此猜测少数民族大学生交友时的民族取向与其民族认同的强烈程度及其早期成长环境相关。

3. 除了少数民族大学生的主观交友取向之外，客观环境可能也在影响着少数民族大学生的朋友圈构建。少数民族院校里有一种非常特殊的环境，在这个环境里，常常存在这样那样的由某一特定少数民族组成的小团体，这种小团体既然已经存在，就势必会对少数民族大学生产生一定的影响。再者，大学虽然是一个非常开放的环境，但是这种开放也存在着一定的局限性，大学生的活动范围总是会被局限在某些特定的范围内，这是一个不争的事实。了解大学生的交友取向，

---

① 万明钢、高承海，宗教认同和民族认同对民族交往态度的影响——基于藏族、回族和东乡族大学生的数据分析［J］，西北师大学报，2012.

② 戴维·迈尔斯，社会心理学［M］，北京：人民大学出版社，2010.

③ C.·W.·米尔斯，社会学的想象力［M］，北京：生活·读书·新知三联书店，2005.

还必须思考这种交友取向发生作用的环境、取向和环境的相互作用所形成的大学生交往现状。

（二）问卷设计与样本选取

1. 问卷设计

基于以上的研究回顾和研究假设，笔者设计了此次调查的问卷。问卷总共分为四部分：第一部分，一般信息；第二部分，个人情况，主要包括调查对象对自己民族习俗文化的认知程度和对自己民族的认同感；第三部分，成长环境，涉及调查对象来源地的民族融合状况，其中包括民族分布格局、民族自治情况、不同民族的通婚状况、民族间的冲突以及家庭内父母的民族成分；第四部分，交友现状，在调查时交友现状分为两个模块——主观的交友取向与客观的朋友圈现状。问卷的具体内容请参见附录——“朋友选择与民族成分的关系”调查问卷。

2. 样本选取

受实际条件限制，本次调查采取主观立意抽样，在中央民族大学内选择了三个与少数民族研究直接相关的学院（系）：蒙语系、朝文系和藏学院以及一个作为对比的学院——民族学与社会学学院。选择院系后，通过直接进入各院系班级的方式发放问卷。

表1　样本民族构成

	频率（例）	百分比（%）
缺失	6	3.2
布依族	1	0.5
藏族	50	26.3
朝鲜族	29	15.3
哈尼族	1	0.5
汉族	32	16.8
回族	7	3.7
基诺族	1	0.5
满族	4	2.1

续表

	频率（例）	百分比（%）
蒙古族	49	25.8
苗族	1	0.5
畲族	2	1.1
土家族	2	1.1
土族	2	1.1
瑶族	1	0.5
壮族	2	1.1
合计	190	100.0

本次调查总共发放问卷200份，回收197份，其中无效问卷7份，有效回收率95%。数据录入之后，对数据结构进行简单分析。调查对象中（去除性别项缺失的9例），男生47例，占26%；女生134例，占74%。从样本的民族构成来看，样本民族属性包含了15个变量。结合本次调查的目的，笔者只保留民族属性为汉族、朝鲜族、蒙古族和藏族的个案，处理之后，样本容量变为160，民族属性只包含4个变量，这样可以在不影响研究的前提下方便后面的数据分析。

四、结果分析

（一）少数民族大学生择友时有民族取向

表2　四个民族大学生亲密朋友的民族成分分析表

		三个朋友中与自己为同一民族的朋友数				合计
		0	1	2	3	
汉族	计数	3	9	5	13	30
	百分比	10.0%	30.0%	16.7%	43.3%	100.0%
朝鲜族	计数	1	0	6	21	28
	百分比	3.6%	0.0%	21.4%	75.0%	100.0%

续表

		三个朋友中与自己为同一民族的朋友数				合计
		0	1	2	3	
蒙古族	计数	3	2	5	35	45
	百分比	6.7%	4.4%	11.1%	77.8%	100.0%
藏族	计数	1	3	5	32	41
	百分比	2.4%	7.3%	12.2%	78.0%	100.0%
计数		8	14	21	101	144
百分比		5.6%	9.7%	14.6%	70.1%	100.0%

（注：该表只显示出144个个案的情况，由于数据缺失损失16个个案。）

在前言中，笔者提出了三个问题，就研究结果来看，表2可以回答三个问题中的第一个：少数民族大学生在选择朋友时有明显的民族取向。先解释表中数据获取的方法——在调查问卷中，研究者要求调查对象回忆日常生活中交往比较密切的三个朋友的民族，然后与调查对象自身的民族比较，得出三个朋友中与调查对象自身为同一民族的朋友数（下简称为“同族朋友数”），以此来看少数民族大学生客观上的择友取向①。表中显示的4个民族中，汉族大学生的同族朋友数是最少的，三个朋友中只有一个或一个以下同族的占到了40%，而三个朋友均同族的仅占43.3%；对比汉族，朝鲜族、蒙古族、藏族大学生的同族朋友数要多得多，三个朋友都是同一民族的比例均超过70%。由此可见，与汉族相比，朝鲜族、蒙古族、藏族大学生交朋友更倾向于找和自己同一民族的同学，他们很可能存在一定的民族取向。为进一步证明少数民族大学生交友时存在一定的取向，笔者对数据进行进一步的相关分析，得出表3：

表3　自身民族与朋友民族相关分析表

变量1	变量2	相关系数	P值
自身民族	朋友A民族	0.264	0.001
自身民族	朋友B民族	0.313	0.000

① 本文中出现的“择友取向”一词，如果不作特殊说明，均默认为客观的择友取向。

续表

变量1	变量2	相关系数	P值
自身民族	朋友C民族	0.235	0.004
自身民族	同族朋友数	0.252	0.002

表格第二列第四行的内容可以证明前面的疑问：少数民族大学生交友具有一定的民族取向。在对调查对象自身民族与其朋友的民族做相关分析时，两者的相关都呈现了极低的显著性水平（$P<0.005$）。结合表2与表3的第五行，还可以知道少数民族大学生交友取向具有民族差异——自身民族与同族朋友数间的相关系数为0.252，显著性水平仅为0.002。如果把问卷中的朋友A至朋友C依次看作调查对象最亲密、第二亲密、第三亲密的朋友[①]，还能发现，在汉族和蒙古族大学生群体中，随着亲密度的上升，朋友的民族与自身民族相同的可能性在变大（具体数据参见附表1~3）。

（二）影响少数民族大学生择友取向的因素

前面已经证明，少数民族大学生具有一定的择友取向，而且这种取向在很大程度上与民族因素相关。现在，分析哪些因素在影响少数民族大学生的择友取向。表4呈现的是5个与大学生择友取向相关的因素，包括其相关系数和显著性水平。在分析数据前，先解释一下“变量2”一列里的五个变量。

表4　大学生择友取向相关因素分析表

变量1	变量2	相关系数	P值
同族朋友数	自身民族认同	0.164	0.050
同族朋友数	家乡民族分布格局	0.179	0.032
同族朋友数	家乡是否民族自治	0.252	0.002
同族朋友数	家乡跨民族婚姻情况	0.180	0.031
同族朋友数	父母民族成分	0.352	0.000

自身民族认同：该变量在本次研究中包含两项指标，即对本民族风俗文化的

---

① 这样推断的合理性还有待证明。

认知程度和荣誉感。认知是认同的基础，而荣誉感则是认同的表现。① 所以在此综合这两项指标来表示少数民族大学生的民族认同。

家乡民族分布格局：根据融合程度，分布格局可划分为以下5种——(1) 汉族聚居（无少数民族）；(2) 以汉族为主的多民族杂居；(3) 以少数民族为主的多民族杂居（有汉族）；(4) 多个少数民族杂居（无汉族）；(5) 单一少数民族聚居（无汉族）。

家乡是否少数民族自治：所谓自治，问卷中明确指明包括自治区、自治州、自治县、民族乡等。一个地区要实行民族自治，在少数民族人口比例上必须达到一定的标准，所以是否自治也可以反映少数民族大学生的成长环境。

家乡跨民族婚姻情况：族际通婚状况是衡量一个地区民族关系的十分重要的指标，除个别案例外，只有当两族的大多数成员存在广泛的社会交往，在政治、经济、文化、语言、宗教和风俗习惯等方面彼此比较接近或高度和谐时，两族间才可能出现较多的族际通婚。②

父母民族成分：该变量包含以下5个属性——（1）父母都是汉族；（2）父亲是汉族母亲是少数民族；（3）父亲是少数民族母亲是汉族；（4）父母是不同的少数民族；（5）父母是同一少数民族。父母在子女的社会化过程中扮演着非常重要的角色，父母的民族成分类型必然会对子女民族观念产生巨大影响。

现在来看表4中的数据，表中第二列的每一个变量都与少数民族大学生的同族朋友数有显著性水平很低的相关关系。由此可以推断它们都是少数民族大学生择友观念的影响因素。这可以回答笔者在前言中提出的第二个问题——5个变量中，第一个为少数民族大学生的民族认同，后面四个则为少数民族大学生成长环境的不同方面——少数民族大学生择友观念的形成与少数民族大学生的民族认同和成长环境有关。

（三）客观环境对少数民族大学生交友的影响

前面一直在论证少数民族大学生交友时存在的取向及其影响因素，这里需要重申的是，取向指的是少数民族大学生客观上已有的、从其亲密朋友民族成分上体现出来的取向，在这一层面上，他们的民族取向是很明显的。然而，虽然客观上的表

① 周晓红，认同理论：社会学与心理学的分析路径［J］，社会科学，2008（4）.

② 马戎，民族社会学导论［M］，北京：北京大学出版社，2008.

现是如此，但是这种表现在多大程度上是由少数民族大学生的主观选择造成的？

表5　主观择友取向分析表

		交友时是否会考虑民族成分				合计
		会		不会		
		计数	百分比	计数	百分比	计数
民族	汉族	2	6.3%	30	93.8%	32
	朝鲜族	8	28.6%	20	71.4%	28
	蒙古族	13	27.1%	35	72.9%	48
	藏族	15	30.6%	34	69.4%	49
合计		38	24.2%	119	75.8%	157

现在回看表2，用其中的数据来与表5对比，发现汉族、朝鲜族、蒙古族和藏族在选择朋友时会主动考虑民族成分的大学生分别占样本中该族大学生总数的6.3%、28.6%、27.1%、30.6%，而表2中四个民族的大学生中，三个亲密朋友均与自身同族的大学生所占的比例则分别达到了43.3%、75.0%、77.8%、78.0%。两组数据，前者表现的是主观择友取向，后者表现的是客观择友取向，前后差距如此之大是不合理的。如果把前后两者进行相关分析，得到的相关系数仅为0.289，也就是说少数民族大学生交友时主观持有的观念与客观表现出来的观念仅为低度相关。为什么会这样？通过辅助性的半结构式访谈，可以回答这个问题。少数民族大学生在结交朋友时虽然不一定会考虑对方的民族成分，同样乐意于结交一些和自己不是同一民族的朋友，但是，人类的活动或大或小都存在一个圈子，所有活动都在这个圈子内完成。这个规律同样适用于少数民族大学生——来到一所与自己家乡存在巨大差异的大学里，少数民族大学生大多希望能找到自己精神上认同的圈子，这个圈子可能本身就不会涉及太多的本民族之外的成员；融入这个圈子之后，一方面由于课业负担较重，另一方面也可能是对陌生世界的某种怀疑、抵触，少数民族大学生的活动就不太可能会跳出这个圈子。所以尽管乐于结交异族朋友，但是客观环境不一定会为少数民族大学生提供这样的机会。这一部分论述可以算作对前言里第三个问题的回答。

表5中显示，除了75.8%的少数民族大学生交友时不考虑民族成分外，还有24.2%的人会考虑这一因素；而当问到他们是否更喜欢与本民族同学交往时，有69

名同学选择是，91 名选择不是或无所谓。现在分析这 69 名同学是怎么考虑的。

表 6　喜欢与本民族同学交友的原因

考虑的因素	选中		未选中	
	计数	百分比	计数	百分比
同族同学更值得信任	28	40.6%	41	59.4%
生活习惯更接近	51	73.9%	18	26.1%
共同话语更多	43	62.3%	26	37.7%
同族同学间有亲近感	38	55.0%	31	45.0%
其他原因	4	5.8%	65	94.2%

从表中可以知道，喜欢与本民族交往的同学更多地考虑的是同学间的生活习惯和共同话语；而较少涉及无理由的信任感和亲密感。这些考虑对于学校内民族关系的影响可能并无大碍。

五、小结与反思

本研究得出四个结论如下：

1. 少数民族大学生选择朋友时具有一定的民族取向，且这种取向存在民族差异；

2. 少数民族大学生的民族认同、成长环境影响少数民族大学生的择友观念；

3. 少数民族大学生择友时，他们的主观择友取向与客观择友结果存在差距，很可能是学校的社交环境造成这种差距；

4. 部分大学生更喜欢与同民族大学生交往，这部分人更多的是考虑到同民族大学生间生活习惯接近、共同话语更多而做出这种选择。

四个结论中前两个结论是少数民族大学生已然形成的观念、经历，我们无法改变；第四个结论对学校民族关系无害，是一种少数民族大学生关于学校交往的中性的想法、观念。需要改变的是第三个结论，即缩小少数民族大学生主观择友取向与客观择友结果间的差距。如何具体去做以达到这样的目的，还需进一步地研究规划。

本次研究中存在一些不足，这里说两点：

1. 研究的理论基础不扎实，研究缺少一个贯穿始终的理论指导。

2. 样本结构还有待完善。首先是抽样没有做到完全的概率抽样，这会降低样本的代表性；其次是样本中四个民族的大学生数目差距偏大，导致样本结构不均衡。

（指导老师：董妍）

参考文献

［1］代燕军，宋新伟．重视高校学生民族交往促进民族团结［J］．中国民族教育，2012.

［2］陈永湧．青海少数民族大学生人际交往关系探析［J］．青海社会科学，2009.

［3］余玲．中央民族大学大学生社会交往的民族取向研［D］．中央民族大学，2010.

［4］万明钢，高承海．宗教认同和民族认同对民族交往态度的影响——基于藏族、回族和东乡族大学生的数据分析［J］．西北师师范大学大学报，2012.

［5］龚雪露．新疆高校民汉学生交往研究——以新疆大学维吾尔族学生与汉族学生交往为例［J］，新疆职业大学学报，2011.

［6］曹莉莉．多民族混合学校中学生的同伴关系特点与人际交往能力的研究［D］．西北师范大学，2011.

［7］戴维・迈尔斯．社会心理学［M］，北京：人民大学出版社，2010.

［8］C.・W.・米尔斯．社会学的想象力［M］．北京：生活读书新知三联书店，2005.

［9］周晓红．认同理论：社会学与心理学的分析路径［J］．社会科学，2008（4）.

［10］马戎．民族社会学导论［M］．北京：北京大学出版社，2008.

附录一　论文相关辅助表

附表 1　四个民族大学生第一个朋友民族成分

	汉族		朝鲜族		蒙古族		藏族	
	计数	百分比	计数	百分比	计数	百分比	计数	百分比
缺失	1	3.1%	1	3.4%	1	2.0%	7	14.0%
不清楚	3	9.4%	1	3.4%	1	2.0%	3	6.0%
汉族	20	62.5%	1	3.4%	1	2.0%	1	2.0%
维吾尔族	0	0.0%	0	0.0%	0	0.0%	1	2.0%
壮族	2	6.3%	0	0.0%	0	0.0%	0	0.0%
畲族	1	3.1%	0	0.0%	0	0.0%	0	0.0%
朝鲜族	1	3.1%	26	89.7%	0	0.0%	0	0.0%
蒙古族	0	0.0%	0	0.0%	42	85.7%	1	2.0%
藏族	1	3.1%	0	0.0%	3	6.1%	35	70.0%
回族	3	9.4%	0	0.0%	1	2.0%	1	2.0%
土族	0	0.0%	0	0.0%	0	0.0%	1	2.0%
合计	32	100.0%	29	100.0%	49	100.0%	50	100.0%

附表 2　四个民族大学生第二个朋友民族成分

	汉族		朝鲜族		蒙古族		藏族	
	计数	百分比	计数	百分比	计数	百分比	计数	百分比
缺失	1	3.1%	1	3.4%	1	2.0%	8	16.0%
不清楚	5	15.6%	1	3.4%	1	2.0%	2	4.0%
汉族	17	53.1%	4	13.8%	3	6.1%	2	4.0%
壮族	2	6.3%	0	0.0%	0	0.0%	0	0.0%
朝鲜族	2	6.3%	23	79.3%	0	0.0%	0	0.0%
蒙古族	2	6.3%	0	0.0%	40	81.6%	0	0.0%

续表

	汉族		朝鲜族		蒙古族		藏族	
	计数	百分比	计数	百分比	计数	百分比	计数	百分比
藏族	0	0.0%	0	0.0%	2	4.1%	37	74.0%
回族	2	6.3%	0	0.0%	1	2.0%	0	0.0%
土族	1	3.1%	0	0.0%	1	2.0%	1	2.0%
合计	32	100.0%	29	100.0%	49	100.0%	50	100.0%

附表 3　四个民族大学生第三个朋友民族成分

	汉族		朝鲜族		蒙古族		藏族	
	计数	百分比	计数	百分比	计数	百分比	计数	百分比
缺失	0	0.0%	1	3.4%	5	10.2%	7	14.0%
不清楚	7	21.9%	1	3.4%	1	2.0%	2	4.0%
汉族	15	46.9%	1	3.4%	2	4.1%	0	0.0%
维吾尔族	0	0.0%	0	0.0%	1	2.0%	0	0.0%
锡伯族	1	3.1%	0	0.0%	0	0.0%	0	0.0%
壮族	2	6.3%	0	0.0%	0	0.0%	0	0.0%
朝鲜族	0	0.0%	26	89.7%	0	0.0%	0	0.0%
蒙古族	2	6.3%	0	0.0%	38	77.6%	1	2.0%
藏族	1	3.1%	0	0.0%	1	2.0%	39	78.0%
白族	0	0.0%	0	0.0%	0	0.0%	1	2.0%
哈萨克族	1	3.1%	0	0.0%	0	0.0%	0	0.0%
回族	1	3.1%	0	0.0%	1	2.0%	0	0.0%
满族	1	3.1%	0	0.0%	0	0.0%	0	0.0%
土族	1	3.1%	0	0.0%	0	0.0%	0	0.0%
合计	32	100.0%	29	100.0%	49	100.0%	50	100.0%

附录二 “朋友选择与民族成分的关系”调查问卷

各位亲爱的同学：

您好！为了有效掌握少数民族大学生的朋友圈构建状况，我们组织了此次调研活动，希望得到您的配合与帮助。本次调查将严格按照《统计法》的要求进行，您的答案并无对错、好坏之分，所有回答只用于统计分析，您的个人意见信息将按照社会调查研究伦理的保密原则得到保护。请您结合自己的实际情况如实填写本问卷，感谢您的支持与配合！

“朋友选择中的民族因素”课题调研组
民族学与社会学学院
2014 年 4 月

一、个人基本情况

a1. 一般信息

a11 性别________ a12 民族________

a13 年龄________ a14 年级______ a15 专业______

a2. 进入大学前您的居住地类型

1. 省会城市 2. 地市级城市 3. 县城
4. 乡镇 5. 城市郊区的农村 6. 一般农村

a3. 您当前的政治面貌

1. 党员或预备党员 2. 共青团员 3. 群众 4. 其他

a4. 您对自己民族的风俗、文化了解的程度如何？

1. 非常了解 2. 大部分了解 3. 了解其中一部分
4. 了解得很少 5. 完全不了解

a5. 您是否为自己的民族（历史、文化）感到自豪？

1. 非常自豪 2. 有一定的荣耀感 3. 没有这种体会
4. 不喜欢自己的民族 5. 讨厌自己的民族

二、家庭、家乡情况

b1. 您身份证号的前两位（代表您家乡的省份，不涉及您的隐私）______

b2. 您家乡的民族分布格局：

1. 汉族聚居（无少数民族） 2. 以汉族主的多民族杂居

3. 以少数民族为主的多民族杂居（有汉族）

4. 多个少数民族杂居（无汉族） 5. 单一少数民族聚居（无汉族）

b3. 您的家乡是否为少数民族自治地区（包括自治区、自治州、自治县、民族乡等）？

1. 是 2. 否

b4. 您家乡是否存在跨民族婚姻？

1. 不清楚 2. 不存在 3. 有，但很少 4. 有，且很多

b5. 您家乡的不同民族之间是否存在明显界限？

1. 不清楚 2. 可能存在，但我体会不到

3. 存在界限但是对日常生活影响不大

4. 存在界限且深刻地影响着我的生活

b6. 您家乡是否发生过民族间的冲突？

1. 没有 2. 发生过一两次 3. 发生过很多次

b7. 您父母的民族成分属于以下哪种情况？

1. 父母都是汉族 2. 父亲是汉族母亲是少数民族

3. 父亲是少数民族母亲是汉族 4. 父母都是同一少数民族

5. 父母是不同的少数民族

三、朋友选择情况

c1、现在请回忆日常生活中和您交往密切的三个朋友，回忆他们的民族成分，完成下表：

您回忆起来的朋友	他/她的民族（如果不清楚请在表格内打“×”）	和您是否为同一民族，如果是，请在表格里打“✓”
朋友 A		
朋友 B		
朋友 C		

c2. 您在选择朋友时是否会考虑他/她的民族成分？

1. 会 2. 不会

c3. 您是否更喜欢与和自己是同一民族的同学交往？

1. 是 2. 不是（请跳过第 c4 题） 3. 无所谓（请跳过第 c4 题）

c4. 为什么您更喜欢与自己同民族的同学交往?(可多选)

1. 同民族的同学更值得信任　2. 同民族的同学间有更多相同的生活习惯

3. 同民族同学间有更多的共同话语

4. 同民族的同学间有一种说不出原因的亲切感

5. 其他

c5. 您在选择朋友时是否存在偏爱的民族?(自己的民族除外，请选择最合适的)

1. 不存在偏爱　　　2. 基于自己生活经验偏爱某一个民族

3. 偏爱和自己有共同宗教信仰的民族

4. 偏爱某一宗教信仰的民族（不同于自己的宗教信仰）

附录三　“朋友选择与民族成分的关系”访谈提纲

访谈前须了解访谈对象基本信息：民族、年级、家乡、性别。

第一部分　成长环境

1. 你家人的民族意识如何?(是否存在“自我民族中心主义”，是否存在民族排外等，访谈时应根据访谈对象情况解释一些概念。)

2. 你家乡的民族融合状况?(居住格局是单民族杂居还是多民族杂居、通婚状况、不同民族间是否存在明显的民族界限。)

第二部分　民族观念

1. 你目前的民族认同状况如何?(根据“民族认同”这一概念展开细问。)

2. 你对不同于自己民族的同学的态度如何?(是否存在厌恶/喜欢的民族、与不同民族同学是否经常交往、日常生活里主要会涉及哪些民族。)

第三部分　朋友选择

1. 你在选择朋友时会考虑他/她的民族成分吗?为什么?

2. 选择朋友时是否偏爱/回避某个民族?

3. 介绍一下你的兄弟/闺蜜的民族状况?当初和他/她成为朋友时是否受到民族成分的影响?

每一个访谈对象写 500 字以上的访谈记录，形式可以是“问：……答：……”也可以自己创建形式，但内容必须符合访谈提纲，必须有一定的逻辑结构。

政府购买服务背景下民办社工机构的发展环境研究

丁盈盈①

【摘　要】本文以一个典型的民办社工机构——S机构为例，探讨政府购买服务背景下民办社工机构的发展环境。本文采用组织环境的分析框架，以S机构与政府、企业、高校、社会组织、街道和社区的互动关系为切入点，分析S机构在互动过程中的资源利用与资源依赖及其减少资源依赖的策略，从多个层面呈现该机构的发展环境，分析其发展策略的利弊，为其他社工机构的发展提供借鉴。

【关键词】政府购买服务　社工机构　发展环境　互动　资源依赖

一、研究背景

随着社会的发展，社工队伍成为构建社会主义和谐社会的重要力量，政府购买社工机构的专业服务成为社会提供公共服务的一种新形式。当前以“三社互动”推进社会建设的模式蓬勃发展，即社区平台建设、社会组织培育和社会工作事业之间进行互动联动，构建资源共享、优势互补的新型社会治理模式，极大地促进了民办社工机构的发展。

但是，我国民办社工机构还处于初创时期，资源匮乏几乎是所有机构生存发展的第一大问题。虽然在政府购买服务的背景下，各级政府大力推动向社工机构购买服务项目，但单一的资源渠道不足以维持机构的生存，社工机构还需要积极

① 丁盈盈（1994—），湖北荆州人，中央民族大学民族学与社会学学院社会工作专业，2012级本科生。

拓展和企业、高校、其他社会组织的合作。因此处理好与政府、企业、高校、社会组织之间的关系成为民办社工服务组织生存发展的关键。

基于上述背景，本文的问题焦点是：在政府购买服务的背景下，民办社工机构面临着怎样的发展环境？为了从外部环境中获取资源，社工机构和哪些组织发生了互动？双方的互动关系如何？互动过程中是否存在资源依赖？社工机构为减少资源依赖、保持自身独立性采取了哪些策略？

二、文献回顾

本文着重从政府购买服务和民办社工机构的发展环境研究两个方面对相关研究进行回顾。

（一）政府购买服务

政府购买服务（Government Purchase of Services），指的是“政府在社会福利的预算中拿出经费，向社会各类提供社会公共服务的社会服务机构直接拨款资助服务或公开招标购买社会服务”。[1]

学者们从政府购买服务的理论背景、优势和不足以及政府与社工机构关系方面对政府购买服务进行了研究。政府购买服务主要有两个理论依据，一是治理理论，治理理论认为，通过政府与社会组织的合作，可以让公共服务更加专业化、见效快；二是公共服务型政府的理念，这一理念认为，政府应该尽可能地为社会提供满意的公共物品，并引导公民和社会进行广泛参与，从而对政府提供的公共服务起到监督和衡量的作用。[2]政府购买服务的优势体现在两个方面，一方面可以促进公共财政体系建设，转变政府角色和职能；另一方面有利于促进社会组织发展，改善公共服务的质量和效率，实现公共服务均等化。[3]目前，政府购买服务存在政府购买服务的制度化程度低、政府购买服务项目的持续性差、政府购买的“内部化”和“形式化”、服务评价和监督体系缺失等问题。[4]

很多学者都指出，在政府购买服务的过程中社工机构存在着非独立、不平等的关系问题，社工机构在政府购买服务过程中处于被动状态，过度依赖政府的资源。也有学者认为，社工机构与政府机构存在相互依赖的关系，政府依赖社工组织的专业人员以及专业化的服务，而社工机构在财力、人力、信息获取以及政策支持等方面都需要政府的支持。[5]

（二）民办社工机构的发展环境研究

对组织发展环境的研究，实际上是对组织与相关个人或组织的互动关系的研究。而组织与个人、组织相互交换或联系，实际上是由对彼此所控制的资源的依附性形成的。

目前，学术界对于民办社工机构的发展环境研究主要是从制度层面探讨政府与社工机构之间的互动关系，尤其是对政府购买服务过程中社工机构面临的困境讨论较多。唐斌认为，由于政府的主导推动和社工机构对政府资源的强依赖，社工机构在创建及运作过程中与政府之间呈现出相互嵌入的倾向和特点，其中政府对社工机构的嵌入突出表现为一种结构性的强嵌入，而社工机构对政府的嵌入则是一种制度性和职能性的弱嵌入。[6]在我国加快发展政府购买社工服务的大背景下，民办社工机构的参与却面临困境：一方面，机构自身存在区域分布不均衡、专业能力有限、内部治理不规范、社会认同度低等问题；另一方面，政府资源对民办社工机构来说具有不确定性，且对民办社工机构的专业性引导不足。[7]我国的民办社工服务机构还处在起步阶段，大力培育和发展民办社工服务机构，必须对其清晰定位，研究其发展的状况及存在的问题，切实解决“四化”（即制度化、本土化、专业化、职业化）问题，正确处理好与政府、与高校社工专业、与其他机构、与自身建设之间的关系。[8]

（三）文献评述

在目前政府购买服务的背景下，关于民办社工机构发展环境的研究还不够系统，大部分研究只是从社工机构与政府、高校、社区等单一外部环境进行研究，得出的结论也比较“一边倒”，认为社工机构缺乏独立性，资源依赖较严重。本文试图将影响社工机构发展的外部环境视为一个系统，先分析社工机构和各个分系统之间的互动关系，再分别从资源利用和资源依赖两个角度分析社工机构的发展策略，从而能够较为系统、完整地呈现社工机构的发展环境，为社工机构的进一步发展提供建议。

三、研究方法

本研究以 S 机构为个案，采用质性研究方法。

（一）个案介绍

S机构成立于2011年3月25日，是Y公司旗下的民办非营利性社会服务组织，其业务主管单位是区社会建设工作办公室（以下简称“区社会办”），登记管理机关是区民政局。目前机构有专职社工9名，督导两名及其他工作人员若干。每年政府购买项目在10个左右。主要服务领域包括青少年、残障人士、老年人、志愿者等服务及社区综合服务。

之所以选择S机构，主要是基于以下考虑：(1) S机构的发展模式是企业出资、专业督导和社工负责，多方合作。因此，在其发展过程中，与政府、企业、高校及其他社会组织产生了多重互动关系，符合本研究的期待。(2) S机构是在政府购买服务的背景下发展起来的，面临着当前大多数机构在政府购买服务中面临的资源依赖困境，具有代表性。(3) 笔者曾参与机构负责的社工项目，因此对机构的人员较为熟悉，容易获得第一手真实资料。

（二）研究思路

在参与S机构项目、获取相关资料的基础上，通过对该机构的主要负责人和3位一线社工进行深度访谈，从而了解对S机构的发展有重要影响的组织和团体及其与S机构之间的关系。本文将从S机构与外部环境的互动关系展开分析，从资源利用、资源依赖两个维度对互动过程进行剖析，最后分析S机构为减少资源依赖所采取的策略。

（三）分析框架

本文以组织环境为分析框架，将S机构的发展环境分为制度环境和组织互动。其中制度环境主要是与S机构互动的政府部门，组织互动包括S机构管理的参与者（Y公司）、S机构的主要合作方（G志愿者组织和F高校）以及S机构的服务对象（街道、社区、学校等）。

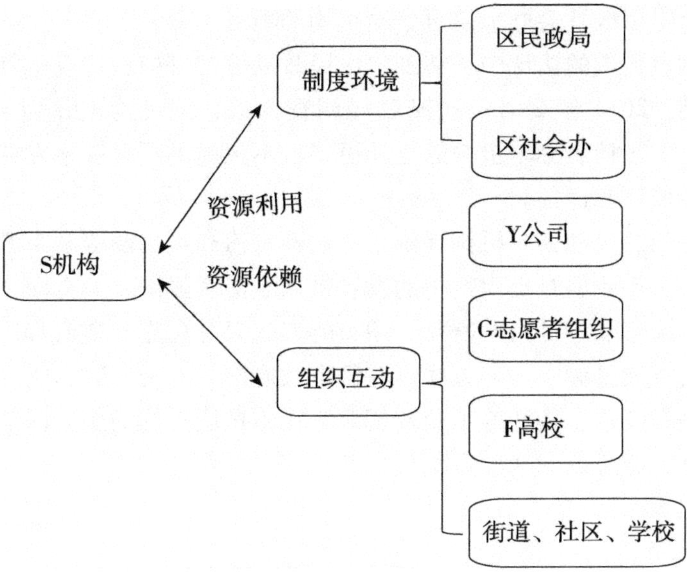

图1　分析框架

四、研究结果

（一）互动关系分析

1. 制度环境

1998 年颁布的《社会团体登记管理条例》规定了中国政府对社会团体的双重管理体制，即对社会团体的登记注册管理及日常性管理实行登记管理部门和业务主管单位双重负责的体制。[9] 所以，区民政局和区社会办作为管理 S 机构的政府部门，赋予了 S 机构合法性身份。民办社会组织由于在合法身份上的基本区别，因而在资源的获取上以及在行动力和自主性上不可避免地存在着差别，因而也会表现出不同的生存策略。[10] 合法身份的获得，使得 S 机构在争取政策优惠和获得资源方面具有了优势。

S 机构的项目来源主要是政府购买，既包括机构独立承接的政府购买项目，也包括由区社会办承接再下分给机构的项目。以 2013 年为例，机构承接了 5 个政府购买的项目，其中有两个是以 G 志愿者组织名义承接的，由两个机构共同承办，还有 1 个是由区社会办承接再分给机构的项目。

从对机构负责人的访谈中了解到，区民政局除对机构进行登记管理外，还负责机构的评估。2014 年 2 月，经民政局调查评估，该机构被评为 4A 级社会组织。相比之下，区社会办与机构的互动更多，不仅提供项目资金支持，还要对项目的实施进行监管和评估。

与政府部门的互动为 S 机构提供了合法性身份和项目及资金来源，是机构维持生存的必要条件，但是也为机构的发展带来了诸多限制。一方面，机构的项目很大程度上取决于政府部门的需要，项目的实施只是在完成政府部门的目标，而忽略了自身的发展目标。另一方面，在争取政府部门的资源时，机构也需要和其他同类组织进行竞争，往往为了获取资源不得不扩展机构的服务内容，向综合性服务方向发展，服务的专业度得不到提升。

2. 组织互动

（1）Y 公司。

不同于其他社工机构的高校合作或专业人士发起的发展模式，S 机构是由企业出资成立并参与管理的。S 机构作为 Y 公司的下属“民非”[①] 社会组织，与其他下属单位相对独立、平行。这使 S 机构在资金来源方面不用完全依靠政府，有更大的自主性。此外，公司及其下属单位还在很多方面为机构提供业务支持。比如，S 机构要拍摄一个项目的记录视频，公司的媒体技术部门提供了人力和技术支持，包揽了拍摄和后期剪辑的全部工作。同时，S 机构为公司带来了良好的声誉，塑造了企业承担社会责任的形象，双方存在互利的关系。

但是，除了享受公司资金和各方面支持外，S 机构也要服从公司的行政管理。机构的财务、人事等由公司相关部门兼任，不独立。这就使得机构失去了人事安排和财务管理的自主性，机构不能按自己的发展需要招募人员（专职社工除外），在财务上也受到公司经营状况的限制，大大限制了该机构的发展规模。由于人员缺乏，社工除了要承担项目运作外，还要承担大量事务性工作，这在很大程度上造成了社工的工作压力，也带来了人员流失的问题。人员的流失对于服务的提供、项目的持续都会造成很大的影响，会对机构的生存产生一定的威胁。

① “民非”即民办非企业单位。

（2）G 志愿者组织。

G 志愿者组织成立于 2010 年，是由区社工委、区社会办发起筹办的志愿者管理平台和志愿服务供求匹配平台。G 志愿者组织并未在民政部门登记，由区社会办委托 S 机构负责运作。

一方面，S 机构和 G 志愿者组织合作承接和开展项目，加强了单一机构的资源竞争能力。“政府对于社工机构的能力还缺乏足够的信心和认可，因此在资源投放上较为谨慎，监督多、指导和服务少。”[11] 比如，北京市政府在 2013 年购买社会组织服务时要求“作为承接方申报项目的社会组织原则上同年度只能报 1—2 个项目”。① 2013 年，S 机构和 G 志愿者组织分别承接了两个北京市社会建设专项资金购买的项目。这些承接项目由两个机构合作实施，S 机构负责提供督导和专职社工，而 G 志愿者组织则负责志愿者的招募和管理，两者有机统一，形成了督导 + 社工 + 志愿者的高效服务模式。

另一方面，负责 G 志愿者组织的运作，也给机构的管理带来了压力和困难。除了日常事务管理外，S 机构还要为 G 志愿者组织的志愿者提供培训和督导，使其服务更加专业化，这也增添了机构工作人员的负担。

（3）F 高校。

S 机构与 F 高校建立了长期的合作关系，并聘请了 F 高校的张教授作为机构的专家督导，对机构的项目设计、实施及评估过程进行督导。在机构的一些活动宣传过程中，F 高校为机构提供了宣传平台和场地及人员的支持。

而 S 机构和公益储蓄中心向该校学生提供了大量实践和调研的机会，使大学生在实践中锻炼了自己的专业能力，对其专业化发展有积极影响。

（4）街道、社区、学校。

S 机构的服务项目面向广大街道、社区、学校的相关对象，与其中相当多的街道和社区建立了服务关系，也有持续的项目在开展。街道、社区、学校既是服务的受益者，也是项目开展的合作方。为配合项目的开展，他们一般需要提供活动的场地和相关人员的人力支持。而机构项目带来的成果也使他们受到居民和学生的积极评价，在业绩上增光添彩。

S 机构与外部环境的互动关系如图 2 所示。

① 参见《北京市 2013 年政府购买社会组织服务项目指南》，网址：http：//www. bjshjs. gov. cn

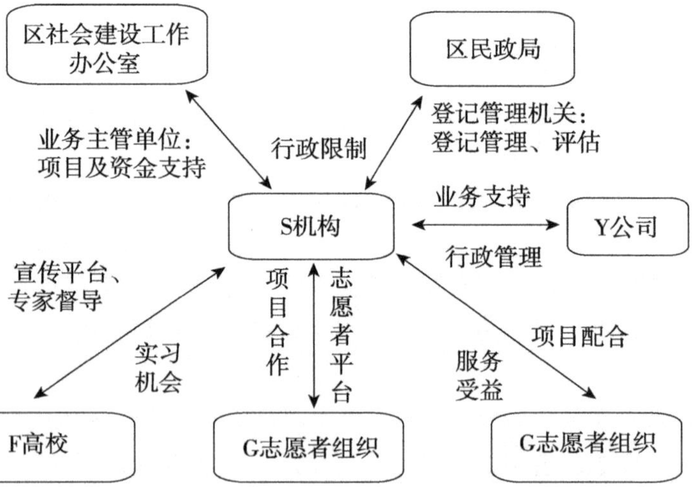

图2　互动关系图

（二）发展策略分析

在S机构的发展过程中，S机构与政府、企业、高校、社会组织、街道和社区都发生了互动，在互动过程中既有对外部环境资源的利用，也存在一定的资源依赖。为了减少资源依赖，S机构也采取了一定的策略。

1. 资源利用

费显政认为，为了生存的需要，组织不得不从外部环境中获取资源，主要包括以下几个方面：（1）原材料，包括资金支持和人力资源；（2）信息；（3）社会和政治方面的支持，即合法性的支持。[12]

S机构在与外部环境的互动过程中，很好地利用了不同组织拥有的资源，用外部环境的资源补充自身资源的不足，真正做到了资源的链接。

首先，合法性支持的获得。通过与政府部门的互动，S机构获得了合法性身份，使其能够承接政府购买服务的项目。通过与街道、社区建立专业服务关系，也能够得到街道和社区行政方面的支持以及社会的认可。

其次，信息的获得。S机构能够从政府获取信息，得到有关政府购买服务项目的信息，并且通过信息共享合作，与G志愿者组织共同承接项目，维持了稳定的项目来源。

最后，资金支持和人力资源的获得。S机构能从企业获得一定的资金支持，可以独立地开展一些项目。通过与G志愿者组织和F高校的合作，S机构获得了人力资源的支持，既包括像张教授这样的专业顾问，也包括F高校的学生、G组织的志愿者等专业力量，极大地缓解了S机构社工专业人员不足的压力。通过与街道、社区建立关系，也能够链接基层组织的人力资源，在服务过程中得到一定的帮助，Y公司在技术方面的人力支持也给S机构提供了便利。

2. 资源依赖

由于组织必须与那些控制资源的外部行动者进行互动交往，即组织依赖于环境，那些控制者就获得了相对于本组织的权力。一个组织对另一个组织的依赖程度取决于三个决定性因素：资源对于组织生存的重要性；组织内部或外部一个特定群体获得或处理资源使用的程度；替代性资源来源的存在程度。[13]

从组织生存需要的资源来看，第一，资金支持是维持机构运转的基础，是机构生存不可或缺的资源。S机构的资金来源主要有两个方面，Y公司提供的注册资金和日常资金支持以及承接政府购买服务的项目资金，两者相互补充，缺一不可。所以在资金方面S机构对Y公司和政府的依赖程度很高。

第二，人力资源也是机构发展的关键，S机构在人力资源方面相对不足，专业社工人员缺乏且流动性较高，必须依赖G志愿者组织和F高校的人力支持；不过S机构有公司内部的支持，在服务过程中也与高校、街道、社区建立了良好的关系，人力资源的可替代性较好，所以对G志愿者组织和F高校的依赖性并不强。

第三，信息，对S机构而言即项目来源。S机构的项目来源主要是政府购买，机构独立设计、运作的项目很少，机构不只独立承担政府购买服务项目，也和G志愿者组织合作承接和开展项目。所以，从项目来源看S机构对政府部门存在一定的依赖性。如果没有政府购买服务项目，则机构的项目运作将难以持续。

第四，合法性支持。合法性对S机构的生存和发展至关重要，如果没有政府部门的认可，S机构将无法承接政府购买服务项目，也无法获得市区资金和项目支持，机构将无法生存。所以，S机构在合法性支持方面对政府部门存在极大的依赖性。这也是大多数学者认为的政府购买服务的一个弊端，即政府与社工机构存在不平等的关系，社工机构对政府的依赖性较强。

3. 减少资源依赖的策略

虽然从以上分析来看，S机构对其外部环境或多或少都存在一定的依赖，但是S机构也采取了减少资源依赖的策略，主要有以下两点：

（1）与同类组织合作。

S 机构通过与 G 志愿者组织的合作，既能合作承接项目，又能在人力资源方面相互支持，减少了对其他组织项目资源和人力资源的依赖。两个组织互惠互利，共同发展。

（2）发展共同利益关系。

S 机构通过与高校和社区的互动，彼此提供对方缺乏的资源，在互动过程中形成了相互依赖的利益联盟，双方的关系是平等的，既获取了资源，又减少了资源依赖，保持了各自的自主性。

五、结论与讨论

通过以上分析，可以得出以下基本结论：

首先，为了寻求资源支持，S 机构与众多组织及机构发生了互动，发展出了了一个系统的外部环境，包括政府、企业、高校、社会组织、街道和社区。

其次，在与外部环境互动的过程中，S 机构既合理利用了外部环境的资源，获得了合法性身份、资金、人力等资源支持，又形成了对外部环境的资源依赖；其中，对政府的依赖程度最高。

最后，机构采取了减少资源依赖、增强自主性的策略，包括与同类组织合作和发展共同利益关系。

但同时也应该看到，资源依赖以及管理上的诸多限制，仍然阻碍着 S 机构的进一步发展。比如，为了争取更多政府购买的项目资源，机构的服务向综合性方向发展，造成了机构的服务专业度不够，品牌服务不够突出等问题。对此，机构的社工表示“需要不断地实践来发展出真正的特色服务，才有利于机构的发展”。而管理上的诸多限制，降低了机构的自主性，也造成了人力资源缺乏，限制了机构的发展。正如机构负责人所说的：“（S 机构的）劣势在于品牌服务不够突出，发展的限制在于缺乏更专业的人才。”

作为非营利组织的民办社工机构，从外界汲取资源的能力状况，决定了组织的生存现状和服务供给能力。[14] S 机构面临的问题也是很多民办社工机构所面临的，一方面社工机构为了生存必须争取更多的资源，而在争取资源的过程中又不可避免地形成资源依赖，从而发展受到约束和限制，降低了自主性。

在政府购买服务的背景下，如何减少资源依赖，保持自身独立性，提供专业且有特色的服务是所有民办社工机构面临的难题。S 机构所采取的减少资源依赖的策略值得其他民办社工机构学习；但同时，还需要政府进一步完善购买服务的制度，既要给予社工服务机构经费、场地和行政上的支持，同时要保障社工机构的自主性和独立性。社工机构也要加强自身获取资源的能力，发展多元化资源获取渠道，同时处理好与各方的关系，保证自己的专业性，最终实现服务社会的目标。

（指导教师：王旭辉、杨慧）

参考文献

［1］罗观翠，王军芳．政府购买服务的香港经验和内地发展探讨［J］．学习与实践，2008（09）．

［2］黄小青．政府购买服务下的专业社工机构——以厦门市 X 社工机构为例［J］．神州，2013（05）．

［3］苏明，贾西津，孙洁，韩俊魁．中国政府购买公共服务研究［J］．财政研究，2010（01）

［4］许小玲．政府购买服务：现状、问题与前景——基于内地社会组织的实证研究［J］．思想战线，2012（02）．

［5］李庆瑞，肖卓磊．政府购买服务中社工机构与高校合作共建机制研究［J］．成都师范学院学报，2016（04）．

［6］唐斌．社会工作机构与政府组织的相互嵌入及其影响［J］．社会工作，2010（07）．

［7］杨梨．政府购买服务：民办社工机构的困境与对策［J］．社会工作与管理，2014（02）．

［8］陆士祯，郑玲．浅论我国民办社工服务机构的发展［J］．社会工作，2013（03）．

［9］于晓虹，李姿姿．当代中国社团官民二重性的制度分析——以北京市海淀区个私协会为个案［J］．开放时代，2001（09）．

［10］唐文玉，马西恒．去政治的自主性：民办社会组织的生存策略——以恩派（NPI）公益组织发展中心为例［J］．浙江社会科学，2011（10）．

［11］陈蓓丽．上海社工机构发展之制度困境及发展路径研究［J］．华东理工大学学报（社会科学版），2011（04）．

［12］费显政．组织与环境的关系——不同学派述评与比较［J］．国外社会科学，2006（03）．

［13］ Pfeffer. J. and Salancik. G. 1978, The External Control of Organizations: A Resource Dependence Perspective, New York; Harper and Row.

［14］邵青．民办社工机构承接政府购买服务：实践、困境与创新［J］．求实，2012（04）．

非政府组织在台湾社区营造中的参与

——以台湾八烟社区为例

邹 松[1]

【摘 要】台湾地区自20世纪90年代始开展“社区总体营造”计划，为促进社区永续发展助力甚多。本文以新北市八烟社区为分析个案，分析以生态为特色的农村社区经过总体营造后，从没落到兴盛的轨迹，探究非政府组织参与社区营造的具体作为及其所发挥的作用。研究发现，八烟社区近几年的复兴主要得益于非政府组织的介入和扶植，其在社区营造中发挥了联结资源、凝聚社区共识、促进社区产业发展等功能。这对于内地其他地区的社区发展具有一定的借鉴意义和参考价值。

【关键词】社区营造 非政府组织 八烟社区 社区发展 生态

一、前 言

社区营造自1994年被中国台湾地区“文化建设委员会”作为“施政”计划提出以来，在“公部门”、社区居民、非政府组织和社会各界人士的积极参与下，在许多地方的社区发展实践中取得良好效果。社区营造究竟为何？在社区营造的过程中，社区居民、“公部门”、非政府组织分别扮演什么样的角色、有何作为？对这些问题的探究有助于厘清台湾地区在促进社区发展、开展社区工作方面的具体举措，并为内地更好地开展社区工作提供借鉴和参考。

---

① 邹松（1994—），江西赣州人，民族学与社会学学院社会工作专业，2012级本科生。

台湾的社会工作起步较早于内地，因两地在经济、政治、文化上存在的一定差异，而呈现出不同的发展脉络和发展现状。而在社区工作上，台湾地区的社区营造这一概念本身就独具特色，其中掺杂的社会工作理念和工作方法也值得研究学习。本文以近年在台湾地区产生较好反响的新北市金山区八烟社区为例，剖析非政府组织在八烟社区的营造中的具体做法和发挥的功能。

二、以往学者对台湾地区社区营造的研究

对“社区”这一概念的定义迄今已有百余种，一般认为，“社区是定住空间的范围，居民主体、认同、共识、共同体是社区的对象，自然、产业、设施、空间、活动与居民是社区生命的要素”①。在台湾地区所指的社区，按2014年“卫生福利部”修订的《社区发展工作纲要》的定义，“本纲要所称社区，系指经乡（镇、市、区）社区发展主管机关划定，供为依法设立社区发展协会，推动社区发展工作之组织与活动区域”。可以看出，台湾地区的社区实际上是基层组织之一。

20世纪50年代，在联合国的协助下，台湾地区开始推动社区发展。而社区工作的开展可追溯到1965年台湾行政当局颁布的《民生主义现阶段社会政策》，将社区发展列为其中七大措施之一，并后续在台湾当局相关“主管部门”成立了“社区发展委员会”。1968年台湾行政当局公布《台湾省社区发展八年计划》，自1969年至1983年推动社区发展，完成建设的社区达4300多个。只是到了20世纪70年代末期至80年代，因为政治和社会环境发生巨变，社区发展逐渐受到冷落。不得不提的是，台湾“戒严”时期的社区工作侧重于伦理教化和基层建设，目的是配合当局施政，功能上有助于国民党当局的社会控制。②

到了20世纪90年代，台湾面临更大的社会变化，环保、政治、地方认同、劳工与都市社会等运动同时发生，久蛰的社会力量得到释放，以“地方认同”的共同体意识为基础的“社区营造”开始登场。③

---

① 陈其南．社区总体营造与文化产业发展［A］．「文化·产业」研讨会暨社区总体营造中日交流展论文集［C］，台北：“文建会”编印．1995：4－7.

② 王茹．台湾地区的总体营造政策及评析［J］，台湾研究集刊．2004（2）．

③ 黄瑞茂．社区营造在台湾［J］，建筑学报，2013（4）．

“社区营造”一词实质上为“社区总体营造”的简称，它是“文化建设委员会”（下简称“文建会”）于1995年所提出的一种施政计划。[①] 社区营造的概念主要来自于日本的“造町运动”、英国的“社区建造”、美国的“社区规划”。从1994年开始，“文建会”希望从文化层面着手，以社区共同体的意识鼓励社区居民参与地方公共事务，凝聚社区共识，使各地方社区逐步建立属于自己的文化特色与文化活动，积极倡导并推动这一政策在台湾地区的落实。[②] 实施迄今，社区总体营造几乎成为社区发展工作的另一代名词。

关于“社区营造”的论述资料已汗牛充栋，本文采用台湾地区“文建会”前“主委”陈其南的观点：“社区总体营造代表一种思想模式，由‘中央’主导转为地方主导，由资源供给者出发的立场转为由生产者出发的立场，以‘社区共同体’的存在与意识为前提与标的，借着社区居民参与地方公共事务凝聚社区意识。经由社区自主能力，建立属于自己的文化特色。”[③]

社区营造强调居民的主体身份和参与意识，并淡化公权力部门的介入和干涉。这就促使台湾行政当局逐步从传统“由上而下”计划补助模式转向采取分权与培力的方式，逐步形成社区“由下而上”的自主营造。这种观念的转变，加上1999年九二一大地震后以新故乡基金会为代表的第三部门介入社区的全面重建与营造，在某种程度上鼓舞了台湾社区主义的兴起，由此带动了更多的非政府组织投入社区营造中。

从20世纪60年代肇始的社区发展到20世纪90年代兴起的社区总体营造计划，其本质都是促进社区这一与人民联系最为紧密的基层组织更好地为居民提供良好的生活质量和人居环境。“戒严”时期的“社区发展”带着更浓厚的政治色彩，20世纪70—80年代的社区工作淹没于此起彼伏的政治运动和社会变迁之中，到了20世纪90年代，公民意识的加强和社区的回归，使行政当局权力下沉，为社区营造创造了良好的环境。社区营造迄今为止已经持续20年，其中既有行政当局计划补助的身影，也有第三部门的积极介入，更有社区居民的踊跃参与，其成效不可谓不显著。

---

① 林胜义．社区工作［M］．台北：五南，2011（3）．

② 廖嘉展、江大树、张力亚．台湾社区营造的价值、机制与困境［C］．海峡两岸文化高峰论坛论文集，2010-9-6.

③ 陈其南．社区总体营造与生活学习［M］．宜兰：仰山基金会．1997.

简言之，社区总体营造也可概括为：动员社区居民共同参与社区公共事务，以民主参与、由下而上的决策及执行模式解决社区问题，发掘社区特色和所在地资源，全方位促进社区永续发展。

三、社区营造的实践历程

（一）八烟社区与生态工法基金会

八烟社区位于新北市金山区，地处阳明山“国家”森林公园内。因年轻人口外流，老年人口无法从事高劳力负荷与需要大型机具的农事，加上休耕政策，该地水稻田自1986年开始休耕。社区常住人口为9户22人。因处于“国家”森林公园境内，生产生活活动有诸多限制，但保存有北台湾少见的梯田景观与砌石水圳，由于地下水位高，水质清澈，生态丰富，使得八烟聚落的生态景观与农村人文特色保存较好。①

财团法人台湾生态工法发展基金会（以下简称“基金会”）在环境保护人士的倡议及民间企业与学者专家的支持下于2007年正式成立，其设置的目的在于督促当局落实环境保护政策，并推广工程界生态保护的理念。基金会自2008年开始，以自力募款的方式推动“台湾环境复兴运动”，并投入阳明山八烟聚落的复兴。从2009年开始，与“农委会林务局”合作，开启“八烟聚落水梯田生态复旧与产业复苏”五年计划，推动三生（生活、生产、生态）一体的愿景落实。②

2008年，基金会在阳明山“国家”公园管理处原保育研究组组长李瑞宗的带领下，开始深入八烟社区，拜访居民开展对话。

基金会与八烟社区的初步接触，使社区居民更加了解基金会，也被基金会人员的诚意和热情打动，这为基金会在社区营造过程中的工作打下了基础。而基金会成员在走访八烟社区、与社区居民的交流中也增进了对八烟社区的认识，对八烟社区的地理、人文、物候条件等有了更加清晰的把握。基金会成功“进入”社区，奠定了社区和基金会的双向良性互动的基础。

---

① 八烟聚落［EB/OL］. http：//bayien. eef. org. tw/bayie_ 05. html，2014－12－24.

② 财团法人基金会［EB/OL］. http：//www. eef. org. tw/index－1. htm，2014－12－24.

2008 年进驻，2009 年基金会透过与“林务局”的合作，开启了“八烟聚落水梯田生态复旧与产业复苏”五年计划。

（二）社区营造的起步——生态恢复

社区的自然环境因素对社区的结构、功能有鲜明的直接影响。[①] 结合八烟社区特殊的环境条件，基金会为八烟社区的发展制定了“生态特色聚落，产业永续经营”的计划目标，分为“生态复育”和“产业复苏”两大主轴，每一主轴下分三大子内容。生态复育包括：特色作物耕种，水圳修缮复旧与维护管理，水梯田生态环境调查。产业复苏包括：凝聚居民共识和生态巡守、有机耕作和特色作物产销、聚落环境及产品特色形塑，如下图。

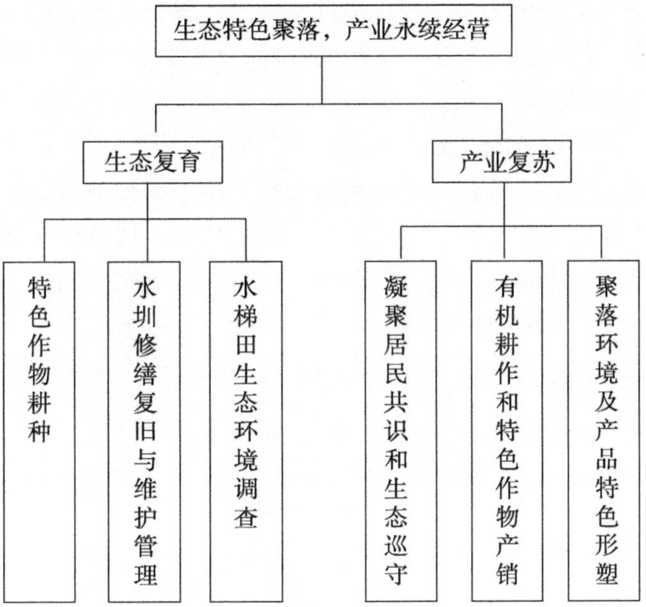

资料来源：邱铭源、八烟经验与里山
台湾的愿景，里山倡议精神研讨会，2012 年 11 月

基金会为促进生态复育，采取了以下措施：

首先是“砌石水圳的修缮”和“旱化水梯田的复育”。砌石水圳作为传统农

① 蔡宏进．社区原理［M］．台北市：三民书局，2005.

业灌溉设施中的重要工具，近年来由于农田荒废逐渐衰败，基金会通过修复砌石水圳，聘请有砌石经验的老农参与，恢复这一具有农村人文特色的景观。然后向居民承租原先用来种植地瓜或休耕的旱田，重新引入山泉水灌溉，第一年不种作物，仅为恢复水梯田的生态链。然后雇佣当地老农及社区二代年轻人，协助巡视田水、修缮田埂。雇工的劳务费用与土地租金则作为水梯田复育政策的补贴发放给社区居民。通过这两个步骤，八烟社区完成了初步的地景打造，也为农村产业的复苏埋下伏笔。

其次是“有机农业栽种工作的推广”。为了打消社区居民对有机农业的疑虑，基金会通过与慈心有机农业发展基金会的合作，逐步在社区农民中推广较容易维护管理的莲花。同时，在社区举办有机种植保证收购的说明会，安排社区居民到北部地区的有机莲田参访学习。透过不断与居民合作及互动，基金会成功取得了社区居民的信任与协助。这些工作的开展，也刺激社区的二代年轻居民萌生假日返乡经营的想法。①

由此可见，八烟社区的营造工作在基金会的主导下，其重点首先放在了生态复育和联结社区居民上。结合八烟社区的特殊环境生态和基金会的组织宗旨，这种选择被后续工作的成功开展证实为是有效且适切的。通过水梯田的复育，生态环境得以快速恢复，生物多样性得到保护，同时打造了农村地景，也成了发展生态旅游的推手。通过引入有机农业，让社区居民直接接触、观摩学习，达到了联结社区居民、凝聚社区共识的目的，为基金会开展社区产业复苏奠定基础。

（三）社区营造的推展——以产业复苏为推力

要实现社区的永续发展，除了环境、社会两个层面，还需要协调发展社区经济。② 基金会在恢复与维持社区的生态环境的同时，也着力于社区产业的改善与复苏、社区愿景凝聚与营造。在基金会的推动、社区居民的共同努力下，为八烟的社区产业复苏采取了以下几项措施。③

---

① “农业委员会”林业发展计划2009年度单一计划——八烟聚落砌石水梯田生态复旧与产业复苏研究计划［Z］.2010年1月28日.

② 吕理德，许哲彦.台湾永续社区发展情况初探：以“国家”社区永续发展得奖社区为例［A］.两岸四地都市治理与地方永续发展学术研讨会［C］.2006.

③ “农业委员会”林业发展计划2010年度单一计划——八烟聚落砌石水梯田生态复旧与产业复苏研究计划［Z］.2011.

首先是开发“八烟救世米”。为了使社区从领取生态政策补贴转向社区产业的自我造血，结合八烟社区得天独厚的水质地理条件，基金会呼吁社区居民采用有机耕作方法，发挥社区居民的主观能动性，鼓励农民重新下田耕作。一年时间，“八烟救世米”获得丰收，既促进了社区经济的发展，也让社区老农获得了尊重和认可，激发了社区居民的创造力和能动性。

其次是持续推展企业认养办法。与元智大学、尚仁国小、鼎汉工程顾问等公司单位合作，在这些公司单位的工作假期期间，开展农村体验与企业认养。企业和民间力量的引进支持八烟的生态农法耕作可以持续进行下去。基金会、社区、院校、企业四方在这一合作模式中各取所需，这一平衡合作机制的建立，是八烟社区有机农业可以一直蓬勃发展的强劲后盾。

再次是八烟产品的营销。基金会委托专业的设计顾问，帮社区农民对农产品进行特色设计与简约包装。包括持续使用“eco kitchen 生态厨房”专用纸箱、全新“救世米”包装、注册“石井婶”瓠瓜干等商标品牌，一系列措施使得八烟农产品逐渐形成了自己的特色，得到市场和消费者的认可。除此之外，网络营销也同步开展。基金会工作人员通过制作八烟聚落网站，拍摄八烟纪录影片并上传到网上，举办解说教育活动，增加了媒体报道机会。这些营销活动的开展提高了八烟社区的知名度，为八烟社区的农产品赢得了更多市场。

最后是从八烟的生态入手，开展生态旅游，制作生态教学教材。基金会透过推动“生态学堂”环境教育课程，进行解说课程的实习与培训，让部分社区居民担任学堂老师教授传统技艺，部分社区居民负责餐饮供应。同时，将八烟社区的材料手作工艺纳入八烟生态教学的教材中。八烟社区的居民均掌握着不同的手工艺技术，让社区居民参与生态课堂，为外来游客讲解八烟生态和手工艺技术，大大提高了社区居民的参与意识和热情，真正实现了“以社区居民为本”的社区营造。

基金会发动社区居民促进社区产业复苏，在产品营销和打造生态旅游方面助力颇多。这种运用农村社区内部原有资源的发展方式可称为内发式的农村营造。[①] 它发掘农村社区潜藏的价值，善用所在地资源，最终实现社区居民的共同参与和社区产业的复苏发展。

---

① 黄世辉．社区自主营造的理念与机制［A］//黄世辉研究论文集［M］，台北市：建筑情报季刊出版，2001.

（四）社区营造旧观新貌的对比

经过基金会的参与和八烟社区居民的努力，五年时间，八烟社区所期待的愿景逐步落实。

生态复育上，八烟水梯田生态栖地补贴规模达0.85公顷，八烟聚落一半的梯田面积得到恢复。以生物多样性的恢复为例，八烟聚落内记录到的蛙类达15种，约占台湾蛙类种类的1/2。其他如山羌及山猪等哺乳动物也陆续在聚落周边出现。得益于八烟良好的生态环境，聚落已经成为学校或企业户外学习场域或生态工作假期的新选择。八烟社区借由“八烟生态学堂见学课程”也达到了深化环境教育与培养人格的目的。

产业复苏上，以生态保护为核心的产业发展推动了八烟的产业复苏，参与计划的居民平均收入增加一倍。以生态旅游、农村文创以及环境友善的精致农业为轴线，在2012年即初步实现社区产业自主发展。基金会协助成立的“八烟出张所”则转型为在地的服务站与文创卖店，整个社区的生产产值不仅满足社区成员的自给自足，还可再投入社区的永续经营。① 八烟还利用定期及非定期的活动来带动产业效益：如“农夫市集”“企业生态工作假期”以及“生态学堂”等各式活动的举办，让八烟聚落可直接向外界营销农产、人文时尚及自然生态，八烟目前的生态学堂与相关农产收入足以支撑两位年轻人的薪资。参访八烟聚落的人数透过媒体的营销以及借由活动参与的再次回流，对社区产业效益有明显的提升。

值得一提的是，八烟的案例也成功登上了国际舞台。辅导八烟聚落的台湾生态工法发展基金会，于2013年5月以八烟案例获选加入联合国“里山倡议伙伴”，是台湾第三个申请成功的组织。

（五）让社区回归所在地居民的社区——培育社区组织

社区营造的肇始期有专家投入当然很好，但是居民一方有“热心人士”出现来掌握主导权才是最重要的。② 社区营造的肇始期和实践期由基金会主导，发动社区居民参与，但当社区营造已经取得初步成效之后，就需要培养社区所在地

① “农业委员会”林业发展计划2012年度单一计划——八烟聚落砌石水梯田生态复旧与产业复苏研究计划［Z］.2013.

② 陈金顺，译.社区营造的方法［M］.台中：“文建会”文化资产总管理处筹备处.2010.

组织继续带领社区的经营和发展，让社区回归到所在地居民的社区。

因为八烟社区居民多为高龄老人，考虑到老人多为低度参与，鼓励老人参与的困难较大[①]，八烟社区所在地自治组织的成立就必须结合聚落内返乡的中壮年居民，号召他们投入爱乡、爱土的行列，并透过各项活动与课程，逐步整合聚落资源，进行所在地人才的培训并实现社区自治与发展。[②] 在基金会的协助下，八烟社区筹组并正式成立了"新北市八烟三生发展协会"。

"八烟三生发展协会"有部分基金会的成员加入，但成员中有两位八烟二代年轻人回乡，吸引二代青年和中年居民返回社区参与社区发展，是八烟发展迈出的一大步[③]。有了聚落的共同愿景，也开始凝聚社区居民的认同，年轻的二代居民回流，亦可就近照顾长辈，不必在异乡打拼。政府和基金会只是辅导角色，最终须逐渐淡出社区的经营，八烟社区开始交由所在地居民打理，而"八烟三生发展协会"则发挥着带领社区永续发展、联结社区成员的作用。

（六）非政府组织的角色

从八烟社区从没落到兴盛的发展轨迹可以看出，基金会在其中扮演着极为重要的角色，包括资源提供与资源联结者、凝聚共识者、社造价值的倡议者、陪伴所在地社区的培力伙伴角色。

首先是资源提供与资源联结者。基金会通过与林务局的合作，把政府的政策转化为社区资源。社区资源可分为正式资源与非正式资源，其中正式资源包括公部门资源（"政府"经费）与私部门资源（第三部门提供的经费）。[④] 基金会除了自行募款参与八烟社区的营造外，还借由"林务局"的计划案筹得经费，如2012年度的经费中，"林务局"补助2280千元，基金会配合款1473千元，合计3753千元（注：均为台币）[⑤]，这为八烟社区的社区营造起步创造了一定的物质条件，也为后续社区可以自给自足发展社区产业奠定了基础。

---

① 林胜义．老人参与社区发展之研究［J］．社区发展研究训练中心，1990.

② "农业委员会"林业发展计划2012年度单一计划——八烟聚落砌石水梯田生态复旧与产业复苏研究计划［Z］.2013.

③ 林慧贞．八煙水梯田復育成功——日人締結姐妹田［EB/OL］上下游：http：//www. newsmarket. com. tw/blog/35509/，2013－8－10.

④ 赖两阳．社区工作与社会福利社区化［M］．台北：洪叶文化，2009.

⑤ "农业委员会"林业发展计划2012年度单一计划——八烟聚落砌石水梯田生态复旧与产业复苏研究计划［Z］.2013.

其次是凝聚共识者。基金会以八烟社区为对象，开展农业活动，刺激、带动以及整合社区居民的活力，凝聚社区共同意识，诱发社区居民从被动的照顾到主动的自力救助行为，进而产生社区居民的认同。① 基金会起初举办了“有机栽种保证收购说明会”“有机莲田参访考察”“砌石·梯田·水·八烟——山村摄影师摄影比赛”等活动，并将社区营造过程全程记录下来。除此之外，基金会还定期于隔周到社区开展工作，通过定期的访视增加互动，凝聚社区居民的力量，在与聚落居民的不断交流互动中，渐渐吸引社区的二代居民假日回乡，并鼓励他们加入计划协助聚落改善。这些措施的施行让社区居民逐渐凝聚到一起，亲自参与到对社区的营造过程中。

再次是社区营造价值的倡议者。基金会不但在八烟社区内部倡导生态复育的价值观念，也利用网络媒体等手段把八烟社区推广出去，这样一方面起到了凝聚社区成员的作用，另一方面也对社会大众有一定的教育和启发意义，吸引更多民众来到八烟参观学习，在这个过程中基金会的理念得以传播，社区营造的成果也得到社会的认可，为社区营造注入新的力量。

最后为陪伴所在地社区的培力伙伴角色。如果基金会在社区营造过程中扮演主体角色而忽视所在地居民的参与，一旦基金会撤出，社区的永续发展便难以为继。所以基金会在推动社区产业复苏的过程中，注重对社区的培力，发掘社区中的积极成员，号召社区居民成立自己的社区组织。在社区组织成立之初给予一定的指导和支持，让社区组织得以生根发芽，最终了解社区居民的需求，制定社区发展战略，带领社区永续发展。

四、结论与讨论

八烟社区的营造之所以取得成功，可以看到公部门区域计划的刺激、基金会的介入和辅导起到关键作用。从某种程度上说，其也具有一定的必然性。回顾其社区营造的历程，非政府组织在其中采取了许多行之有效的措施，并最终为社区带来了经济、生态、社会效益。总结其成功经验如下：

---

① 李松根．社区营造与社会发展［M］．台北：问津堂，2002.

（一）注重居民的参与，凝聚社区居民共识

虽然八烟社区人口高龄化严重，但是基金会并没有因之抛弃社区成员，反而激发起社区老农的活力，运用他们的智慧和经验，为社区的复兴开辟一条新的道路；同时宣导生态价值，凝聚社区居民共识。社区营造不只是在营造一个社区，实际上它已经在营造一个新社会，营造一种新文化，营造一个新的“人”。换句话说，社区总体营造的本质，是透过文化的手段重新营造一个社区社会和社区人。① 通过对有机农业的宣导和生态工法的实践，基金会成功打消了所在地居民的疑虑，得以带领社区朝着生态复育和产业复苏的道路迈进。

（二）善于挖掘社区所在地资源

社区之所以能变得有力量，就是因为它们能使用并依赖已所拥有的资源，也就是每一个人都有的有形与无形资产。② 八烟社区的发展虽然受到地处“国家”森林公园的限制和交通不便等因素的影响，但是这也正是社区独特的优势——生态环境保护较好，水梯田得以留存。社区营造必须因地制宜。纵观台湾地区许多成功的社区营造案例，其起步都是找出社区中的一项特色，然后从地方文史、街道景观、地方产业、民俗活动等不同角度切入，再带动其他相关项目，③ 最终取得成功，吸引其他社区前来参观学习。

（三）引入第三方参与社区建设

社区营造不能抛弃居民，但是也不能仅靠居民。不只是八烟社区，在对台湾社区营造中有代表性的“桃米社区”的研究中，就有学者提出“如果没有专业团队介入协助，如果未获政府部门经费补助，各项社区总体营造工程绝无可能适当且顺利推动”④。八烟社区的发展从来都不是孤立的，在基金会介入后，金山高中及其他一些环保组织相继造访，更有元智大学、鼎汉工程顾问等高校企业与

---

① 苏景辉．社区工作——理论与实务［M］．台北：巨流，2003.

② Jim. Diers 著．黄光廷、黄舒楣，译．社区力量——西雅图的社区营造实践［M］．台北：洪叶，2009.

③ 林胜义．社区工作［M］．台北：五南，2011.

④ 江大树．台湾乡村型社区的发展困境与政策创新：桃米生态村的社区重建经验启示［A］．“台湾的社区与组织”学术研讨会［C］，高雄，2003.

社区达成合作协议，为八烟社区的发展提供智力、财力、物力、人力的支持。吸引民间单位加入社区营造，在桃园的社区营造中也得到了验证，“政策的落实由‘政府’直接对应民间单位的社造政策，作为‘政府’与民间单位的中继站、连接者，使生硬的政策透过第三部门的诠释，让民间单位了解推动精神”①。

（四）开发社区产业，为社区发展提供经济支持

社区总体营造的三大目标之一就是“造产”，通过“产业文化化，文化产业化”概念来助力社区发展②。社区发展绝对不能仅停留于社区基础设施的建设和生态环境的复育上，只有实现社区经济的发展，开发社区产业才能吸引社区成员回流，增强其留在社区内的意愿。尤其是社区二代，其离开社区奔向城市的很大一部分原因就是经济驱动力。在基金会辅导八烟社区的社区营造过程中，产业的复苏既增强了社区居民继续社区营造的意愿，也使得部分社区二代居民在假日开始返乡参与活动。从基金会介入社区到生态计划完成的五年间，八烟社区居民的收入翻了一倍，这无疑是社区营造可以顺利开展并且得到居民大力支持的一个重要因素。

（五）科学评估社区发展的优势与不足，找准社区定位

八烟社区与其他社区不同，其主要特色即生态，这既是社区的优势又是社区的劣势。台湾其他地区的社区营造或主打文化创意，或主打特色农业，或主打传统产业复兴。但是这些在社区营造中取得成功的社区无一例外地都找到了社区本身的定位，扬长避短，把人文、生态较好地结合起来，最终实现社区发展。只有科学研判社区的优势与不足，制定切实可行的社区营造方案，才能真正促进社区永续发展，为社区成员创造一个优质宜居的人居环境。

（指导教师：卫小将）

---

① 谢佩娟．张零衫．范杰臣．从社区培力开始——以桃园县社区营造中心操作模式为例［A］//“全国”社区营造学术研讨会论文集［C］，2007.

② 林振春．王淑仪．社区营造与传播［M］．台北：阳昇教育基金会发行，2004.

参考文献

［1］陈其南．社区总体营造与文化产业发展［C］//「文化·产业」研讨会暨社区总体营造中日交流展论文集．台北：文建会编印，1995.

［2］王茹．台湾地区的总体营造政策及评析［J］．台湾研究集刊，2004（2）.

［3］黄瑞茂．社区营造在台湾［J］．建筑学报，2013（4）.

［4］林胜义．社区工作［M］．台北：五南，2011.

［5］廖嘉展，江大树，张力亚．台湾社区营造的价值、机制与困境［C］//海峡两岸文化高峰论坛论文集，台北市，2010.

［6］陈其南，社区总体营造与生活学习［M］．宜兰：仰山基金会，1997.

［7］蔡宏进．社区原理［M］．台北市：三民，2005.

［8］吕理德，许哲彦．台湾永续社区发展情况初探：以“国家”社区永续发展得奖社区为例［C］．都市治理与地方永续发展学术研讨会，2006.

［9］黄世辉．社区自主营造的理念与机制：黄世辉研究论文集［M］．台北市：建筑情报季刊出版，2001.

［10］陈金顺，译．社区营造的方法［M］．台中：“文建会”文化资产总管理处筹备处，2010.

［11］林胜义主持研究．老人参与社区发展之研究［J］．社区发展研究训练中心，1990.

［12］赖两阳．社区工作与社会福利社区化［M］．台北：洪叶文化，2009.

［13］李松根．社区营造与社会发展［M］．台北：问津堂，2002.

［14］苏景辉．社区工作——理论与实务［M］．台北：巨流，2003.

［15］Jim. Diers 著．黄光廷、黄舒楣译．社区力量——西雅图的社区营造实践［M］．台北：洪叶，2009.

［16］林胜义．社区工作［M］．台北：五南，2011.

［17］江大树．台湾乡村型社区的发展困境与政策创新：桃米生态村的社区重建经验启示［A］//“台湾的社区与组织”学术研讨会论文集［C］．高雄，2003.

［18］谢佩娟，张零衫，范杰臣．从社区培力开始——以桃园县社区营造中心操作模式为例［A］//“全国”社区营造学术研讨会论文集［C］. 2007.

［19］林振春，王淑仪．社区营造与传播［M］，台北：阳昇教育基金会发行，2004.

快递业末端网点的组织形式与控制机制研究

——以申通、顺丰京内网点为例

李　月[①]　邓高远[②]　咸煜琪[③]　李和君[④]　尹　坤[⑤]

【摘　要】 近几年来，我国快递行业发展兴盛。在组织形式多样化的同时，也带来了组织控制的挑战，员工“越轨行为”频出，本文以直营模式的顺丰快递和特许加盟模式的申通快递这两种代表了民营快递基本组织形式的快递公司为对象，从组织形式和控制机制这两方面对快递组织的末端网点进行分析，进行学派间的解释比较，与此同时试图回答快递问题为何频出。结果发现，无论是组织形式还是控制机制，各种理论都能找到适用性，经济学理论有着较好的解释力，但是社会学的理论更能突破单一的经济人视角限制，作为重要的解释补充。在整体的组织形式多样性上，生态系统理论具有较好的解释力，但是在具体形式类别的解释中，成本交易学派能解释最主要的类型，而新制度主义可以解释其他类型。在控制机制上，带有经济学思维特征的物质奖惩的确有着重要影响作用，但通过开放系统主义和自然主义，我们获得了对快递问题频出以及顺丰为何具有更大优势的更好解释。

【关键词】 快递行业；末端网点；组织形式；控制机制

---

① 李月（1994—），山东烟台人，民族学与社会学学院社会学专业，2012 级本科生。
② 邓高远（1993—），江苏常州人，民族学与社会学学院社会学专业，2012 级本科生。
③ 咸煜琪（1994—），山东烟台人，民族学与社会学学院社会工作专业，2013 级本科生。
④ 李和君（1996—），山东潍坊人，民族学与社会学学院社会工作专业，2014 级本科生。
⑤ 尹坤（1995—），河南信阳人，理学院统计学专业，2013 级本科生。

前　言

随着快递行业的迅速发展，快递业末端网点的组织形式呈现出多样化的特点，但是与此同时，各种快递服务投诉源源不断，其中大多数投诉都来自于末端网点[1]，快件的破损、丢失问题层出不穷，这些正是快递公司组织形式和控制机制未能良好协调的结果。如何突破“最后一千米”障碍，实现快递组织末端网点的有效控制成为行业内的关键问题。

本调查首先对研究内容做了详细的介绍，主要对研究背景、研究问题、研究方法进行了阐述，并对以往的文献做了研究综述。已有的研究主要集中在我国国内快递业的发展状况和对其未来可持续发展问题的探讨上，但是缺少对组织形式和控制机制的实证研究，这些课题为本调查研究奠定了理论基础和内容基础。

根据已有的文献成果和实地的调研结果，笔者对组织形式和控制机制进行了基本的描述，并对其进行归纳总结。用社会学和经济学的理论对组织形式出现的原因和控制机制的发展变化做了详细的解释。

在组织形式方面，笔者发现不同的公司所侧重的组织形式是不同的，按照管理结构可将其分为直营、加盟和第三方合作几种主要模式，并对这几种模式做了详细的介绍。在此基础上，笔者从安全性、发货速度、方便程度三方面对几种模式做了对比，找出不同模式的优缺点。同时利用生态系统理论、成本交易理论和新制度主义理论对选择不同组织形式的原因做出解释。

在后期的调查中，笔者的侧重点放在组织的控制机制方面，从物质控制、开放系统理论和自然系统中的个人三个方面，描述了以顺丰和申通为代表的直营和加盟模式快递公司的共同点和不同点，并分析了控制机制的发展变化、它对快递公司的影响以及顺丰的管理优于申通的原因。

对于组织形式选择和控制机制的选择，经济学和社会学都有不同的解释，笔者试图研究市场中的组织所遵循的到底是哪一种逻辑。是经济学独尊，还是社会学的理论也在发挥着作用？看似符合经济学奖惩逻辑的机制，为何仍会出问题，原因是否在于社会学的逻辑被忽视呢？笔者在研究组织形式和控制机制的同时，也试图回答这一问题。

一、导 论

（一）研究背景

近几年来，我国快递业发展兴盛，2013 年市场规模跃居世界第二位，2006 年至 2013 年间，快递收入增长近四倍。2013 年，全国快递企业已达 8000 余家，其中 EMS、顺丰、申通业务量合计占全部快递业务量的比重达 87%，民营快递业开始占据主要的市场地位。

随着市场不断扩大，快递行业的竞争也逐渐激烈。快递业发展主要依靠速度、网络以及特殊服务优势。而中国的快递业发展虽然迅猛却以低价竞争为主。全国各地的民营快递企业以量取胜的策略使得行业内部采取低价竞争，反过来这种低价竞争进一步加剧了市场竞争，形成恶性循环。这种恶性竞争导致消费者享受不到高质量的服务，其实质是将成本转嫁到消费者身上。

在低价竞争的背景下，随着快递网点的扩张，各种快递服务投诉源源不断，其中大多数投诉来自于末端网点。这正是快递公司未能有效诱导快递人员遵守职业道德和规范的恶果。如何突破“最后一千米”障碍，实现快递组织末端网点的有效控制成为行业内的关键问题。

面对艰难的行业环境和服务问题，最近几年各大快递公司纷纷在各方面改善其组织控制机制，并取得一定成效。其中顺丰速递和申通快递两家企业在业界做得相对较好，在快递业中稳住了前列位置。这两大快递公司代表了民营快递的两种基本组织形式：一是以顺丰快递为代表的自营模式，也称直营模式，其末端网点主要是门店—快递员；二是以申通快递为代表的特许加盟模式，其末端网点主要是加盟商—快递员。

为了解其经营改善的内在原因，为其他企业提供借鉴和参考，笔者选择以这两家企业作为研究对象进行调查，研究它们的末端组织形式和控制机制。

（二）研究问题

在改善末端网点组织控制的过程中，申通和顺丰做得最好。相关资料反映这两家公司的末端网点组织形式呈现了多样化趋势而不限于最基础的两种，而是发展出了高校摆摊的移动网点、外部合作、自提点等多种形式，这些形式是学界文献所没有讨论的。那么面临相同的市场环境和竞争压力，快递业为何出现了不同形式的末端网点和独特的业务组织形式？

这引发了笔者对组织形式选择的细致思考。比如顺丰快递以直营带来的组织控制优势占据市场重要份额，却扩展出在便利店、报刊亭等店面中请营业员代理快递业务等类似外包性质的外部合作方式。这种组织方式存在控制上的困难，为何顺丰要推行这种计划？相比之下采用加盟体系的申通快递为何最开始对这种新的合作方式不感兴趣、投入力度相较不如？

这些问题实际聚焦在一个点上，即组织形式如何进行选择？联系理论，这是基于经济学效率的考虑，还是基于新制度主义学派提出的合法性考虑？或者说完全解释这个现象需要多种理论的综合。当然也不排除在新时代背景下，存在另辟蹊径的解释。基于此，笔者的一个目的在于探究快递公司是如何进行末端网点的组织形式选择的。

对于快递组织而言，其根本目的在于营利，面对这样一个市场环境，为了增强自身的竞争优势，快递企业对于涉及快件链条的各要素和相关行动主体必须加强组织控制。那么作为链条中事故最多、问题最集中的末端网点，这两家公司究竟是如何实施组织控制的呢？

带着这样的思考，笔者重新审视了末端网点的组织多样性，发现这种多样性对组织控制方式带来了新的挑战。

在后期的调查中主要集中于三个问题：在管理上，顺丰要明显优于申通，这一现象产生的原因是什么呢？申通在管理控制方面出现的问题（如快递员的偷件行为、快件的损坏丢失等）又是由什么导致的呢？顺丰在管理和口碑方面都属于佼佼者，但为什么还是存在快递行业普遍共有的问题（如人员流动性大）呢？

（三）文献综述

1. 已有研究内容

已有的研究集中在我国国内快递业的发展状况和对于其未来可持续发展问题的探讨以及已有快递网络的建立模式、网络特征和网点建设选址，[2][3][4]基于快递员的薪酬管理，基于顾客的满意度、消费者权益等方面。[5][6][7]。

以顺丰为代表的以直营为主要组织形式的快递公司主要特点是总部和分支机构属于同一法人，总部与分支机构不存在利益冲突，两者利益基本一致[8]。以直营为主的快递公司总部与分支机构之间有着相同的标识、文化、目标和制度规范，能够在各个方面较容易地达成一致。整体业务水平较高，有着统一的运输车队和航空公司，投递速度快，并且有统一的客服中心，能够较好地支撑快递服务，管理效率高，业务处理能力强。但是直营形式快递公司的不足之处在于对资金的需求量很大，在运输工具、扩建团队等方面需要大量的资金，管理成本相对较高。

以申通为例的以加盟为主要组织形式的快递公司，总部和加盟商之间是相互平等的独立法人，两者拥有相同的法律地位。加盟关系以关系为纽带，以承包责任为激励，采用以罚代管的管理模式，以低价竞争为手段，有利于服务网络的拓展和扩大。通过加盟的形式，快递公司可以在短时间内用相对较少的资金投入将业务扩展到全国各地。但是相对于直营形式来说，加盟模式的管理存在较大问题。信息技术落后、科技水平较低、业务操作不规范，且加盟商与总部之间存在利益多元化的问题，容易导致利益冲突。

经过调查研究发现，快递企业空间组织网络总体呈现出为社会经济和人口服务的特征趋势，并与区域地形地貌、当地的区位条件和产业特征相关。[9] 随着市场的扩张，快递企业逐渐采用多层级分区域的空间组织模式，并根据区域社会经济发展状况、产业特征、交通情况等，形成基于不同服务时限等级的快递服务网络，整个营运网络逐渐由单枢纽轴辐式网络向多枢纽轴辐式网络变迁。同时，快递流量和流向与城市的吸引力、城市间关联关系体现出较好的一致性。[10]

这些文献为本课题提供了研究背景。通过大量文献研究发现民营快递业在组织控制上存在问题，对于新出现的各种末端网点组织形式和组织控制方法却缺乏实证性研究，然而正是这些多样性的组织形式才是组织社会学和经济学的重点关注对象，其中，快递组织是如何进行组织形式选择的以及为达成组织目标而采取何种控制机制是笔者要研究的内容。

2. 相关理论研究

（1）组织形式相关理论。

经济学提出了成本交易理论，提出市场关系和组织关系之间的相互转化是基于对成本的考量。即某个服务由组织自身来完成所需的成本低于购买市场服务所需要的成本，则选择通过组织自身来完成该服务。

生态系统论指出，随着时间的变化发展，组织会在变化的过程中改变自己原有的特征，以适应发展的要求。某一组织如果想获得长久的发展，就必须不断调整、改变，适应时代发展的要求。[11]

新制度主义提出必须从组织的外在环境分析组织行为和组织现象，同时强调从外在环境出发时，不能只考虑技术环境，必须考虑制度环境，即法律制度、文化期待、社会规范、观念制度等广为人们接受的社会事实。[12]它从合法性角度提出了组织的趋同性，重点指出制度环境和技术环境常常相互矛盾且相互抢夺资源，这两者间的矛盾和组织的应对策略常常导致组织现象的多样性。

（2）组织控制相关理论。

经济学提出，组织主要控制方式为物质奖励，即用酬金奖惩制度来促使成员服从组织规定。[13]理性系统理论学家强调正式权利在组织运行中的作用，并且指出一些被广泛接受的有价值的事物，比如金钱和地位，在多数情况下可以作为对大多数人的奖赏。

而社会学提出在物质控制、技术控制外，还存在其他控制方式，包括符号控制和非正式关系控制。前者让组织成员认同组织目标并自觉遵守规范，后者通过非正式团体关系，比如同乡关系、熟人关系来控制组织成员行为。其中强调组织控制不仅要对组织成员进行控制，也要对监督者施加控制[14]。

（四）研究方法

本次调研是定性研究，采取个案研究方法。采取以调查研究为主和以实地研究为辅的方式。资料搜集方法主要为参与观察、深入访谈和文献法，对每类网点研究 1—3 个。

1. 非参与观察：调研期间在不同形式的网点附近进行观察，初步了解组织形式特点。

2. 访谈：用访谈为主、问卷为辅的方法，以快递员和合作网点的老板为访谈对象，了解其所在网点组织的形式特点，了解相关人员受到组织控制的方式。同时也会假冒合作者，套取快递网站的信息。预估根据时长安排，每天访谈 6 位左右，深度访谈 10 位，为之后的资料分析做准备。

3. 文献法：通过网络检索和当地有关组织查阅等方式获取案例信息。

4. 问卷法：通过对网点附近的消费者进行问卷采访，了解该类型网点组织形式的利弊。

（五）调查研究发现

快递公司为满足不同类型消费者的需求，在不同形式的地点采取了不同形式的收发快件方式。例如笔者在调查过程中访问的天作商城彩票店，在经营彩票业务的同时也代理顺丰的快递业务，彩票店内员工与顺丰公司签订合同，履行自己的职责，享受到和员工同样的福利；在中国人民大学的校园里，为了维护学校治安，提高业务效率，所有的快递业务都承包给了名叫“快鸽联盟”的第三方组织，有专人管理运营；在许多小区里，为了解决上班族上班时间无法及时取快递的问题，在小区内部或是附近设立了储物柜，由小区工作人员或者是快递公司员工进行统一管理。

以上这些多样化的形式和管理机制，都与组织中的组织形式和控制机制这两大方面有密切的关系。而笔者调查研究的方向，也是围绕着这两个方面展开的。

二、探究快递业末端网点的组织形式

（一）探究快递组织形式的基本分类

不同的快递公司根据公司自身的要求会有不同的组织形式，从物理维度上来分，可将快递末端网点的组织形式分为固定网点和移动网点。固定网点主要指的是有实体门店以及固守的快递员或店员的组织形式，移动网点主要指的是不固定场所以及流动性质的快递员的组织形式，通常表现为快递员开移动快递车去收件派件；从管理结构的维度上讲，组织形式分为直营形式、加盟商代理形式和外部合作形式；外部合作又可以细分为第三方独立经营和兼营的形式。其中，直营形式是指由公司总部直接投资、经营、管理的组织形态，也是我国快递经营模式的主要发展方向之一。加盟模式则是总部在各地区设立一个总加盟商，再由总加盟商将业务分配给更小的加盟商分包，这样顺级而下，依此类推，直至分包到最基层的网点。第三方独立经营主要指的是由第三方协调各个快递公司，统一承包快递的派发和收取的第三方组织，利润的分配由第三方组织主导。兼营模式主要指的是一些小的门店与快递公司合作在经营本职业务之外还承担快递服务的业务。

笔者的调查是以申通快递、顺丰快递为代表，探究不同快递公司所采用的不同的组织形式。根据调查，将快递公司的组织形式整理成如下表格：

<table>
<tr><th rowspan="2"></th><th rowspan="2">直营形式</th><th rowspan="2">加盟形式</th><th colspan="2">外部合作</th></tr>
<tr><th>第三方独立经营</th><th>兼营</th></tr>
<tr><td>固定网点</td><td>顺丰嘿客、顺丰门店</td><td>北京尚未发现，二三线城市较为普遍</td><td>人大快鸽联盟、小区楼下存储柜、小麦公社</td><td>报刊、商店、体彩等</td></tr>
<tr><td>移动网点</td><td colspan="2">校外、商场、小区附近移动车</td><td>尚待发现</td><td>尚待发现</td></tr>
</table>

1. 固定网点组织形式研究

现在的二三线城市中，加盟和直营下的固定网点依然存在，但是在寸土寸金的北京却渐渐消失，只剩下中转站偶尔兼具收寄功能，但承担主体收寄和派送功能的是移动网点形式。目前尚存的大规模固定网点是顺丰的嘿客，可以收发快件。

嘿客是顺丰快递旗下的网购服务社区店，通过整合渠道资源，为顾客提供更灵活、更便捷、更智能化的线下社区服务体验。“嘿客”便利店提供了除快递物流业务之外的类似于团购预售、家电维修等其他业务。顺丰“嘿客”店内的海报、二维码墙放置虚拟商品，可以通过手机扫码、店内下单购买，其模式与英国最大的O2O电商Argos十分相似，不过和Argos不同的是，“嘿客”除试穿试用的样品外店内不设置库存。通过调查笔者了解到，员工口中的顺丰嘿客相当于顺丰快递开设的门店，这样就方便了人们收发快递，提高了工作效率；在快递的基础上，为了让门店更好地运转，顺丰嘿客开设了网上购物的项目，用户在其相关网上购买东西后大多数会寄到顺丰嘿客门店内，然后再由客户领走。同时，嘿客作为顺丰快递的门店，在处理一些基本业务的同时也承担了宣传的任务，其虚拟购物等新开发的功能在拓展业务的同时也给顺丰快递带来了更多的客户。

总的来说，嘿客存在的最大意义不是收发快件，而是提供其他更有价值的服务，可见固定网点逐渐式微。

2. 移动网点组织形式研究

移动网点总的来说是适应形势的新组织形式，是目前末端网点的主要承担者，常见于高校、商场、办公楼、小区等消费者密集地区附近。

“门口摆摊”是各大高校外最常见的特殊类型，学校出于安全考虑对校园出入人员进行限制，使得一些快递员无法提供送货上门的服务，在学校门口摆摊等学生上门的形式应运而生。其运营模式为早上从总部带着所要派送的快递到达具体移动网点规定地点，运用专业机器将快递单号和收件人手机号码输入，通过终端的控制将取快递的短信发送给收件人，然后快递员只需要在移动网点等待收件人取件和其他人寄件，最后将当天收的所有快件带回总部即可。

例如笔者调查的中央民族大学、对外经贸大学和华宇商城周围的移动网点，这些都是为了节省费用、满足消费者需求而出现的一种组织形式。

3. 第三方独立经营模式研究

第三方独立经营主要存在于校园或小区内，负责替各大快递组织向学生或居民收派快件，收取中间费用。公司负责租用空地，招募各大快递公司入驻并交纳租赁费用。形成了学校与相关公司、相关公司与各大快递企业之间的特殊合作关系，相当于相关公司作为中介在学校与快递企业间承担了特殊的连接作用。各大快递企业并没有自己出资在学校设立网点，而是与相关公司合作，属于外部合作的组织形式。

例如在中国人民大学校园里的“快鸽联盟”和北京理工大学校园里的“小麦公社”，都是以第三方组织作为中介，连接学校和快递公司，在满足消费者的需求的同时又维护了校园内的秩序，形成了一种特殊的组织形式。

4. 兼营模式研究

分散于各地的报刊亭、体彩中心或小商店等，在经营本店业务的同时，也承担着收发快递或者单纯发或收快递的职责。他们的客户主要是附近一些小区的居民，若是在校园中，就是校园中的学生。学生或小区居民从网上购买的东西等都可以寄到这些地方，或在这些地方发件。对这些兼营的商户来说，他们从收发快递中所取得利润较小，但收发快件的人在收发快递的同时从商店中所购买东西却为他们带来了更多的生意。

我们将顺丰和申通现有的组织形式进行了总结，整理如下图：

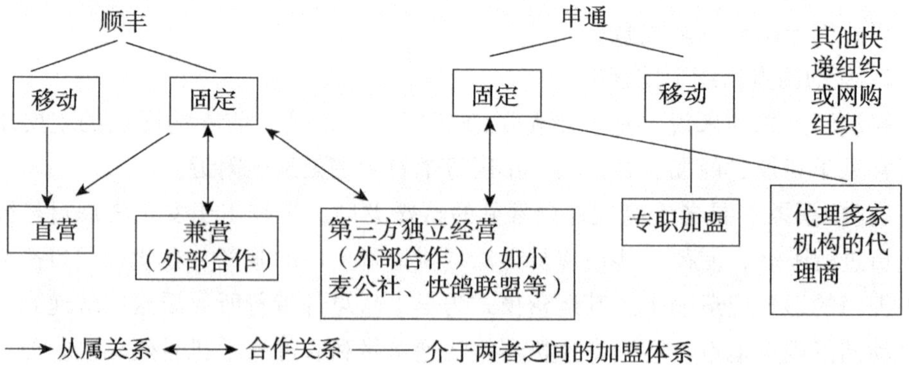

顺丰和申通共有的是移动网点形式，是目前承担收发快件的主要形式。第三方独立经营也是共有，但多出现于校园，整体而言数量较少。

属于顺丰特有的是直营固定网点，主要承担着整合资源提供其他服务的功能，收发快件功能只是顺带。此外顺丰进行积极的形式拓展，进行外部合作，通过其他服务组织的客流量带动自己的收发量，促进双赢。这种模式目前逐渐被加盟体系所模仿，即所谓“收货宝”。但相对而言，顺丰在这方面进行得较早，投入也最大。

属于申通所特有的组织形式，除了专职加盟（即这方代理人只加盟代理一家）外，一些代理商会加盟或代理多家快递组织的收发任务，包括许多大型网购经营店，这是加盟体系共享网点的专有形式。

（二）不同组织形式间的比较

为了比较各种组织形式之间的优势和不足，笔者在海淀区的华宇购物商场、中国人民大学和朝阳区的对外经贸大学、北京工业大学以及大悦城附近随机访问了 30 名经常邮寄快递的群众，其中 27 名接受了笔者的访问，3 名拒绝了访问。

笔者主要是就发货速度、安全性和方便程度三方面进行了调查。

根据调查得出如下结论：发货速度方面，直营模式要优于加盟模式；安全性方面，直营模式由于有统一的规定、标准和技术，所以最安全，其次是第三方独立经营的模式，加盟和兼营模式的安全性最低；在方便程度方面，第三方独立经营（如小区内的储物柜）由于不受时间的限制，所以最方便，其次是兼营模式，由于收发地点灵活多样，所以比较方便；最后是直营模式，其方便程度最低。

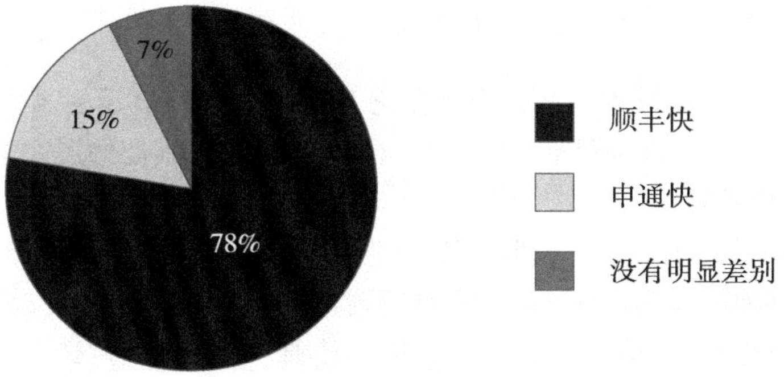

图 1　申通与顺丰发货速度比较

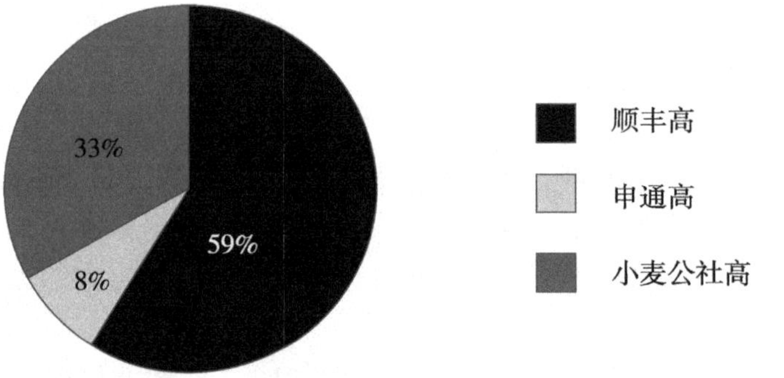

图 2　快递组织形式安全程度比较

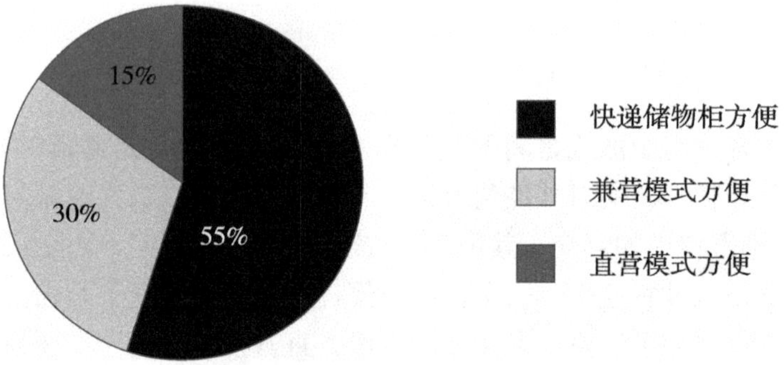

图 3　快递组织形式方便程度比较

总体而言，顺丰的直营体系要优于加盟体系。在末端网点的评价上，直营优于第三方独立经营，加盟体系次之，兼营再次之。

（三）组织形式选择的理论分析

组织形式呈现多样性，可以套用生态系统的理论，但是在具体类别中探讨时，交易成本学派可以解释最重要的组织形式类型，而其他的形式类型可以从新制度主义中得到解释。

1. 生态系统理论——组织形式的多样化与主导

生态系统理论指出，每个组织在随着时间的适应过程中改变着自己的特征，环境会以组织形态与环境特征之间的适应为基础，有差别地挑选存活的组织。快递组织的重要消费人群聚集于城市，而城市则具有包容多元的特征，不同消费者聚集有着不同的需求并形成不同环境，所以相应的组织形式应运而生。这也就解释了为什么会出现如此多的末端网点组织形式。

在目前所有形式中，末端网点最主要的形式是移动网点，并逐渐在大城市取代固定网点形式。接受采访的管理人员介绍其形成的根本原因有两个：一是店铺租金过高，而移动网点可以通过节省店铺租金来削减成本，并且雇佣更多的人并形成更多的末端网点；二是城市收件人口密集，消费需求逐年猛增，移动网点的流动性正适应这一城市人口分布特点，可以最大限度满足消费者需求。

生态系统理论可以在整体上解释组织形式的多样性，但是在具体网点类别的解释中，其他不同的理论却各有其适用性。

2. 交易成本学派——外部合作兴起和加盟体系的兴盛

顺丰曾经采用加盟模式，后来改为直营，但是现在采取的外部合作形式实际上却具有和加盟类似的性质，而且这么多年来加盟体系依旧长盛不衰，其中有着共同的道理，交易成本是较好的解释。

笔者在海淀区天作商城里发现了一家彩票店，它在卖彩票的同时兼营收发顺丰快递的业务。在彩票店中有专人负责相关的快递业务，在调查中得知，顺丰快递公司与彩票店之间签订正式的合同，彩票店员工与顺丰公司正式员工的权利和责任是相同的。公司规定每月的最低业务标准，如果连续几个月达不到标准，顺丰可以选择撤销这个代理点，由于彩票店附近的客流量大，所以每天都可以保证有 10—20 个快件收取或寄出，其消费群体主要是天作商城附近的居民和商城里的员工。如天作商城这一顺丰网点就希望通过这种外部合作兼营的方式来降低成本。

这种形式的出现也正如经济学中所提出的成本交易理论一样，类似于加盟体系和外部合作形式，如果不考虑管理质量，那么比直营更能减少成本。交易成本学说将组织看作一个管控交换关系的机构，提出市场关系到组织关系之间的相互转化是基于对成本的考量。直营模式类似于一种层级体系（纵向一体化），如顺丰快递，交易成本学说指出在高度资产专用性条件下，层级体系比市场机制（独立的企业之间的交换）更为可取，但是，这并不意味着组织可以无限地纵向一体化直至涵盖整个价值链（如快递从收件到最后派件到用户手中），层级体系的建立和维护成本太高。对于顺丰快递来说，为了直营拥有的快速和安全优势而承担了更多的成本，但是随着网购兴起对快递业务的刺激，顺丰需要雇佣越来越多的人并覆盖越来越多的网点，这给健全的五险一金保障带来了巨大负担。据某国际快递在京从业 7 年的一位负责人介绍，这是顺丰最近从外部合作体系中寻求突破的根本原因。同时这也是像申通快递这种加盟模式的快递公司明明隐患较多却依旧兴盛的原因。

直营体系承担的是组织内部的员工福利成本和网点建立的成本，而加盟体系最大的优势在于省却网点建立的成本，只要牌子和物流渠道建立，建立网点的成本由其他城市加盟者自己承担。每当一个新网点建立，其他加盟商就能共享新网点带来的新消费人群的收益，而网点建立得越密集，派发速度也就越快，无形中提高了品牌影响力。所以加盟体系能扩大用户网络的覆盖范围，降低成本，获得利润优势，但是却面临着加盟商之间的扯皮等问题，所以快件运营的质量不如直营。

从管理人员做决策的角度出发，在进行组织形式选择的时候，成本收益核算思维占据了主导地位，所以成本交易学派的理论具有较好的解释力。

3. 新制度主义——其他组织形式的解释

然而其形式的选择不全然决定于组织决策者的经济思维，还受外在环境制约。[15]新制度主义可以解释第三方独立经营、自提柜、摆摊这类特殊移动网点类型的出现。

新制度主义提出，必须从组织的外在环境去分析组织行为和组织现象，同时强调从外在环境出发时，不能只考虑技术环境，必须考虑制度环境，即法律制度、文化期待、社会规范、观念制度等广为人们接受的社会事实。学生是对快递需求较大的一个群体，但是学校为维护安全和秩序，是不允许快递车辆进入学校内的。由于这种外部环境的限制，所以开始出现了适应这种制度环境的快递组织形式。

最早最普遍的是在校门口摆摊，为了更好地派件和应对络绎不绝的取件人潮，派件员按照某种顺序摆放并采取特殊的形式如验证手机尾号来派发快件；到后来干脆将快件标号，凭标号取件验证身份，并逐渐被纳入到正式机制中来。

自提柜和第三方独立运营取代校门摆摊，是因为学校比较重视校门外的整治，不让在门口“摆摊”，因此第三方介入代理成了各个快递组织的选择。独立运营带来的便捷性深受学生欢迎，所以渐渐地，那些没有与校内第三方独立运营合作的快递，就逐渐失去了学生的关照，学生会指定要求寄货方通过名单内的快递公司进行寄送业务。鉴于庞大的顾客群体，还在观望的快递公司必须接受这一选择，忍痛分出一部分利润。

例如在中国人民大学校园内的自提柜和北理工的小麦公社。北理工为了安全和管理，将学校内的快递都承包给一个名叫“小麦公社”的第三方组织，可以过夜存储快件、预约上门取件和宿舍派送，学生根据自己的日程安排自由掌握取件时间。虽然校门口依旧有快递组织，但只有两家快递在摆摊，而且每一家公司派件的规模都比民大小得多。

三、探究快递业末端网点的控制机制

在对组织形式选择的讨论中，可以发现成本核算思维占据了主导，而在控制机制上，较为普遍且重要的控制机制同样体现了一种经济学思维。在最主要的末端网点组织类型中，快递公司普遍侧重物质控制而忽视了其他方面的控制，一些问题一直保留到现在悬而未决；而组织形式越发多样化后，旧有单一的控制机制不足应对，又带来了新的挑战。各大学派体系对于控制机制讨论得不多，在物流系统完善的情况下，技术控制水平提高，物质控制也逐渐完善，在防止“偷货物逃跑”问题上做出了重要贡献，但是员工流动率高、损害货物质量等问题依旧存在。从开放系统主义和自然主义最基本的观点和假设出发，笔者找到了顺丰比申通的加盟体系口碑好的原因，也找到了共同困扰着所有民营快递业的问题的较好解释。

（一）顺丰与申通的比较

之前讨论的各种组织形式，归根到底都是由顺丰和申通两类快递公司所衍生或授权的，业界对于顺丰直营和申通加盟形式的评价，与快递员、消费者对其评价相一致，顺丰口碑要好于申通所代表的“四通一达”，为何如此呢？在探讨两类组织各自控制机制原理的同时，也会从这个角度对其口碑差异性做出解释。

1. 物质控制对快递员的影响

物质控制指的是快递公司从公司和奖金等经济制度方面来限制和规范员工行为的手段。两类快递公司都设置了一系列的工资奖惩制度，阻止快递员个体违背“公司章程”，尤其是偷窃货物的“越轨”行为，让这些越轨行为在经济理性上变得不可取。

（1）经济学的解释。

顺丰公司实行计件制，笔者在海淀区某顺丰中转站了解到，每个快件快递员会赚到1.5~2元，一个快递员月收入好的可达一万五千元，最高能有两万元，平均也在八九千元左右。同时还实行积分制，如果员工违反规定或是达不到最低业务量标准，则扣分，分数扣完下月不能上岗，这样损失可能就是上万元，对于快递员而言是难以承受的。快件如有丢失损坏，根据评估责任会落到相对应收发快件的快递员身上，对于物品的丢失和损坏，快递员需要自行赔偿，这在无形中保证了快递员的服务质量。

而申通也采取了相类似的规定，一个快件 1 元，快递员的平均收入一般在五六千元左右，好的也能有上万元。对于员工的处罚采取扣分与实际处罚同时进行的原则，根据对具体错误的评估，进行相对应的扣分并给予处罚，包括口头批评、警告、小过、大过、除名留用察看、除名等几类具体处罚；对于快件的丢失损坏同样需要快递员个人进行赔偿。

（2）社会学的解释拓展。

这种控制方式通行于所有快递组织中，如果仅从成本、收益与风险的角度去解释顺丰口碑为何优于申通，那么顺丰的高收入可以换取员工对规范结构的服从，的确应了顺丰快递员“我月工资都上万，还稀罕偷你们的快件?”这句话。以上是经济学家从物质控制角度解释的核心观点，但若从社会学的角度分析，本研究充分肯定物质控制的重要性，同时也认为它是嵌入某种社会背景中的，对于不同群体的影响力也是不同的。

快递员的支出问题同样是笔者很感兴趣的话题。在调查中发现，快递员这个群体年龄集中在 20—40 岁，男多女少，公司一般会要求快递员应为高中学历，但实际招收过程中对于学历并没有特别严格的要求，满足初中学历即可。快递员以农村户籍的外来务工人员为主，也有少部分的城市户籍快递员。据了解，部分快递公司为本公司的快递员提供吃住，这对于在京工作的快递员而言在一定程度上减轻了其每个月的生活压力，除了快递员基本的日常生活所需费用之外，快递员还要支出自己收派件所使用车的油费、车辆维修保养费等，若不小心将客户的快件丢失或者损坏也需要进行相应金额的赔偿。所以有一些刚刚入职的快递员工资较低且公司只提供三轮车或电动车等交通工具进行派送件，或不提供吃住，这样的快递员们则面临着很大的生活压力，将工资省下来一部分寄回家里有一定困难。这份工作对于这些人而言，门槛低，性价比也比工地搬砖的体力劳动类型要高，对于流动人员来说，快递员这一职业是满足消费需求和解决家庭负担的重要机会，所以是非常重要的。

2. 开放系统的结构影响

经济学家的解释可能到物质激励（控制）这一层面就停止了，但实际上高度结构化的组织体系为顺丰带来了重要优势。

物质激励可以解释行动个体利益取舍与越轨行为之间的关系，顺丰和申通都遵循了类似的控制理念，但个体被惩戒的风险却是不同的，从开放系统角度来看，这又和两者的结构特性有关，顺丰的直营体制是高度层级性的联合紧密系统，而申通的加盟体制则是一种平级的松散偶联系统。复杂系统具有一个重要属性：部件内部的联系和相互依赖程度要高于部件之间的联系和相互依赖程度[16]，所以直营体系作为一个部件，和申通作为各个加盟商代理人部件的联合相比，具有天然高度控制力的优势。

（1）顺丰——高度层级性。

顺丰作为直营组织，每个城市各自设立大的站点作为一个小系统，具有中转和客服反馈能力，但所有小系统向上一层都会有一个大系统进行统一调节，上下关系的层次性较为分明。由于其具有上下隶属关系，所以总部能对各地区的直营分公司有强有力的控制，客服的反馈也能够及时且强有力地影响到各个环节员工的利益。

“顺丰的客服厉害！”这是一位从业五年、从“四通一达”（四通一达是申通快递、圆通速递、中通快递、百世汇通、韵达快递五家民营快递公司的合称。2012年时，这五家公司总的从业人员是21.6万，年销售额近300亿元，占据了中国快递市场总收入的半壁江山。）转到顺丰的快递员的评价。这从表面上可以理解为“顺丰客服对顾客的意见更加重视”，但背后的内涵机制则是，顺丰客服获得的反馈在公司系统里对快递员的影响力得到贯彻。

（2）申通——松散耦联性。

申通所代表的“四通一达”采取了加盟的形式，正如开放系统视角着重指出的“有些要素与其他要素之间的联系相当松散，它们都可以相当独立地行动”[17]一样，这实际上是一个更加复杂的松散耦联系统。其总部在每个城市中寻找加盟商，加盟商又将所管辖的几大片区域分包给更多人，不同人将更小的片区分包给另外的代理人，他们共享同一套章程和物流网，根本利益也有着一致性，但实际上总部与各个城市的加盟商之间是一种平等的合作关系，加盟商与下面一层层分派的负责人之间也并非局限于职位的上下级关系，而是代理与被代理的关系。同时，加盟商之间长期存在着利益冲突，整个快件链条上，收件地可以获得利润而派件地的加盟商几乎是长期免费派件，但因为每个地方收件的“生意”兴旺程度不一，揽件少的加盟商自然就吃亏，即使重新对利益分配进行微调，加盟商之间的利益冲突依旧阻碍着快递体系的正常运行。所以可以将申通看成不同组织实体形成的一种松散联合。

以下以快递的主体业务——城际快递的问题处理为例来解释顺丰和申通两者控制机制模式存在的不同：

在城际快递服务中，从A城到B城，某一个快件丢失被A城的顾客投诉后，若根据物流信息能确定责任归属于B城某快递员，A城客服会迅速联系到B城处。顺丰快递两个小系统虽然平级，但是有严格的联系制度，A城客服的处理方式对于A城快递员的效力与作用与其对于B城相关人员的效力是相同的；而申通却因为松散的耦联，在相同情况下B城收到反馈后，其积极性和反应敏捷性远不如顺丰，甚至有的加盟商根本不重视这些反映的情况和对情况进行反馈处理的过程。

3. 自然系统中的个人

自然系统的核心思路是将个体视为有自己情感、兴趣、利益等需求的人，而非仅仅追逐金钱就能忍耐一切的“螺丝钉”。[18]从开放系统的角度来看，申通的松散耦联在管理控制上是充满缺点的，不如顺丰这种高度结构化的科层体制。前两个角度可以解释最近快递员卷货逃跑的事件减少、但是快递运送中还有其他问题的原因。但是从自然系统的角度来看，通过非正式结构的人际关系控制和个人在组织中的需求如何被满足这两点，可以从另一个角度思考，为何申通代表的“四通一达”会在员工流动和常规操作的管控中处于劣势。

（1）申通人际关系控制的衰落。

自然系统最重要的观点为组织的社会结构是由正式结构和非正式结构所组成的，参与者制造他们自己的非正式规范和行为模式，包括人际结构和沟通网络；在控制维度层面，反映的控制手段为人际关系控制。而申通随着人员的剧烈膨胀，人际关系控制已经开始失效。

以前，松散耦联的加盟体系在各方面的管控手段并没有像现在这样成熟，但是却有着非正式结构的支持，每个最小单位即代理人会组织起他的老乡或朋友一起跑车，而代理人中有不少也是曾经跟着加盟商跑车，等到逐渐壮大后自己分出去单独干，还有一部分因为老乡或朋友关系成了加盟商的代理人。总之，这个系统中的不同“部件”之间有着错综复杂的人际关系，这种人际关系在勉强维持着成员对“组织章程”的遵守，主要表现在不损坏货物和损害整体利益等方面。但这种信任所维持的秩序并不牢固，偷了整车货物逃跑的事情其实也时有发生。

但是随着快递业的迅速发展，申通的运营也越来越正式化，在这一过程中，最小单位的非正式结构也开始衰落。在招聘基层员工时，因为对劳动力的迫切需要，无论身份学历等情况如何，一般都是来者不拒的，老乡或朋友关系尽管也会有，但在这一过程中被稀释了很多。而加入后，高强度的工作使得快递员没有空间和时间再去维持原有的关系或是发展出新的亲密关系，公司也不会特意为快递员们提供这种机会。

例如申通快递员 Y，工作就是自己找的，公司里只有一个老乡，平时基本见不着面，偶尔见面也就是打个招呼。而在发展新的关系上，平时只有在交接班的时候与同事有接触，也有个关系好的同事，但因为挺忙，所以聚得不多。公司只有在正式工作前才有培训，没有什么娱乐活动和聚会等安排。每天八点以后才能下班，为了早上早起必须早点休息，这种情况会持续到过年，因为没有周末放假，所以他的交往空间被压缩到了极限。

巨大的工作量是导致快递员社交空间被极度压缩的一个重要原因。对工作量的调查分析最能反映快递员们的工作有多艰辛。一位顺丰的快递员谈及自己的工作量时，称自己平时能派 130 件快件左右，但在“双十一”期间，平均每天派件数量明显增加，最多超过 200 件，工作 10—12 小时很正常。而另一位快递员则是早上 8 点半爬货车卸包裹，晚上 7 点送完下班。他一共送包裹 125 件，总重量超过 300 千克，骑电动车、三轮车来回跑之外还要不断地打电话发短信给收件人，在他看来快递员的工作量是远远高于其他行业工人的。快递员在快递高峰时，平均每天的工作量可超过百件，无论是从工作时长还是派件数量上来看，快递员一天的工作强度都是非常大的。综合来看，快递员每天工作 12 小时属于行业内的常态，快递员基本上每天早上七八点就要到达公司分拣货物开始一天的工作，晚上一般七八点才能下班。如果遇到节假日快递量猛增，晚上经常忙到十一二点才会下班。

在这种高强度的工作状态和社交空间被压缩到极致的状况下，非正式结构在北京这样的大城市迅速瓦解。尽管申通也在不断加强正式制度的建设，但在正式体制中对普通员工的控制力度本来就相对偏弱，而加盟体制决定了其正式制度的管控是有限的，这一点在上文已经论证。同时，顺丰的人际关系结构也在瓦解，但仍然由高度结构化的科层制起着控制作用；申通由于先天的正式结构控制不足，后天的人际关系控制又在瓦解，以至于无法形成有效的补充，就会出现各种问题——员工的流动率大大提高，员工在搬运快件等会影响派送服务细节时也难以完全做到“忠于组织章程”。所以，自然系统主义指出，组织规范结构与行为结构之间的联系也是松散的，规则并不总能制约行动[19]（见图4）。

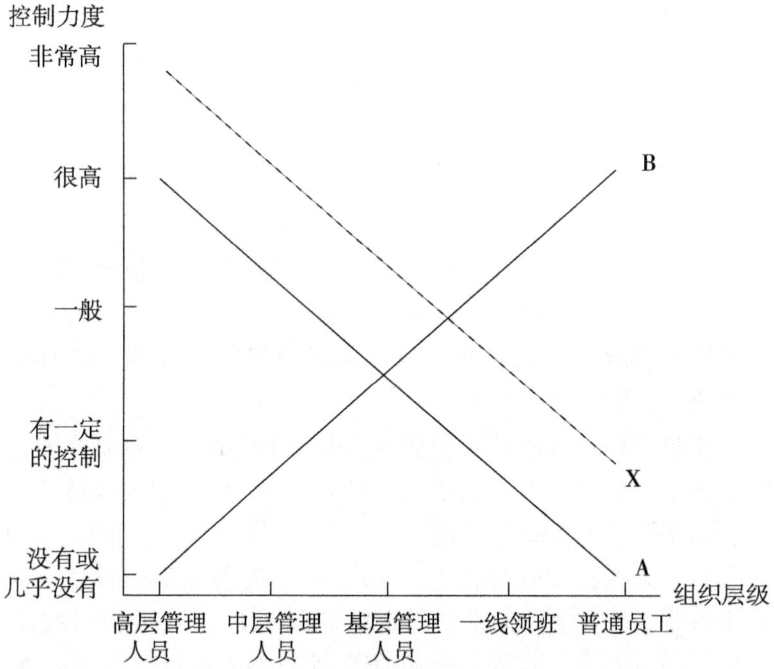

资料来源：Tannenbaum,1958,Figure2,p.13.

图4 权利分布示意图

（2）员工的晋升与社会保障。

在科层制极为发达兴盛的20世纪，伴随着高度结构化和高度控制力的，是整个组织对员工的承诺，这种承诺包括向上的晋升途径和社会福利保障。然而自20世纪末以来，新的雇佣策略产生，将对公司而言并不核心的岗位放置于边缘位置，通过合同工或临时工的方式来降低员工的保障。快递员在快递行业中先天就处于较为边缘的位置，唯独顺丰兑现了对员工的保障承诺，因此也换回了员工对组织规范结构的更高程度的服从。

从一开始，快递员就没有五险一金，但最初的加盟体系却有着上升的升迁途径，基层快递员工作一段时间之后就可以做代理人，积累大量资本后可以开始做加盟商，不少加盟商甚至连“四通一达”的某些老板都是依靠这种模式发家的。中国早期快递市场中的大量空白和快递公司急速扩张的欲望为这种晋升提供了广阔的空间，然而在快递业已经存在广泛恶性竞争的当今，这种晋升机会几乎不存在了，而公司承诺的社会保障仍旧缺失。尽管法律对快递业提出了必须为员工提供五险一金的规定，但申通仍未全面提供这种保障。快递员较为渴望公司为他们提供全面的社会保障，这不仅是关乎钱的问题，对于快递员来说，这是一种存在于当今和未来生活工作中的安全感。

而顺丰在员工保障方面有着别的快递公司不可匹敌的优势，不仅为员工提供五险一金，同时也依靠其强有力的正式结构为员工的工作提升和升迁机会提供了保障。顺丰的止盈模式为了保障管理质量，在网点规模的扩张上速度较为缓慢，所以到目前为止依旧有很大的扩展空间，员工工作较好可以有机会晋升仓管，然后是片区主管。不过逐渐地，顺丰也感受到这种全面提供社会保障的沉重压力，开始取消部分员工的五险一金，但同时也提供了另外一种晋升的选择，这部分员工可以自行分管某片新的片区，也就相当于加盟体系中的代理人。

（3）工作强度过大导致的人员流失。

尽管在各方面，顺丰相较于申通来说都更具有优势，但它们都会面临同样严峻的挑战：人员的不断流失，这不仅与某个快递公司相关，而且与整个快递行业本身的分工体制相关。自然系统流派中，人际关系学派提醒人们注意过度正式化和过细分工的危险。[20]而快递员已经成了过细分工链条上的“螺丝钉”，在个性和需求方面受到了前所未有的压制。

庞大的业务量导致高强度和长时间的劳动，社交空间被挤压到极限并不只是申通加盟体系所独有的，顺丰全年没有休假，就连春节期间也没有固定的放假时间据了解，春节以及其他法定节假日期间，顺丰公司会安排员工进行倒休，但一定会保证片区会有六小时以上的服务时间。这些高强度高时长的要求导致了员工的不断流失。

顺丰快递收派员 C 某，对于顺丰公司的放假问题解释说，平时基本上没什么放假的机会，因为自己负责某一块小的区域，没有别人可以倒班，放假只能依靠与附近区域的其他收派员的关系，若和其他收派员关系不错可以通过商议让其他快递员顶替某一天，私下进行倒班休息。C 某表示自己也很无奈，为了挣钱只能这样辛苦一点，但是也觉得公司这种放假制度不是很合理，每个月休息不了几天，长时间下来身体也扛不住，并表示有的时候静下来思考会觉得自己天天这样劳碌奔波就为了挣一些辛苦钱，没有其他的时间去丰富人生改善生活也是挺没劲儿的。这也是很多人工作一段时间之后就受不了这种高强度高时长的工作模式而选择离开快递业的原因。

快递员的个性和基本需求因工作而得不到满足，是顺丰控制机制无法尽善尽美的重要原因，也是申通所代表的“四通一达”其控制机制无力的重要原因之一。

根据调查，笔者对两家公司的控制机制做出了简单的总结：顺丰虽然缺乏非正式控制机制，但在正式制度上有着高度层级性的系统优势，能把奖惩制度贯彻至末端网点，在员工行为上有着更好的控制优势，也满足了自然人在职业发展、安全保障上的需求，但娱乐休闲和社交需求无法满足，因此带来员工高流动性的问题；而申通在正式制度上有着松散耦联的先天不足，同时原本的重要支撑即非正式控制机制也在崩解中，所以在偷窃等越轨行为方面控制力不足。同时申通在员工职业发展、福利安全保障、社交、娱乐需求满足上严重不足，加剧了其员工高流动率和“偷盗货物”、工作怠慢等服务质量问题。

组织是一个开放系统，但是支撑这个系统的既有正式制度，也有非正式制度，在不同阶段或不同类型的组织中，正式制度或非正式制度任何一个都可以占据实际的主导。[21]这样的组织中，经济与物质是影响员工的重要因素，但其控制机制必须也要满足员工作为自然人的其他需求，否则根据满足情况的不同，会出现各种类型和程度不同的控制不足问题。

（二）较为特殊的控制机制与新的挑战

之前的比较主要集中于对申通加盟体系和顺丰直营体系的宏观比较，在微观方面适用于共有的移动网点和直营固定网点等基本形式和特殊的多家代理体系，但是随着近两年的形式多样化发展，顺丰面临着更多的挑战。

特殊控制机制主要针对兼营模式探讨，第三方独立经营因为缺乏材料不予讨论。现如今不难发现有很多小区、办公楼、学校附近的报刊亭、便利店、彩票店等会有一些与快递业有关的兼营项目，但因为缺乏合适的正式控制机制，非正式控制机制的效果尽管也有，但因人而异。

1. 利益分配与信任的维持

快递公司对兼营部分的控制主要还是集中在利益分配上，兼营模式以其取件寄件时间的方便性和非限制性为优点也会吸引不少顾客，这一方面能够提供额外的收入，按照店家的说法叫作“反正闲着也是闲着”，尤其对于开着小铺子的店家而言，较为划算。另外一方面，来取快递的顾客也会顺便买点东西，这意味着增加快递副业带来额外收入的同时，也兴隆了本业的生意。

另一个构成顾客来兼营店铺收发件的重要基础就是信任，彼此信任也反过来制约了店家的“越轨行为”，这就是常说的“跑得了和尚跑不了庙”的道理。如果这些兼营店铺出现“越轨行为”，不仅对他们自身业务有着极大的影响，使得顾客对店铺渐渐失去信任甚至会导致店铺本身的业务受到影响。

2. 隐患端倪出现

上述讨论较为理想，当这种兼营收益较为符合店家预期时，为了维持这种利益，店家自觉地约束自己的行为。然而根据笔者的调查，这种兼营的状况并不乐观，找到的最好案例坚持了一年半，尚且嫌弃其盈利状况，而受益寥寥的则出现较大问题。

在校内小麦公社占主导的北京理工大学，因为校园大，一家店铺也兼营了一两家快递，但是出现随意摆弄货物的行为，甚至有擅自拆件的行为，多天不取的快件会被店家打开。

此外，对于存在雇佣关系的兼营来说，因为从事快递收发的并非店主，其利益分配并不一定落在具体操作人员上，所以存在较大隐患。例如中国农业科学院附近的商城体彩中心，工作人员被频繁的快递所打扰，以至于干扰了本职工作，而快递数量和其工资无关，所以积极性成问题。

因为缺乏正式和完善的控制机制，这种兼营模式的效果有待考察，且隐患重重。所以，前述国际快递公司负责人评价——“顺丰也不行了”。

四、总结与讨论

（一）总　结

近年来，随着我国快递业的迅速发展，原有的单一组织形式已经不能满足快递公司和消费者的需求。面对市场环境的改变和同行业竞争的压力，快递组织的末端网点不再局限于最基础的直营模式和加盟模式，而是发展出了移动网点、外部合作、自提点等多种形式，呈现出多样化趋势；相对应的，这种形式的多样化也为组织控制机制带来了挑战，尤其是快递组织在整个快递链上形成了共性与多样化并存的控制机制。

1. 组织形式

快递组织末端网点的组织形式选择，整体上似乎符合生态系统理论的解释，应对多元化的环境，形成不同的组织类型并在这一过程中被“复制粘贴”。但在具体的组织形式类别中，主要的类别形式如移动网点取代固定网点更适合以成本交易学派的经济学视角进行分析，而其他的类别如兼营、第三方独立运营则因受到外在环境的制约，从新制度学派中获得较好的解释。

2. 控制机制

而在对于组织控制机制的探讨中，物质奖惩控制机制普遍存在于各种快递组织中，在技术控制的辅助下，经济物质控制手段的完善的确对员工产生了重要激励作用，对于“偷货物逃跑”的行为有了更好约束。

但是，从开放系统主义来看，尽管两大类型的快递组织有着类似的物质奖惩机制体系，直营体系却有着高度层级性的正式制度优势，从而更能贯彻这一套奖惩体系；而申通等“四通一达”的加盟体系在控制方面显示出松散耦联的弱势。这在一定程度上可以解释为何顺丰比申通在安全等方面有着更好的表现。

而从自然主义出发，原本支持加盟体系发展的非正式控制的人际关系机制也随着发展而瓦解，在正式制度先天弱势且尚未完善的情况下，申通面临更多的控制不足的问题，这进一步解释了顺丰在业界有着更好声誉的原因。

当然从自然主义中人的需求这一隐藏前提来看，快递行业高强度工作和过度分工量导致人的社交需求、职业发展需求和享乐需求得不到满足，从而也造成或加剧了顺丰和申通的员工高流动率和工作上的不细心，造成了“偷窃货物”以外的问题，比如物品受损、派件怠慢等。这解释了行业通病形成的原因。因为正式机制掌控力度不同，顺丰在这方面的问题较少。

（二）讨论与展望

1. 框架整合的尝试

在探讨组织形式选择和控制机制的理论过程中，发现了各种理论在实际生产中的适用性，引起了研究者的思考。不同理论都是从不同的假设出发，从现实生活中抓取一个面进行分析，所以在实际生活中都有着解释力，那么是否能够整合一种新的框架呢？但碍于篇幅限制，只能在此探讨一种模型，在最初的假设中做出尝试。

笔者试图构建这样一个融合视角：组织是一个开放系统，支撑这个系统的既有正式制度，也有非正式制度，在不同阶段或不同类型的组织中，正式制度或非正式制度任何一个都可以占据实际的主导并发挥着作用。在这样的组织中，经济与物质是影响员工的重要因素，但其控制机制也必须要满足员工作为自然人的其他需求，否则会出现各种类型和程度不同的控制不足问题。

2. 展望

总的来说，经济学思维深深影响着组织形式和正式控制制度两个方面，但它在带来丰富的组织形式的同时，也使得控制机制面临更多的挑战，而其在思维上的局限又导致偏向物质奖惩的控制机制有着先天的缺陷，尤其在传统的人际关系控制渐渐崩解的情况下，在人性基本需求得不到满足的行业背景中，物品安全、员工稳定性、服务的细微质量必然会不尽如人意。如果不解决这方面的问题，快递行业的改革必然困难重重。

随着网购的加速发展，加盟体系如果不在福利、人的基本需求方面满足基层员工，必然面临更加严峻的考验；而直营体系如顺丰，尽管通过外部合作的形式缓解了员工福利带来的压力，但是新的末端网点组织形式的控制机制有待完善，否则也将面临随之而来的质量问题。

（指导教师：王旭辉）

参考文献

［1］曹芬芬．基于末端效应的快递网络优化整合之道［J］．特区经济，2014.

［2］倪玲霖，史峰．多分配快递轴幅网络的枢纽选址与分配优化方法［J］．系统工程理论与实践，2012，32（2）．

［3］倪玲霖．轴辐式与点对点及组合式的快递网络特征分析［J］．统计与决策，2010（20）．

［4］张旭凤，赵迪，屈虔．基于 ISM 理论的快递网点选址影响因素研究［J］．物流技术，2011，30（12）．

［5］胡立朋．湖南速达快递公司基层员工薪酬管理改进研究［D］．湖南大学，2012.

［6］苏号朋，唐慧俊．快递服务合同中的消费者权益保护［J］．东方法学，2012（06）．

［7］李晓霞．基于顾客满意的快递企此服务质量评价研究——以顺丰公司为例［D］．南

昌大学，2013.

［8］易呈文．申通快递经营模式研究［J］．华东交通大学，2013.

［9］倪玲霖，史峰．多分配快递轴幅网络的枢纽选址与分配优化方法［J］．系统工程理论与实践．2012. 32（2）．

［10］周雪光．组织社会学十讲［M］．北京：社会科学文献出版社．2003.

［11］W·理查德·斯科．组织理论：理性、自然与开放系统的视角［M］．中国人民大学出版社，2011：107.

［12］W·理查德·斯科．组织理论：理性、自然与开放系统的视角［M］．中国人民大学出版社，2011：111.

［13］张洪斌，聂玉超．中国快递企业的网络系统分析［J］．物流技术，2009、28（9）．

［14］W·理查德·斯科．组织理论：理性、自然与开放系统的视角［M］．中国人民大学出版社，2011：78.

［15］W·理查德·斯科．组织理论：理性、自然与开放系统的视角［M］．中国人民大学出版，2011：107.

［16］倪玲霖．轴辐式与点对点及组合式的快递网络特征分析［J］．统计与决策，2010（20）．

［17］曹芬芬．基于末端效应的快递网络优化整合之道［J］．特区经济．2014.

［18］朱敏．快递企业间协作的收益分配问题研究［D］．北京交通大学．2009.

［19］王道平，杨永芳．民营快递企业的可持续发展研究［J］．北京社会科学．2010（4）．

［20］张旭凤，赵迪，屈虔．基于ISM理论的快递网点选址影响因素研究［J］．物流技术，2011，30.

［21］胡立朋．湖南速达快递公司基层员工薪酬管理改进研究［D］．湖南大学．2012.

［22］苏号朋，唐慧俊．快递服务合同中的消费者权益保护［J］．东方法学．2012（6）．

［23］李晓霞．基于顾客满意的快递企此服务质量评价研究——以顺丰公司为例［D］．南昌大学．2013.

［24］黄建华，党延忠．快递超网络模型及基于成本的优化方法［J］．系统管理学报．2010、19（6）．

［25］罗琼．电子商务与快递行业供应链协同发展研究［D］．重庆交通大学．2013.

［26］杨永芳，王道平．民营快递企业的发展对策研究［J］．预测．2011（2）．

［27］倪玲霖，史峰，方晓平，涂茜．全连通快递网络与轴辐快递网络的比较［J］．系统工程．2009，27（12）．

［28］薛蓉娜，赵会娟．中国邮政快递业竞争力的比较研究［J］．当代财经．2006（2）．

[29] James G. March. Handbook of organizations. Fanc Monally's Company Chicago

[30] Mathieu Lihoreau, Jerome Buhl, Michael A. Charleston, Gregory A. Sword, David Raubenheimer, Stephen J. Simpson. Modelling nutrition across organizational levels: From individuals to superorganisms [J]. Journal of Insect Physiology, 2014.

[31] John F. O'Brien. Employee rights and organizational forms: An integrative framework for research [J]. Employee Responsibilities and Rights Journal, 1996, Vol. 9 (1), pp. 23 – 39.

农村互助养老模式探究

——以甘肃省永泰古城为例

鲍佳妮[①]　孙　巧[②]

【摘　要】随着我国老龄化进程的加快，老年问题越来越突出，探寻合适的养老模式解决养老问题十分必要。本研究试图探究农村互助养老模式在解决农村养老问题中发挥的作用，通过对养老模式、农村养老模式以及互助养老模式等方面的文献分析以及在甘肃省永泰古城的实地调研，对永泰古城的互助养老模式进行归纳，总结其特点，并且为永泰古城农村互助养老模式的进一步发展提出“初期—中期—后期”分阶段的建议。

【关键词】农村养老　互助　养老模式　永泰古城

国家统计局发布的最新数据显示，截至2013年年底，我国总人口136072万人，其中老年人口（65岁及以上）13161万人，约占总人口的9.7%[③]，自2000年老年人口占总人口的比重达到7%后，老年人口所占比重逐年上升，意味着我国老龄化速度不断加快，养老问题成为我国社会的重要问题之一，有效地解决养老问题，探寻合适的养老模式有很大的现实意义。

本研究选取农村互助养老模式为研究内容，主要原因包括以下两点：(1) 在老龄化的大背景下，农村养老问题更为突出，形势更为严峻，面临更多的挑战。通

---

① 鲍佳妮（1994—），黑龙江大庆人，民族学与社会学学院社会工作专业，2012级本科生。

② 孙巧（1993—），湖北荆州人，民族学与社会学学院社会学专业，2012级本科生。

③ 数据引用自《中国2014年统计年鉴》，中国统计局网 http：//www. stats. gov. cn。

俗来讲，农村养老问题涉及“养不养”“谁来养”“怎么养”“养得怎么样”四个部分，本研究主要针对“怎么养”这个问题，结合对农村养老模式的文献研究和对于互助养老模式在永泰古城的实地研究得出结论。（2）互助养老模式在农村养老模式中有很大的优势，在我国现有的养老体制和环境下，国家财政难以负担更多的养老方面的财政支出，而进一步提高养老保险缴费标准难度也很大，因而，这种不过多地占用国家财政资源的养老模式在推行过程中有很大的优势，有较好的发展前景。

一、研究背景与现状

（一）研究背景

根据第六次人口普查数据，2010 年我国 60 岁及以上老年人为 1.78 亿，占全国总人口的 13.32%。从城市、镇、乡村来看，乡村的老年人规模最大，为 9930 万人，占乡村总人口的 14.98%；城市老年人规模次之，为 4631 万人，占城市总人口的 11.47%；镇的老年人规模最小，为 3198 万人，占镇总人口的 12.01%[①]。与此同时，我国老人的抚养比逐年上升，人口老龄化趋势日益明显，老龄人口的养老保障问题日渐凸显。

截至 2014 年年底数据显示，我国在 2014 年首次超过美国成为世界第一大经济体[②]，但人均国民收入以 7476 美元排名第 94 位[③]，由此可见，“未富先老”是我国老龄化区分于西方老龄化的重要特征。我国作为城乡二元经济体制国家，城乡经济发展差距较大，2012 年，我国城镇居民人均可支配收入为 24565 元，远高于农村居民人均纯收入 7917 元的水平，可见我国农村应对人口老龄化的经济基础相对更为薄弱，相比于城镇养老，农村养老面临更大的挑战和困境。

（二）研究现状

在中国知网以“农村养老模式”为关键词的全文文献搜索结果，自 1998 年

① 国务院人口普查办公室，国家统计局人口和社会科技统计司．中国 2010 年人口普查资料［M］．北京：中国统计出版社，2012.

② 新闻报道 http：//www.08160.cn/news/11979.html。

③ 新闻报道 http：//www.aiweibang.com/yuedu/tech/1053950.html。

开始出现大幅度增长，由1998年的142篇上升到2014年的3647篇，学术界对于农村养老模式的关注度随着我国老龄化进程的发展而增长。学术界对于农村养老模式的研究主要分为以下几种：对于某一地区的养老模式的研究；对于某一养老模式的分析；针对几种农村养老模式进行对比性分析和研究；某一养老模式地区性实践的研究等。

在对农村养老模式的研究中，存在不同的划分标准，比如按照居住方式，分为集中养老和分散养老；家庭养老的居住方式有独居、与配偶居住、与未婚或已婚子女居住等形式，它的特征是分散养老；社会养老的居住方式有养老院、敬老院、老人公寓、老人福利中心、抚老所等形式，它的特征是集中养老①。这种以居住方式划分的养老模式，划分标准比较简单，没但有明确地体现养老过程中参与的主体。

除此之外，学者沈洁将政府对市场的干预程度作为衡量指标，将养老模式划分为三类，市场偏重模式、社会保险模式和普遍主义模式，三种类型的养老模式对市场调节的依赖程度逐渐降低。另外，学者陈功认为，如果从老年人一生的历时性而言，老年人本身就是自己在养活自己，而不是家庭或社会在养老年人，这时“家庭养老”“社会养老”实质上都是“自我养老”②。这种划分方式将“自我养老”的定义宏观化，以生命历程的视角来看待老年人一生的贡献，并将其回馈自身以养老。

在农村养老模式的划分中，本研究倾向于将农村养老模式划分为：家庭养老、社会养老、自我养老、居家养老及其他养老模式③。这一划分方式是由陈赛权（2000）结合之前的文献进行归纳和总结得出的。2000年是我国正式步入老龄化的初始年，截至目前，十几年的时间过去了，我国的老龄化问题呈现出多样性和复杂性，因而在解决养老问题的不断探索过程中，不断有新的养老模式被学者提出或是被实践应用，本文主要探究的互助养老模式就是在这期间提出的，可以划归为新型的养老模式。

本研究对农村养老模式中几种较为广泛的、认可度较高的模式进行归纳和总结，并以表格形式进行概括性呈现如下：

---

① 熊巍俊．论人口老龄化下的社会养老问题［J］．人口学刊，1994.

② 陈功．我国养老方式研究［M］．北京：北京大学出版社，2003.

③ 陈赛权．中国养老模式研究综述［J］．人口学刊，2000.

农村养老模式比较

农村养老模式类型	模式简要概括	优点	缺点	综合评价
自我养老模式	经济自立；生活自理；精神自强	节省社会财富；培养“养老靠自己”的观念等	老人自身压力大等	有一定难度，但适用范围广
家庭养老模式	以家庭为单位，主要依靠亲属朋友	“孝”文化的传承；符合传统的家庭观念等	独生子女压力大等	符合传统的养老观念，子女压力大
机构养老模式	包括老年公寓、老年村、老年护理院等形式	服务专业化；居住环境好；无障碍设计；休闲时间多；集体生活能排解孤独感等	需要重新适应环境；重建人际关系；容易与其他人发生冲突；养老成本高等	养老成本高，难以满足个性化需求，在贫困地区不易推广
互助养老模式	在以上三种模式发展的基础上加入互助成分	减少国家养老方面财政支出；提升个人的养老资本；符合传统文化	需要结合地区的实际情况，在实践中探索合适的互助养老模式	低成本；易于接受；适于推广；需要不断探索

自我养老模式，是指既不靠子女和亲属（或无从依靠）又没有离退休金的社会保障而主要靠储蓄或劳动收入或其他收入（如租金股金）来维持生计的养老模式①。自我养老模式主要依靠老人自身的力量，包括充分发挥老人自身的社会和经济价值，同时需要老人在人生老年阶段之前充分积累自己的养老资本和财富。

自我养老模式将养老控制在个人的范围内，在为家庭和社会缓解压力的同时，也给自身养老增加了很大的难度。朱劲松指出，自我养老模式利于老年人满足身体健康和心理健康的需要、满足老年人的精神需求、促进农民生育观念的转变、有利于资源的有效利用和社会财富的积累②。

农村家庭养老模式在养老模式中属于比较有争议的一种养老模式，在争议中，主要形成了两种理论体系：一种观点支持农村家庭养老，认为目前家庭养老

---

① 穆光宗．家庭养老面临的挑战及社会对策问题［C］．北京：中国劳动出版社，1998.

② 朱劲松．试论人口老龄化背景下的我国农村自我养老模式选择［J］．农村经济，2009（08）．

是我国农村养老的最适宜模式；另一种观点支持农村社会化养老，认为在农村建立社会养老保险是我国农村在经济形态改变后的必然选择。这两种观点内部各自都有极力反对对方观点的学者，同时也有希望在一定程度上融合对方观点的学者，后者实际上是支持走折中的道路，即不急于在全国范围内建立统一的社会养老保险，而是在不同地区实行不同水平的社会养老保险，并且在一定程度上还要依靠家庭养老，让社会化养老和家庭养老相结合。笔者称之为两种观点的中间道路①。

家庭养老也称代际赡养，主要以家庭为单位，在父母进入养老状态时期，由子女向自己年老的父母提供包括经济物质支持、日常生活照顾以及精神慰藉的养老模式。老年人处于人的生命周期中的晚期阶段，由于年龄的增长、身体机能的退化、社会地位的下降，其独立性逐渐消失，依赖性开始增强，这时需要也应该得到家庭的关怀和照顾。家庭养老模式是小农经济和儒家文化中“孝”道双重作用的结果②。

在机构养老模式中，机构包括政府投资兴办的福利院、养老院、敬老院以及近些年不断发展的合资或个人投资的养老单位，如：老年公寓、老年村、老年护理院等。随着机构养老模式的发展，机构的形式也在不断地丰富。

机构养老模式的优势在于服务专业化；居住环境好；无障碍设计；休闲时间多；集体生活能排解孤独；减轻子女负担；给予老人独立生活的尊严感；甚至有再婚选择的可能。而劣势在于需要重新适应环境；重建人际关系；容易与其他人发生冲突；养老成本高；需要额外支付基本生活设施租赁费用；缺少精神慰藉；身体状况要求至少是半自理的③。由此可知，机构养老模式有一定优势的同时，在这一模式的适用范围等方面也存在一定的局限性。

在选择养老模式时，需要结合农村的发展情况和老年人的实际需要，可以运用多种养老模式满足不同老年人的需求。随着我国老龄化进程的加快、各地农村的实践探索，笔者认为这些传统养老模式在不断发展变化的同时，新的养老模式也可能随之出现。

---

① 梁鸿，褚亮．中国农村养老保障两种观点的比较——兼论中国农村养老保障的模式选择［J］．市场与人口分析，2005，11（4）．

② 崔永军，吕恒．中国农村养老模式探析［J］．改革与开放，2011（11）．

③ 翟德华，陶立群．居家养老与机构养老选择决策模型理论研究［J］．市场与人口分析，2005（01）．

在养老社会化的趋势下，农村家庭养老模式仍存在于一些农村的养老过程中，农村家庭养老模式有其特有的优点，符合我国的孝道传统，将养老问题的解决控制在家庭小范围里，可以缓解国家的财政压力等。但是随着我国经济发展带来的家庭结构、居住结构等一系列的变化，传统的家庭养老模式会受到很大程度的冲击，面对这些冲击，家庭养老模式如果不做出一些调整，将很难大范围地推广使用。

二、研究方法

1. 文献研究法

通过查阅已有的文献和前人的研究成果，通过对农村互助养老模式进行归纳、不同模式之间对比及分析和对于互助养老模式的地区性实践进行分析这三个方面进行文献研究，试图为永泰古城的互助养老模式总结其地区性特点，并且为永泰古城互助养老模式的进一步发展提出建议。

文献研究法是各类调查研究项目最主要也是最常见的研究方法。参与研究的学者们一般都充分运用了文献研究法的系统性与灵活性，通过查阅研究官方的地方志、历史文献、史志传记或政府统计资料、档案以及相关研究领域的正式研究与评价报告等有关文献，省时省力地达到了了解研究对象背景及研究现状的目的，为进行实地调查做好准备工作。

2. 实地研究法

实地研究法指深入研究现象的生活背景中，以参与观察和无结构式访谈的方式收集资料，并通过对这些资料的定性分析来理解和解释现象的社会学研究方式。

在实地调研的过程中，本研究综合运用多种方式获准进入研究地点，通过“中间人”——一个住在当地的高中同学的帮助，尽快取得当地人的信任，与他们建立友善的关系。从中选取合适的访谈对象，共 15 位老人，分布在不同的年龄段。依据不同的访谈对象，制作适用的访谈提纲，通过参与观察和无结构式访谈获得资料；对之前确定的访谈对象进行访谈，先将内容记录在本上，然后在当晚进行回忆和记录。

本研究采用实证主义的总体思路，对收集到的第一手资料进行分析，以资料为本。在研究策略上，考虑到调查对象的限制因素较多，倘若采用定量研究，则可能获取样本较少，因而选择单一的定性研究。具体方法技术如下：

（1）观察法。

本研究在实地调研之前对永泰古城居民养老状况的了解局限于网络上的资料，为了避免由此带来的对具体养老状况的感知误差，在当地老乡的带领下，本研究对永泰古城进行了概况的初步观察，详细地了解永泰古城的现状并对古城居民养老互助模式的日常表现形式进行了深入的观察。此外，在访谈过程中，同样采用了观察法，通过对古城老年人的居住条件、生存状况、养老方式等的观察收集调研的客观资料。

（2）访谈法。

本调查选取在永泰古城内居住的老人进行深度访谈。通过访谈，对老人养老方式、养老过程中的困难、养老预期等方面进行深入了解，为总结永泰古城互助养老模式做好充分的资料准备。

最后对收集到的资料进行整理归类，对录音资料进行文字整理；其次，对整理后的质性资料进行编码，并用内容分析的技巧，将收集到的文字、图片和音像进行整理重组，然后根据调查内容和目标，解释资料，得出结论。

三、互助养老模式地区性实践总结

在我国老龄化背景下，养老形势不断复杂，老年人养老需求趋向多样化，互助养老模式是在这一背景下，由传统养老模式发展而来的一种新兴的养老模式。互助养老模式作为一种新兴的农村养老模式，随着各级政府的重视及全国养老服务体系建设工作会议精神的贯彻落实，全国各地（如河北、湖北、内蒙古、山东、青海、陕西、四川等）都在积极探索和实践着这种互助养老新模式[①]。本研究选取3个互助养老模式实践过程中的代表性地区进行归纳和分析，试图为永泰古城互助养老模式的发展提出可供借鉴的建议。

（一）肥乡互助养老模式

2008年河北邯郸市肥乡县前屯村开始探索一种新的农村养老方式——互助

① 韩振秋．浅析农村养老新模式——“互助养老”的特点［J］．理论专刊，2013（11）．

养老，并且逐步形成了具有当地特色的“肥乡模式”① ——由村委会利用集体资金，把农村集体闲置的房产、校舍、厂房或农户闲置的房产改造为幸福院，村集体本着量力而行的原则来承担水、电、暖等日常运转必需的全部或部分费用，入住老人由子女申请或老人自愿入住。

本研究认为，肥乡互助养老模式的运用是在传统养老模式上的一个发展，将村内资源进行了集中整合，在有效降低养老成本的同时，运用“自我管理，互助服务”的管理模式，在解决农村养老问题方面实现了一个突破。这是一种集体层面上的互助，对于解决村内的留守、空巢、独居等弱势老年群体的养老问题有很大的帮助。

（二）义庄互助养老模式

不同于前屯村集中资源的养老模式，济阳市义庄村结合自身实际情况，探索出了家族邻里互助养老的“义庄模式”② ——以家族为基础，扩充至村落中的小户，对家族兼及邻里中的老人开展具有互助性质的经济救助、生活服务等。

本研究认为，这种以家族为基础的互助养老模式，是基于我国传统中较强的家族观念，在许多传统文化氛围浓厚的农村地区更容易被接纳，同时将养老集中在家族范围内，减少对社会资源的使用，促进社会资源的流动。

（三）隆邦屯互助养老模式

2012 年初，在广西都安瑶族自治县隆福乡隆邦屯建起了广西首个居家养老互助站，通过群众志愿者互帮互助，探索出了农村留守老人养老新模式——居家互助养老模式，按照“政府主导、社会参与、市场运作”理念，开辟活动场地，吸引屯内的年轻人成为志愿者，聘请管理人员，配备村医，为老人提供专业服务，开展帮扶、文化娱乐等活动③。在隆邦屯的实践中，成功在传统居家养老模式的基础上加入互助的方式，形成了一种新型的养老模式。

引入志愿者以实现互助养老是一种较为新颖的尝试，将年轻人的力量加入养

---

① 韩振秋．浅析农村养老新模式——“互助养老”的特点［J］．理论专刊，2013（11）．

② 袁同成．“义庄”：创建现代农村家族邻里互助养老模式的重要参鉴——基于社会资本的视角［J］．理论专刊，2009（4）．

③ 贺清．居家互助养老广西农村养老问题的新探索［J］．商业文化，2012（04）．

老服务中，为养老服务增添了活力，同时也将志愿资源和养老需求结合在一起，回应了双方的利益诉求。

互助养老模式在实践的过程中，结合地区的发展情况和特色，形成了具有地方特色的互助养老模式。本研究选取以上三个在互助养老模式实践过程中较为典型的地区，试图为永泰古城互助养老模式的归纳和总结做好铺垫。

四、永泰古城居民互助养老模式归纳

永泰古城地处甘肃农村，社会经济发展较为落后，人民的生活水平也比较低。通过对农户的走访调查和相关资料的收集，本研究认为，目前永泰古城的互助养老形式主要体现为以下四种：家庭养老、自我养老、社会养老、旅游反哺养老。

1. 自我养老形式

永泰古城的村民主要依靠传统的农业生产方式，农业和养殖业仍是多数家庭重要的经济来源，主要种植小麦、洋芋，养殖则多以羊为主。同时一些身体较为健康的老年人亦会选择在空闲时间去景泰镇上打零工以获取额外收入补贴家用。古城老人多为留守老人，老人依靠自己的努力获得基本的养老保障，在农忙期间互帮互助，共同完成劳作任务。

2. 家庭养老形式

基于血缘关系、养育关系建立起来的亲情养老、家庭式养老是我国形成比较早的一种养老模式。永泰古城的留守老人家庭经济来源依靠外出务工子女的支持，但亲戚援助也是不可或缺的补充。调查中发现，八成左右的留守老人都在不同程度地从事着农副业生产进行自养。仅靠子女外出打工的回馈无法满足基本生活需求，甚至不足以支付留守儿童的生活和学习费用。老人们甚至还在炎炎烈日下耕种沙地。绝大多数留守老人的日常开支少之又少，普遍限于维持温饱。

3. 社会保险养老形式

甘肃景泰属于贫困县，2011 年 11 月 4 日甘肃省政府第 93 次常务会议审议通过《甘肃省被征地农民养老保险办法》，在扶贫政策上享受优先实行，不少贫困家庭中特殊成员享有农村低保、五保补贴；社会保险养老在永泰古城虽然取得了一定的成绩，但是在运行过程中也存在着包括政府扶持力度不足、老年人家庭缴费不积极等诸多问题。这些农村家庭普遍选择最低档即每年缴纳 100 元的社会保险金。社会保险养老还存在着巨大的提升空间，量与质上的改变也有很多的可能性。

4. 旅游反哺养老

以旅游反哺养老，是永泰古城一种独具特色的养老形式。永泰古城旅游业的发展可以促进解决当地养老问题，增加当地居民的收入，提供养老资金保障；同时，也利于增强古城老人与外界的交流，减轻老人们的孤独感，提供情感慰藉，利于古城的保护和对于传统文化的传承等。

旅游反哺养老并不是永泰古城的特色，但是在旅游经济发展的同时，永泰古城形成了特色的互助发展方式，同时促进了古城养老的发展。由于古城中居住的大多数是留守老人，古城的旅游业在发展的过程中面临着很多的困难，老人以古城为一个整体，共同打造古城的旅游形象，并在对游客的接待上通力合作，在共同发展旅游的同时，实现互助养老。将旅游和养老结合起来，用旅游带来的收入负担养老成本。

五、结论与反思

在本研究看来，互助养老模式是在家庭养老、机构养老和社会养老等养老模式的基础上发展形成的养老模式，将家庭、机构和社会作为互助养老模式的主体，在这些原有的养老模式的基础上进行进一步的完善和发展，在家庭、机构和社会中利用互助的形式进行养老而发展形成的一种新型养老模式。

互助养老模式兼具许多传统养老模式的优点：我国传统文化中有着“助人为乐”的优良传统，将“互助”理念融入养老中，更容易被农村老年人接纳和认可；互助养老模式可以增加老年人的养老资本，降低养老成本，增加养老成效；互助养老模式的应用范围更广，也为老年人的养老提供了一种新的选择，可以满足老年人养老多方面的需求；互助养老模式的发展难度相对较小，互助养老模式可以在传统养老模式的基础上进行发展，在家庭、机构和社会范围内推广“互助”养老理念，可以在很大程度上促进互助养老模式的发展。

从全国农村目前的状况来看，互助养老模式在一些地区的实践中取得了一定的成绩，但这些成绩具有很强的地方性，很难对这些地区的互助养老模式进行大规模的推广，因此对于互助养老模式的研究显得很有必要，可以对互助养老模式在实践中取得的经验进行归纳和总结，以促进互助养老模式的进一步推广。

本研究认为，在大的制度环境下，农村互助养老模式是解决目前农村居民养老困境较快捷的方式。互助养老模式相比其他养老模式需要的资源较少，而且有助于提高老人晚年的生活质量，增强人生幸福感。在永泰古城互助养老模式的构建中，可以分为“初期—中期—后期”三个阶段，每个阶段侧重的任务不同。初期，在条件不成熟的情况下，需要政府主导，在政府的导向下，向人们宣传互助养老模式的优势，培养人们的互助养老观念，提升人们的互助意识。中期，政府与社工联合，用专业化的工作方法和社工的优势去帮助人们建立起社会互助养老机制的基本框架。后期，在互助机制建立的情况下，引导人们自主互助，并引入市场，完成社会互助模式的最后构建，最终促进互助养老模式在各地区推广。

（指导教师：杨慧）

参考文献

[1] 穆光宗．家庭养老面临的挑战及社会对策问题［C］．北京：中国劳动出版社，1998.

[2] 陈功．我国养老方式研究［M］．北京：北京大学出版社，2003.

[3] 陈赛权．中国养老模式研究综述［J］．人口学刊，2000（03）．

[4] 朱劲松．试论人口老龄化背景下的我国农村自我养老模式选择［J］．农村经济，2009（8）．

[5] 梁鸿，褚亮．中国农村养老保障两种观点的比较——兼论中国农村养老保障的模式选择［J］．市场与人口分析，2005，11（4）．

[6] 崔永军，吕恒．中国农村养老模式探析［J］．改革与开放，2011（11）．

[7] 翟德华，陶立群．居家养老与机构养老选择决策模型理论研究［J］．市场与人口分，2005（01）．

[8] 韩振秋．浅析农村养老新模式——“互助养老”的特点［J］．理论专刊，2013（11）．

[9] 袁同成．“义庄”：创建现代农村家族邻里互助养老模式的重要参鉴——基于社会资本的视角［J］．理论专刊，2009（4）．

[10] 贺清．居家互助养老广西农村养老问题的新探索［J］．商业文化，2012（4）．

[11] 袁同成．社会转型期农村养老模式的变迁趋势探究［J］．安徽农业科学，2008（26）．

［12］赵志强，杨青．制度嵌入视角下的农村互助养老模式［J］．农村经济，2013（1）．

［13］李士梅．中国养老模式的多元化发展［J］．人口学刊，2007（05）．

［14］顾永红．农村老年人养老模式选择意愿的影响因素分析［J］．华中师范大学学报（人文社会科学版），2014，53（3）．

［15］崔庆五．转型期西部农村养老模式的优化组合［J］．西南民族大学学报（人文社会科学版），2012（02）．

我国基层信访工作的现实功能分析

——以W市O区为例

林圣哲[①]

【摘　要】作为一项中国特有的政治制度，信访制度随着社会的变迁而越来越受到政府与群众的重视。然而人民群众对基层信访工作应具备功能的认知，与政府基层信访工作实际具备功能的现实之间存在明显的冲突矛盾之处，导致信访制度的完善与信访工作的法治化建设陷入某种困境。本文将以W市O区的信访工作为例，对我国基层信访工作的现实功能进行探究与分析，并对我国信访机制的完善与信访工作现实功能的强化做出一些深入的思考。

【关键词】信访工作　信访制度　现实功能

一、问题研究

自1951年政务院发布《关于处理人民来信和接见人民工作的决定》始，我国信访机制正式创立。国务院在1957年发布的《关于加强处理人民来信和接待人民来访工作的指示》则标志着信访制度作为一项国家制度的政治地位正式确立。

根据2005年中华人民共和国国务院令（第431号）《信访条例》第二条规定：信访是指公民、法人或者其他组织采用书信、电子邮件、传真、电话、走访等形式，向各级人民政府、县级以上人民政府工作部门反映情况、提出建议、意见或者投诉请求，依法由有关行政机关处理的活动。因此信访机制与信访制度被

---

① 林圣哲（1993—），浙江温州人，民族学与社会学学院社会学专业，2012级本科生。

人们贴上了各式各样的标签，比如“利益表达机制的重要组成部分”“中国特有的社会主义政治制度”“社会矛盾化解机制”等。

从理论角度来说，信访制度作为一项与群众路线紧密结合的中国特色政治制度，在现实生活中理应有着良好的运行规范与高效的运作效率。然而缠访、闹访、群体访等“非正常上访”事件的频发以及信访制度逐渐沦为“维稳”工具的趋势，都使得人们不禁反思信访工作在现实生活中的功能究竟是什么，又应该是什么？人民群众对基层信访工作应具备功能的认知与政府基层信访工作实际具备功能的现实之间存在的冲突矛盾之处以及其产生的原因又是什么？

二、理论分析与研究方法

（一）理论分析

根据现实情况来看，近几年信访量不断增多但信访工作的开展却越发困难的根本性原因之一，是群众对基层信访工作功能的认知与政府信访工作功能的现实状况存在冲突矛盾之处。笔者认为，关于这一冲突矛盾的产生可以从两个不同的角度进行理论分析。

1. 从历史文化传统的角度看待

自古以来，关于社会治理方式的儒法之争从未停息。儒家讲究“德治”与“仁政”，而“德治”与“仁政”能否实行的关键在于处于统治地位实施社会治理的人是否贤明，因此儒家治世的本质是“人治”。而法家讲究“法治”与“严刑”，但法家“法治”因为在实践中不具备较强的调和性，导致古代多数的统治阶级选择“德主刑辅”的治理方式。也正因为如此，大部分人在面对信访与诉讼双重选择时会更倾向于选择信访。

在中国的传统文化中，“人治”在人们心中的地位高于“法治”，所以在一些人眼中，信访工作的现实功能应该是“万能”的，而且是能够实际有效地帮助人民解决任何困难的。而这样的想法与信访工作实际具备的承上启下的桥梁沟通功能与“维稳”功能存在明显的冲突。

2. 从社会安全阀机制的角度看待

社会安全阀机制是科塞的社会冲突理论中的重要组成部分。他的社会安全阀理论总结起来主要有以下几个观点：第一，安全阀制度是为人们提供发泄敌对和进攻性情绪的制度。第二，安全阀制度虽然可以通过帮助人们发泄负面情绪来维护社会系统的稳定，但是它本质上只能缓和社会冲突而非解决冲突。第三，社会结构越僵化，安全阀制度就越重要，因为僵化的社会结构受社会冲突的影响更为巨大。①

结合这一理论来看待我国基层的信访工作，实际上我国基层的信访工作正是承担了社会安全阀机制的角色。正如之前所述，上访者上访时大多情绪激动，甚至有过激言语和行为，这时信访工作人员首先做的便是安抚上访者的情绪，然后热情询问上访者的利益诉求并提供相应的解决建议。但是信访部门并非执法部门，信访工作只能起到引导的作用，却不能实际解决问题。而随着社会的发展，一方面中国的社会结构逐渐开始出现某些僵化现象；另一方面，由于社会剧变群体性冲突事件时有发生，使国家开始越发关注信访工作在现实中的开展情况。

（二）研究方法

本次研究采用定性研究的方法，具体方法如下：

（1）参与观察法：笔者在 W 市 O 区信访局进行为期一个月的实习，在实习期间于信访局的信访科室进行基层信访接待的相关工作。通过直接参与基层信访工作并对上访者与信访工作人员的互动过程进行观察，搜集获得丰富的信访工作状态信息。

（2）访谈法：笔者根据参与、观察的结果对部分上访者与信访工作人员进行无结构式访谈，重点了解上访者与信访工作人员双方对信访工作现实功能的看法及对信访工作实际开展状况的认识，并对所得资料进行整理总结，为之后对基层信访工作的现实功能进行实证分析提供可靠的经验材料。

三、信访制度的历史演变与中西比较

要想分析我国基层信访工作的现实功能，首先需要从宏观角度对我国的信访制度有一个全面深入的了解。因此，笔者通过对文献的汇总整理，从中国信访制度及其功能的历史演变以及中西“信访制度”的对比两个方面进行总结。

---

① 李俊．社会安全阀理论与信访制度［J］．广西社会科学，2002（4）．

（一）中国信访制度的历史演变

徐艳阳将中国的信访制度史分为三个阶段：首先是起源阶段。他认为根据《史记》记载，可能早在尧舜时期就已有氏族成员在旌旗下陈诉或者在木板上书写意见的表达方式。而《周礼》中记载的周朝所建立的肺石之制和路鼓之制则可以算作在周礼框架之内的信访制度。其次是巩固发展与完善阶段。这其中包括汉朝的"上书控告"制度，魏晋的登闻鼓制度，唐朝的四事铜匦，宋朝的登闻鼓院与登闻检院以及明清时通过律例对信访加以约束等。最后是转折阶段，指的是从清末民国初期的民事再审制度的确立到中华人民共和国成立后人民信访制度的创立，再到 2005 年《国家信访条例》颁布的演变过程。①

针对这样的历史演变过程，封丹对古代信访制度与现代信访制度进行了比较分析。他认为，两者的区别在于古代信访制度的根本目的在于维护帝国政权的稳定、皇权家族的统治地位以及君与民之间的分明等级；而现代信访制度的根本目的则在于倾听民声、了解民意、沟通民情，化解社会矛盾，促进民生发展，从而实现人民民主的政治理想和社会目标。②

（二）中西"信访制度"的对比

准确来说，信访制度是具有中国特色的政治制度，西方虽有类似的公民利益诉求与民愿表达机制，但是并不能将其等同于我国的信访机制。胡冰总结了西方三个国家的公民利益诉求与民愿表达机制。其一是加拿大的公民投诉机制，即加拿大公民有以下三种途径来提出诉求、建议及意见：这三种途径分别为通过所在地区的各级议员代为反映，通过联邦政府各部门、各省政府部门专设的投诉机构进行投诉，通过联邦政府和各省政府分别设立的专门受理公民对政府及其公务员进行投诉的机构进行投诉；其二是法国总统府通信局和共和国协调员制度，其中总统府通信局专门负责处理公民给总统的来信来电，而协调员则具有调查权、调停权、建议权、报告权、命令权、追诉权和促进行政改革权七项权力；其三是韩国的民愿委员会制度，该委员会管辖权广泛，除了受理公民对非法或失当的行政

① 徐艳阳．中国信访制度历史源流考评［J］．学术界，2011，163（12）．

② 封丹．中国信访历史探微［J］．科技智囊，2012（7）．

措施以及玩忽职守的投诉外，还受理对不合理行政管理制度和政策的投诉。[①]

根据西方的现实情况，王涛认为制度的法制性与机构的独立性是西方国家公民利益诉求与民愿表达机制的两个特点。制度的法制性主要表现在西方公民利益诉求机制多有明确的法律保障，比如1973年法国颁布了《共和国协调员法》，对协调员的产生、职责、权力等各方面内容做了明确规定。相比之下，中国并没有出台一部独立的《信访法》以实现信访的法制化。而机构的独立性则主要表现在西方无论是调查官还是协调员均是独立于各党派和各政府工作部门的，不受行政的干涉。中国的信访制度并不具有如此鲜明的独立性，无论是信访局还是各职能部门的信访科室均没有完全独立于行政系统之外。[②]

从中国信访制度及其功能的历史演变以及中西“信访制度”的对比两个方面来看，信访制度在中国虽然自古已有，但是随着时代的变化，信访制度的具体内涵与现实功能也在不断地发生着变化。而西方其公民利益诉求与民愿表达机制的法制性与独立性都要优于中国的信访机制。虽然这是因为中西方国家现实国情与政治制度的不同所造成的，但是这对我国信访制度的完善是有借鉴意义的。

四、群众对信访工作功能的认知：“万金油”与行政权力救济

（一）信访工作应具备“万金油”功能，代表政府帮助解决群众各种困难

一方面，部分上访者认为，如果群众有困难得不到解决被迫来上访，那么作为一个全心全意为人民服务的政府就应该热情接待来访群众并积极帮助解决问题。一位曾因房屋被占用、邻里纠纷、违章搭建等诸多问题而多次上访的75岁老人说道：

> 我知道我就算来多少次也没有用，但是我还是要来。因为信访就代表政府，除了来上访我也没有其他办法。我家房屋院子被人占用、被人

---

① 胡冰．国外民愿表达机制与我国信访制度改革［J］．特区实践与理论，2003.

② 王涛．西方国家公民利益诉求机制对完善我国信访制度的启示［J］．法制与社会，2011（5）．

强拆那么久得不到解决，你们信访还不给我解决，那让我们日子怎么过？

另一方面，许多上访者其实并不了解信访局的具体功能。但当他们聚集在地方政府门口希望给政府“施压”以解决问题时，地方政府保安人员便会将其引导至信访大厅，由信访局了解情况并提供相应的建议与意见。正因为如此，上访者便将信访局视为政府的代表，认为信访局必须帮助群众解决实际问题。曾有一批某铁路指挥部安居工程的外墙班组工人因为工资未能拿到的问题而集在区政府门口，保安人员将其引导至信访大厅后他们说：

我们都是铁路安置房工程的工人，辛辛苦苦干了大半年，到了年底却拿不到工资过年。这个工程是你们政府的，就更应当由你们政府帮我们解决，让老板把工资给我们。

很显然，在群众心目中，既然上访是由信访局来接待受理的，那么信访工作就代表着政府的态度与行为。如果信访工作不能帮助解决实际问题，就相当于政府不作为。所以在群众看来，信访工作应该是具备“万金油”功能的，应积极地为人民群众解决一切问题。

（二）信访工作应具备行政权力救济功能，以帮助群众解决问题

权力救济，指的是权利人的实体权利遭受侵害的时候，由有关机关或个人在法律所允许的范围内采取一定的补救措施消除侵害，使得权利人获得一定的补偿或者赔偿，以保护权利人的合法权益。权利救济以法律救济为主要方式，而其中最为人所知的就是司法救济，即人们通常所说的去法院上诉。然而在现实社会中，多数上访者会选择信访而不选择去法院诉讼，总结起来看主要是出于以下三方面的考虑：其一是费用难以承担的问题。且不说聘请律师可能带来的高昂律师费用，单是所需缴纳的诉讼费就已经让那些本就生活困难的人民群众望而却步。其二是审理时间过长的问题。法院对案件审理期限都有严格规定。以民事案件为例，适用特别程序的民事案件的审理需要 30 日，适用简易程序的民事案件审理需要 3 个月，而适用普通程序的民事案件审理则长达 6 个月。这样的时间长度对于迫切需要解决问题的群众来说是难以接受的。其三是法律知识缺乏的问题。法

律知识毕竟是专业知识，而非群众普遍掌握的基本知识；同时出于对司法权威的敬畏，多数人不愿在“无知”的状态下独自去法院上诉。有位包工头因为承包单位没有给付工程款，于是带着一批工人来信访寻求帮助。这位包工头手中有施工承包合同协议等充足的证据，因此信访工作人员告知他可去法院上诉，通过诉讼途径解决是最佳选择。但是这位包工头说：

> 去法院上诉还要钱，这都年底了，我们都没钱过年了，哪里还有钱去法院告他们？我们只能来找你们政府，希望你们能帮我们要到这一笔钱，让我们这些工人能有钱回家过年。

其实除了司法救济，仲裁救济也同样因为时间长等问题不为人民群众所选择。曾有一位经济开发区某倒闭鞋厂的工人因为工资被拖欠的问题来上访，由于这位工人手中并没有工资单作为有力证据，因此信访工作人员只能帮助他联系经济开发区劳动所所长，由劳动所出面，到三月份帮他进行劳动仲裁。然而这位工人对信访工作人员这样说道：

> 我身上已经没有一分钱了，饭都没得吃，怎么等到三月份？我去劳动局好几次了，劳动局的人都说我没证据，没办法帮我要回工资。我那时候回了一趟老家，给我妈过了一个生日，再过来的时候鞋厂就倒闭了，人都不见了，我怎么可能领到工资？

从上述现实和分析中可以发现，群众希望的是信访工作能够以非法治化的程序取得法治化的结果，即能够跳过长时间且烦琐的法定程序，直接促成问题的解决。在群众看来，政府拥有行政权力，代表着政府能够且应该对受侵害的群众给予一定的补偿或者赔偿，所以笔者将其归纳为群众认为信访工作应具备行政权力救济的功能。

五、基层信访工作功能的现实状况：沟通桥梁与“维稳”

（一）信访工作实际具备的第一大功能是沟通桥梁

首先需要明确的是职能部门的信访工作与信访局的信访工作是有一定区别的。职能部门的信访工作直面自己部门所负责的问题，将问题信息收集后交予部门内部科室进行事项处理；而信访局的信访工作则是将不同问题分类登记后转交相应的职能部门进行处理。不过无论是职能部门的信访工作还是信访局的信访工作其作用都是联系群众的桥梁和纽带。关于这个问题信访局接待科C副科长在接受访谈时这样说道：

> 我们信访局的信访工作主要是让老百姓能通过信访找到相关的执法部门，然后由相关的执法部门来帮助老百姓解决问题。我们可以帮助他们联系协调，但是我们并不是执法部门，更不像法院与公安一样具备强制执行力，因此我们能起到的只是桥梁的作用。

以75岁老者LDH的上访案件为例。LDH因为房屋被占用、邻里纠纷以及违章搭建的问题多次上访要求政府帮忙解决，而信访工作人员最后是这样回应并开展相关信访工作的：第一，关于房屋被占用问题，信访局会将问题报告与相关信息传递给Z镇政府进行核实，再由Z镇政府开展实际工作解决问题。第二，关于邻里纠纷问题，信访局工作人员建议，如果是个人纠纷可以带齐证据去法院起诉，如果是对村内领导干部有异议，则可以带齐证据去纪委举报。第三，关于违章搭建问题，信访局会将问题报告与相关信息传递给区城市管理与行政执法局进行核实，再由城市管理与行政执法局开展实际工作解决问题。

所以从访谈结果和实际经验材料来看，信访工作实际具备的第一大功能是承上启下的沟通桥梁功能。

（二）信访工作实际具备的第二大功能是“维稳”

第一，从稳定上访者情绪看信访工作的“维稳”功能。因为上访者基本上都是由于问题长期未得到解决或者诉求无门而被迫来上访，所以上访者大多因诉求欲望强烈而表现得情绪激动。笔者曾在一天之内接待4批上访者，第一批是退伍军人，因伤残补助问题迟迟未解决来访；之后三批都是因征地纠纷问题得不到解决而上访的群众，上访者大多情绪激动言语过激。且不论这些上访群众是否真的会做出极端行为，单是从他们的话中就可以知道矛盾已经激化到较为严重的地步。在这样的情况下，信访工作的首要任务便是要安抚上访者情绪，稳定局面，防止上访者做出危害社会的过激举动，从而在一定程度上帮助维持社会安全与稳定。关于这个问题，信访局的Z科员说道：

> 信访人常因为有现实的物质需要，表现出不达目的不罢休的强烈动机，同时还伴随有情绪情感的发泄，所以发展到最后容易有异常心理状态。因此在开展信访工作的时候一般都会注意先稳定上访者的情绪，向他们了解他们的利益诉求，并为他们提供解决问题的建议。

第二，从“劝访”问题看信访工作的“维稳”功能。“劝访”一般是应对越级上访的一种措施。在现实生活中，少数群众对越级上访比较热衷，而相关部门一般会对越级上访者进行“劝访”。若是“劝访”不成就派人跟着一起过去，时刻掌握越级上访者的动态。上访者的心理很简单，他们的“理论”就是：咱们老百姓被“欺压”了，那就去“告状”，让高层的领导给咱们做主“收拾”你们。他们觉得投诉到上层领导那里就可以对下级部门形成压力，从而促进自己利益的实现。实际上，现实情况往往并不是这样的。首先，越级上访一定程度上会造成社会的不稳定，比如一些越级上访者采取极端行为，的确会成为社会不安定因素。其次，从政府系统内部看，对于下级部门而言这是很大的压力，如果上级问责，领导更是首当其冲，可能要承担相应的行政责任；而对于上级部门而言，这些事件本身应归属于事件发生地所属区域的基层部门管辖，如果这些事件下级解决不了要由上级部门来解决，等于是在增加上级部门的工作负担。所以，出于“维稳”的考虑，越级上访者往往被“劝访”。关于这个问题，信访局接待科C副科长这样回应道：

> “劝访”虽然可以说是“维稳”工作的一部分，但“维稳”却并不是“劝访”的最终目的。“劝访”的最终目的是要告知上访者，让他们明白只有利用正确的方式、通过正确的途径才能解决问题。有些上访者

错误地以为，越级上访可以将事情闹大，再采取一些极端行为向政府施压，就能使问题得以快速解决。其实这样做往往适得其反。

六、结 论

（一）冲突矛盾的背后是社会转型期的国情与现实

一方面，信访从本质上来说是我国宪法和法律赋予公民政治权利基础上的制度化延伸，属于一种中国特色的政治制度，但近年来部分信访案件其实是涉法、涉诉信访，即依法属于人民法院、人民检察院、公安和司法行政部门处理的信访案件。如果基层信访部门具备强制执行力可以直接解决问题，那就等于是从政治层面在对司法权威进行消解与冲击。这与我党十八大提出的“全面推进依法治国”的重大决策是明显相违背的。而面对中国的国情，正如党的十八大报告中提出的——“法治是治国理政的基本方式”。所以关于信访工作的法治化建设，需要的是推进“依法信访”，而不是使信访拥有法律的强制执行力。这也就能解释为何信访工作实际具备的第一大功能只会是桥梁沟通功能而非群众所期望的能够实际解决问题的功能。

另一方面，随着改革开放的深入推进，中国进入了高速发展的阶段，在社会快速转型的大背景下，因为社会保障制度、收入分配制度、税收调解制度等制度不够完善，导致我国部分民众的生存处境困难，因此社会矛盾增加。基于这样的社会现实，倘若放任不管或置之不理，则可能影响社会稳定。因此党的十八大报告明确提出：“要妥善处理人民内部矛盾。要完善信访制度，健全党和政府主导的维护群众权益机制，统筹协调各方面利益关系，有效预防和化解各类社会矛盾。”这正是基层信访工作“维稳”功能的现实需要。

（二）关于强化我国基层信访工作现实功能的思考

关于强化我国基层信访工作的现实功能的问题，笔者认为可以从两方面进行探究与思考。其一是从社会角度出发，其二是从法律角度出发。

1. 从社会安全阀的角度看待信访工作的现实功能强化

正如前文所提，从社会安全阀理论看待信访工作，现阶段我国基层信访工作的本质在于缓和社会矛盾而非解决社会矛盾。关于这个问题，信访局的H科员这样说道：

> 其实说得不好听一些，我们信访工作就是在给人民群众当“出气筒”，为政府的其他部门“擦屁股”。群众对其他部门的处理不满意，感觉不公不服便会来“闹访”，而他们“闹访”我们还得热情接待，可以说是骂不还口、打不还手。

因此，从社会安全阀理论出发，对信访工作现实功能强化的思考主要有两点：第一，加强信访工作对社会冲突的缓和功能。例如通过优化信访接待环境、提升信访工作人员的个人素养、提供专门的心理辅导与法律咨询等方式，更加有效地疏导上访者的负面情绪，从而避免一些冲突性危险事件的爆发。第二，适当扩大信访工作的权力，以弥补信访工作无法解决社会冲突的功能缺失。例如可以借鉴西方经验，赋予信访工作以适当的调查权、调停权、建议权、报告权、命令权等权力，从而使信访不再只是具有沟通功能的桥梁，而能成为社会冲突问题解决的参与者。

2. 从法治化建设的角度看待信访工作的现实功能强化

在党的十八大明确提出“全面推进依法治国”重大决策之后，习近平总书记在政治局第四次集体学习的时候对依法治国提出了更高的要求，他提出要全面推进科学立法、严格执法、公正司法、全民守法，坚持依法治国、依法执政、依法行政共同推进，坚持法治国家、法治政府、法治社会一体化建设，不断开创依法治国新局面。

在基层信访工作的法制化建设中，遇到的问题主要有以下几个：第一，信访受理范围模糊不清。因为少数民众的一些违法信访行为对地方政府造成了较大压力，使得信访局不得不受理涉法涉诉案件，造成信访受理范围过大的问题。第二，对于违法信访行为无能为力。少数上访者采取的信访手段有些过激，甚至有的行为已经危害了社会公共治安，但是信访工作本身并不具备任何强制执行力，因此在面对上访者缠访、闹访、无理访等违法信访时，信访工作人员也无从应对。第三，部分问题解决依靠“人治”，引发新的不平衡。少数地方政府领导迫于“维稳”压力，有时会动用手中的权力解决问题，这样的做法显然是与法治政府建设的原则相违背的。

针对上述问题，从法治化建设出发，对信访工作现实功能强化的思考主要有两点：第一，要具体规定信访受理范围，以免信访工作被人民群众误解为具有“万金油”功能。例如涉法涉诉案件必须由人民法院与人民检察院受理，这是对司法权威的尊重，也是法治化建设的必然要求。第二，要规定违法信访的罚则，强化信访工作的“维稳”功能。在现实情况中，信访工作虽然的确具备“维稳”功能，但若是不对违法信访做出罚则规定，那么在面对缠访、闹访、无理访等“非正常上访”事件时，信访工作的“维稳”功能将难以发挥，甚至还可能因此对其他执法部门造成巨大压力而导致出现违规执法的问题。

（指导老师：郑文焕）

参考文献

［1］李俊．社会安全阀理论与信访制度［J］．广西社会科学，2002（4）．

［2］徐艳阳．中国信访制度历史源流考评［J］．学术界，2011，163（12）．

［3］封丹．中国信访历史探微［J］．科技智囊，2012，（7）．

［4］胡冰．国外民愿表达机制与我国信访制度改革［J］．特区实践与理论，2003.

［5］王涛．西方国家公民利益诉求机制对完善我国信访制度的启示［J］．法制与社会，2011，（5）．

人情和面子视角下的关系资本借贷

韩 坤①

【摘 要】关系资本是个体借助先赋的或是自己建立的基于人情基础上的关系获取资源的路径。关系资本借贷以人情为基础，表现在面子上，人情因素凝结在关系资本借贷行为中。本文试图在人情和面子视角下综合两位学者的人情和关系模型分析关系资本的借贷行为。分为以下三类：以礼尚往来的人情方式为基础，基于亲属关系或是拟亲属关系的关系资本借贷；以人情投资的方式为基础，具有工具性和互惠性的关系资本借贷；以恩情回报的人情方式为基础的非对称关系资本借贷。

【关键词】关系资本 借贷 人情 面子

一、问题的提出

“关系”是中国人的人际交往中重要的交往媒介和载体，它有助于通过互惠往来等方式形成长久的人情联系。“关系”主要由个人所在环境先赋和个人通过交往形成和巩固。“关系”综合起来形成了个体的关系资本。中国人行动中暗含着“关系”的行动逻辑，从整体的角度来看，“关系”也成了正式制度下潜规则运作的载体。②“关系”中凝结着人情，表现着面子，具有十分鲜明的本土化特征。社会资本这一从西方引入的概念与关系的概念具有相似的特征，两者有合并

① 韩坤，（1994—）云南省昆明人，民族学与社会学学院社会学专业2012级本科生

② 林聚任等．社会信任和社会资本重建：当前乡村社会关系研究［M］．山东：山东人民出版社，2007.

的趋势。① 学者们对"关系"和社会资本有不同的观点。边燕杰提出"关系社会资本"② 的概念来描述中国关系文化条件下的社会资本，并通过对饮食社交的经验研究，运用社会资本的理论提出三种关系资本模型。翟学伟认为对"关系"和社会资本两个概念应该加以辨析，认为用社会资本来研究中国人的"关系"无法剖析"关系"的复杂运作方式。虽然两位学者的观点不同，但是两者在人情、面子和"关系"这几方面具有相似的认同。边燕杰认为面子的经营是关系资本的积累，有面子意味着个体有动员关系资源的能力，在关系网络中人情很重要；翟学伟认为，人情和面子是权威者乐于介入关系网络的理由，面子是传递权力的桥梁；虽然现代社会中关系建立的工具性动机强，但依然有人情因素存在。翟学伟还认为，人情投资用于对已成功者的关系建立上，显在的人情投资具有工具性特征，而潜在的人情投资具有维系感情带来长远的社会性收益的功能。

本文的意义在于综合两者对于关系的理论观点，在人情与面子的视角下，搭建关系资本运作的理论框架、进行演绎并用事例加以支撑。综合两者关于"关系"的观点，在人情和面子的视角下，"关系"具有资本的特征，关系资本是个体借助先赋的或是自己建立的基于人情基础上的关系获取资源的路径，关系资本的运作依靠人情积累，表现在面子上。本研究的新意在于综合边燕杰的关系模型和翟学伟的人情交往分类提出三种建立于人情与面子基础上的关系资本借贷行为模型，实现在理论基础上对关系资本借贷行为的阐释。在关系运作过程中，关系资本可以被"借取"，即中间人借面子给求助者，以帮助求助者获得关系源的资源。人情和面子是蕴含在关系资本借贷行为中的重要因素。一次成功的关系资本借贷需要面子作为借贷行为的信用表征和行动引导，需要人情投资作为基础和关系顺利运行的润滑剂。关系资本是人情和面子表现的载体。

二、"面子"：关系资本的占有标志

"面子"是社会声望，它可能由社会地位或是在某个领域的权威决定。面子具有道德性和社会性，作为关系资本占有标志的面子具有的社会性成分多一些。

---

① 翟学伟．中国人的关系原理：时空秩序、生活欲念及其流变［M］．北京：北京大学出版社，2011.

② 边燕杰．中国城市中的关系资本与饮食社交：理论模型与经验分析［J］．开放时代，2004（2）.

社会地位越高，“面子”可能就越大。“给面子”是指可以借某人的荣誉和声望沾光即分享资源。[①] 面子作为无形的资源可以被分享和给予。在实际关系运作中，借出面子的一方往往占有一定权威，借出面子就是对通过关系网络调动资源能力即拥有关系资本的肯定，因此不需要受惠者用面子的形式去还。面子依赖于其他个体的评价，面子的经营是关系资本的积累。对于关系资本占有较多的一方，他们的面子经营更加多样化，他们的关系网更加复杂，面对不同关系群体，他们应用不同的面子进行经营。对于关系借用者来说，面子是关系资本的凭证，借用者需要考虑对方关系资本的占有程度和想获取的资源来决定是否借用借出者的关系资本。比如，一个同学想打听所填报志愿学校的录取信息，他可以拜托作为领导的舅舅去问学校的领导。对于关系借用者来说，他需要对潜在的借出者进行衡量，舅舅作为领导，占有一定权威，有面子，关系资本积累得多，比起询问在学校的师兄师姐更有关系资本方面的优势，因此作为领导的舅舅借了同学的面子，调动了关系网络中的社会资源为同学牵线搭桥。在这个关系资本的借贷过程中，借出的一方与关系借用者符合家庭义务的关系。借出关系的一方有面子，拥有丰富的关系资本，才能顺利地扮演中介者的角色，为同学获取资源。面子和关系资本在三人以上的关系网中才有意义，随着借出者退出关系网，其面子的影响力将会消失，关系资本发挥的功能也将受限制。可见，对于关系借用者而言，借出者的面子和关系资本运作的能力是重要的。然而，还有一种特殊情况需要分类讨论，有的中介者并不需要经营面子或是占有丰富的关系资本，而是处在关系网中的关键位置，比如，高层管理人员的助理或是秘书，他们并不直接掌握关系资本，却可能在关系运作中发挥着微妙的作用。

总结来说，在关系运作过程中，面子可以作为关系资本借贷的表面因素。对于关系使用者来说，面子能直观反映潜在中介者的关系资本，关系借用者会将面子作为理性选择的考虑因素之一寻找潜在中介者。对于借出者来说，面子作为个人在关系圈中争取到的声望、形象和心理地位，能够通过关系资本的运作得到增强。然而，借出者会考虑并不是每一次面子经营都能达到关系资本积累的效果，借出面子会存在丢面子的风险。如果发生了借用者失误，使得借出者丢面子的情况，那么中介者和关系源之间的关系会受到影响。

---

① 翟学伟．人情、面子与权力的再生产［M］．北京：北京大学出版社，2005.

三、人情基础上的关系资本借贷

人情是中国人主要的交往方式，其中包含着“情”与“理”。人情凝结在关系上，表现为人情交换关系，人情关系是特殊的联系纽带，并被看作特殊的关系资本被动员和使用。随着现代社会中工具性关系的增强，人情关系的资源变得潜在于正式制度之下。不同于乡土社会中被动自生的关系网，当下的关系网更多的是依靠人情往来主动构建起来的。[①] 笔者认为，中国的“关系”之所以不同于西方研究者眼中的“关系”，在于本土概念人情凝结夹杂在关系中，并起到通过人情投资加强关系的作用。西方的社会资本更多的是达到其利益目标的手段，而中国的人情关系基于情和理双重属性，这造成中国关系资本运作中情感性和工具性的交替和混杂。翟学伟给人情做出三种分类：恩情回报、人情投资与礼尚往来。其中人情投资一般用于与已成功者建立关系；恩情回报是长远的人情投资；礼尚往来发生于自然的家庭支持网中。边燕杰的关系模型主要有家庭义务延伸的网络、特殊工具性纽带的交换网络、非对称性交易的社会交换网络三类，三类关系分别对应建立在情感、相互信任、重复的非对称性基础上的三种面子。笔者试图综合两位学者的人情分类和关系模型，提出人情基础上关系资本借贷行为的三种模型，并用实例支撑。笔者认为家庭义务延伸的关系与礼尚往来的人情方式对应，在此情境下的关系资本借贷行为基于亲属关系或是拟亲属关系的具有情感性的关系资本。特殊工具性纽带的关系与人情投资的人情交往方式对应，在此情境下的关系资本借贷具有工具性和互惠性的特征。非对称性交易的关系与恩情回报的人情方式对应，在此情境下的关系资本借贷具有情感性和工具性。

（一）基于亲属关系的情感性关系资本借贷

情感性的关系资本借贷在乡村共同体情境下较多。蔡禾在对包工头的经验研究中有这样的现象。[②] 农民工进城务工，工人由作为中介者的亲戚或是老乡介绍给包工头。包工头在发放薪水时会看在老乡的面子上照顾工人。反过来，包工头

---

① 翟学伟. 关系与中国社会［M］. 北京：中国社会科学出版社，2010.

② 蔡禾，贾文娟. 路桥建设业中包工头工资发放的“逆差序格局”“关系”降低了谁的市场风险［J］. 2009（9）.

在拿不到工程款、无法及时发放薪水给工人时，工人也会出于老乡的感情面子理解包工头。在欠薪的情况下工人出于人情关系不会强硬地讨要薪水，如果工人强硬地向包工头讨要薪水，那么这就是置基于亲属或同乡的人情关系于不顾，破坏了老乡的面子，他们之间的关系会破裂，对于三方来说代价都是不小的。包工头可能会反向利用老乡的情感面子来拖延发放薪水的时间，达到在工程款拖欠的情况下规避市场风险的效果。

对于借出情感关系资本的一方来说，在关系运作中他运用人情法则、利用借用者和关系源的共同感情认同为双方搭建关系。关系的建立使得双方不仅是雇佣关系，更多地还包含了亲属和拟亲属的关系。中介者的关系资本基于地缘或血缘感情建立。关系建立后，中介者借出的关系资本发挥着持续的影响，通过中介者建立关系的双方可能看在中介者的面子因素上遵循情感性关系人情交往法则行动。面子借用者可能会以礼尚往来如送礼的方式还人情给中介者。相比于工具性关系，情感性关系资本更多表现在道德层面上，具有相对持久和稳定的影响力。作为这类关系资本表征的面子是道德性的而非建立在社会等级上的面子。在相对封闭的乡土共同体中，人们之间互动较多，交往以人情为主要方式，较为单一。情感关系纽带稳定牢固，凝结在其中的人情较为深厚，借出者和借用者之间不存在严格的借和还的规则。关系资本由逐步扩展的情义关系得到积累，而情义关系扩展的方式可能按照差序格局进行。

（二）基于互惠的特殊工具性关系资本借贷

与建立在亲属和拟亲属关系上的借贷关系不同，特殊工具性的关系资本建立在相互信任的基础上。比如，国有部门和非国有部门之间的官员和老板就可以利用特殊工具性关系资本实现共赢。在边燕杰进行的调查中①，孟书记是某国有事业单位的领导，借用老同学的关系资本将自己单位的人力资源引入公司市场的营利活动中，孟书记通过老同学这一中介者利用了公司丰富的资源为单位取得了可观的收入；老同学也为公司争取到了项目合作。

双方的工具性关系是促成单位正式合作的重要因素。在关系运作中，双方私人之间的人情交往为合作奠定了基础，双方已经在个人信任上达到了认同。关系运作的过程以双方人情交往的密切度和在此互惠情境下双方的相互信任为基础。

---

① 边燕杰，王文彬等．跨体制社会资本及其收入回报［J］．中国社会科学，2012（2）．

与凝结在情感性关系中的人情不同，凝结在工具性关系中的人情需要通过人情投资和互惠的交换进行巩固，在特殊工具性关系运作过程中，关系的互惠性、平衡性较为突出。在例子中，这次关系资本的借贷既促成了双方所在组织的合作，又讲了人情，实现了私人关系的平衡。从关系资本积累的途径上来看，基于家庭情义关系的关系资本往往是先赋的，即传统的被动自生型关系网络；特殊工具性的关系主动建构成分多一些。虽然两者都要依靠一定人情交往的方式维持，但后者取决于主体能动性的成分要更多一些。在特殊工具性关系资本的借贷中，借出方和借用方依靠信任来保持借贷过程的顺利进行，信任、承诺和声望等因素是这类关系资本的源泉。这是基于长期人情投资下形成的特殊主义信任。人情投资容易发生在现实社会中，尤其是工作中的利益场合，人情投资的对象具有显在投资价值，这就促使借用者基于信任对中介者进行人情投资，中介者借出关系资本帮助借用者获取显在资源，借用者在关系资本运作中努力达到互惠的效果，即还人情给中介者。在关系资本运作过程中，互惠和交换的特征比较明显。借出者和借用者双方存在达到双赢的可能。特殊工具性关系资本的借贷在工作场合下发挥着引入资源的作用。

（三）基于“恩情”的非对称关系资本借贷

在实际的关系运作中，非对称的关系资本借贷表现得更多。在耿敬和李琰珺的经验研究中①，试图竞选厂长的陈某利用了亲戚和老厂长的亲戚之间的人情债务关系获得了资源。在这个关系借贷中，于某作为施恩者主动帮助了孙某，尽管孙某并未主动去借用于某的人情，但是孙某欠下了人情债，并寻找机会去偿还。陈某刚好寻求老厂长的帮助，就利用了这笔人情债，陈某求助于老厂长刚好使得孙某欠于某的人情债得到偿还。

处于中介者的双方之间积累的恩情无意中成为对关系源潜在的人情投资，为借用者积累了关系资本。中介者的借贷关系相当于转借到了借用者和关系源这一方。这种关系资本的应用具有情感性和工具性混合性质，整个运作过程中工具性是表面特征，而使得关系源提供资源给借用者的是凝结在关系过程中以恩情为表征的人情因素。实质上，在这个案例中，借助人情关系的一方在受到恩情时并不是完全主动的，关系源帮借用者获得资源时是出于替还人情债压力下帮忙的，而

---

① 耿敬．李琰珺．人际关系资本与关系资本借贷［J］．社会，2007（3）．

借用者一方则始终占据主动的位置。非对称的关系资本借贷兼具情感性和工具性。其关系资本借贷的影响是长期和深刻的。凝结在非对称关系资本中的人情交往具有潜在性的特点。“恩情”不同于能通过礼尚往来或是互惠的方式进行偿还的人情，从短时间来看，恩情像是施舍行为，是不对称的，但是从长期来看，恩情是长远的人情投资。对于关系资本的借出者来说，恩情的回馈是潜在的，就像是银行贷款给个体，在贷款之前，银行会对贷款者进行信用评估。有理性计算意识的施恩者可能会对借用关系的一方进行未来潜力的预测，然后决定是否进行长期的人情投资。从这一方面来看，非对称的关系资本借贷具有换取未来人情收益的工具性特征。然而，有的施恩者不一定希望接受恩情的一方有所回报。施恩者施恩时可能出于主观上的满足或是面子上的认同。比如捐赠行为，大部分捐赠者不一定对受赠人有有所回报的期待，捐赠行为给他们带来的更多是面子上和主观心理上的认同。对借用者来说，“恩情”是凝结在关系资本中的重要情感性因素，在得到恩惠后，借用者试图寻找契机去还人情。施恩者就像放高利贷的人，关系借用者欠施恩者人情，施恩者可以利用人情债维持个人关系网络，并掌握着较多的关系资本，处于关系网络的优势地位。施恩者借出关系资本的行为是面子形成和运作的过程，这有助于施恩者在关系网中地位的巩固。看似人情的传递和关系资本的借与还达到了表面上的平衡，但其实具有恩情关系的双方中依然是施恩者占据主导地位，这也印证了兼具情感性和工具性关系模型的非对称性和不平衡的特征。这种关系模型也是人情关系复杂性最具代表性的体现。在人情交往中，许多人感觉到人情收支不平衡，送出了很多人情，收回的人情太少。笔者认为，人情收支不平衡的情况多发生于建立在恩情基础上的非对称性关系上。在现实生活中，人情往来不是绝对平衡的。不平衡的关系形态是常态。如同案例中的陈某，有的人善于将不平衡的借贷关系作为手段获取资源。在不平衡的关系中，情理融合，呈现着中国社会交往的特点。

四、关系资本借贷的影响

在关系资本借贷行为中，关系借用者凭借关系借出者的面子和想获取的资源进行借贷。借用关系者在借贷行为中是在当时情境下受益的一方，但借贷行为给借用者带来的是还人情的压力。在基于恩情的非对称关系借贷中，借用者面临着还人情的压力。关系借出者则凭借人情债在关系网中处于主导地位。在基于亲属或拟亲属关系的情感性关系资本借贷中，情感因素表现为基于道德义务上的压力。在情感性关系运作的情境下，基于血缘关系或是地缘关系的情感因素较为稳定，关系资本借贷行为会加强双方的情感纽带。在基于互惠和人情投资的关系资本借贷中，借用者需要考虑能否在工具性关系借贷中达到互惠的效果，双方在实现互惠之后可能运用互惠的效果继续采取利于自身利益的行动。

从整体上来看，关系资本借贷和运作是在正式制度下的，关系资本的运作并未逾越正式制度。对于借用关系者，关系资本的借用是利用捷径获取资源的路径，具有理性行动的意义。如果关系借用者处于竞争的情境中，那么借取到的关系资本则是借用者在竞争中争取到的资源的优势。关系资本借贷的行动逻辑符合中国人常说的面子、人情等蕴含在文化中的概念，具有“情”和“理”即情感性和工具性的特点。基于面子和人情，关系资本借贷具有特殊主义的社会行动特征，是中国人社会行动的表征，建立和形塑着中国人的社会关系网络和社会结构。

五、结　论

社会资本的理论框架是西方理论框架，在中国的关系运作中表现为关系资本。中国传统强调人情和面子，在人情和面子视角下的关系资本借贷行为更具有中国人行动逻辑的特点。正如笔者综合翟学伟的人情分类和边燕杰的关系模型对关系资本借贷行为进行的分析，在不同情境下，关系资本借贷行为所基于的人情特点不同，表现方式不同。然而，不同的关系资本借贷行为都遵循了相同的运作逻辑：面子为关系资本借贷中的标志，是借出人关系资本实力的象征，在一方利益受损时，双方不愿破坏面子，可见面子是维持关系的表面因素。人情是进行关系借贷的基础，人情具有的交换属性以及情和理的双重特点凝结在关系中。人情流动的方向决定了关系资本借贷行为中双方所处的位置，密切的人情关系确保关系资本借贷行为的顺利进行。人情交往行为和人情投资是关系资本借贷行为中的润滑剂。关系资本作为人情的载体在关系运作过程中表现，在借贷关系淡化或是濒临破裂的情况下，需要人情交往进行补救。在人情和面子的视角下，关系资本借贷具有在不同人情基础和不同关系模型下不同的特点，在中国社会的情境下，关系资本借贷对于个人资源的获取、个人行为的取向以及社会关系网络的建立和维持都具有深刻的影响。

（指导老师：董研）

参考文献

［1］林聚任等．社会信任和社会资本重建：当前乡村社会关系研究［M］．山东：山东人民出版社，2007.

［2］翟学伟．中国人的关系原理：时空秩序、生活欲念及其流变［M］．北京：北京大学出版社，2011.

［3］边燕杰．中国城市中的关系资本与饮食社交：理论模型与经验分析［J］．开放时代,2004（2）．

［4］翟学伟．人情、面子与权力的再生产［M］．北京：北京大学出版社，2005.

［5］翟学伟．关系与中国社会［M］．北京：中国社会科学出版社，2010.

［6］蔡禾．贾文娟．路桥建设业中包工头工资发放的“逆差序格局”“关系”降低了谁的市场风险［J］．2009（9）．

［7］边燕杰，王文彬等．跨体制社会资本及其收入回报［J］．中国社会科学，2012（2）．

［8］耿敬，李琰珺．人际关系资本与关系资本借贷［J］．社会，2007（3）．

［9］边燕杰，李路路，李煜，等．结构壁垒：体制转型与地位资源含量［J］．中国社会科学，2006（5）．

［10］边燕杰，王文彬等．跨体制社会资本及其收入回报［J］．中国社会科学，2012（2）．

［11］边燕杰，张磊．论关系文化与关系社会资本［J］．人文杂志，2013（1）．

［12］边燕杰，关系社会学：理论与研究［G］．北京：社会科学文献出版社，2011.

［13］程诚，边燕杰．社会资本与不平等的再生产：以农民工与城市职工的收入差距为例［J］．社会，2014（4）．

［14］彭庆恩．关系资本和地位获得：以北京市建筑行业农民包工头的个案为例［J］．社会学研究，1996（4）．

熟人关系中买卖行为如何发生

——以微信朋友圈代购行为为例

陈 锐[①] 杨 倩[②] 耿 燊[③] 杨 权[④] 马 杰[⑤] 李淳墨[⑥]

【摘 要】微信朋友圈中出现了越来越热的微商浪潮。本研究通过访谈来探讨微信代购中人情原则与市场公平原则的矛盾，试图总结出在矛盾中保证交易行为发生的条件，并进一步分析了个人信用保障、需求分析和成本让步这三个要素在微商范畴内的熟人交易中发挥的作用。

【关键词】熟人交易 微商 个人信用 需求分析 成本让步

一、研究背景与意义

近年来，微信作为一种新型的社交平台逐渐兴起，该平台凭借熟人之间的网络关系，从最初的朋友沟通和动态分享逐渐发展为一个拥有多种功能的网络平台。越来越多的经济行为以及娱乐活动出现在微信的朋友圈中，同时也出现了一批叫作“微商”的新型卖家。他们主要依托朋友圈来宣传和销售自己的商品，进而从中获利。在中国人传统的观念中，“熟人”之间买卖行为的发生往往比陌

---

① 陈锐（1994—），山东潍坊人，民族学与社会学学院社会工作专业，2013 级本科生。
② 杨 倩（1995—），云南大理人，民族学与社会学学院社会工作专业，2013 级本科生。
③ 耿燊（1995—），山西晋中人，民族学与社会学学院社会工作专业，2013 级本科生。
④ 杨权（1994—），云南大理人，民族学与社会学学院社会工作专业，2013 级本科生。
⑤ 马杰（1993—），宁夏中卫人，民族学与社会学学院社会工作专业，2013 级本科生。
⑥ 李淳墨（1995—），河南信阳人，民族学与社会学学院社会工作专业，2013 级本科生。

生人之间的交易有着更多的“潜规则”，“潜规则”的存在使得熟人交易中买卖双方中一方需要付出较大的成本才能完成交易行为。而且不恰当的沟通方式或不成功的交易行为还会导致“杀熟”现象的发生。微信朋友圈代购体现着基于人情原则的熟人关系与基于公平原则的市场关系的博弈。因此，探讨熟人交易到底是如何发生的，怎样的内在机制可以保证熟人交易的顺利完成，其中卖家需要付出的成本是什么是十分有意义的。

二、文献综述

由于微信从 2011 年推出到现在只有短短的几年时间，因此针对微信和微商代购行为的研究数量较少，只有少部分相关研究可以参考。本文根据所能查阅到的文献，在文献综述中主要梳理两个方面的内容：一方面是关于熟人关系间交易行为的研究；另一方面是关于微信及微信代购行为的研究。希望通过对这两个方面研究的梳理来反映近几年来学者针对微信及微商代购行为的研究，同时说明本研究与以往研究的不同之处、独特性以及价值所在。

1. 关于熟人间交易行为的研究

在中国人传统的观念中，“熟人”之间买卖行为的发生往往比陌生人之间的交易有着更多的“潜规则”，“潜规则”的存在使熟人交易中买卖双方中的一方需要付出较大的成本才能完成交易行为。然而在当今社会“利益至上”原则的指引下，这种熟人之间的交易行为又会怎样进行就成为一个值得研究的问题。而目前关于熟人之间交易行为的研究大都集中于讨论其负面影响，如“杀熟”现象、维权难问题等。

“杀熟”现象，简单说就是专赚熟人钱财，损人利己——损熟人而利己。关于“杀熟”现象，已经有多角度的研究。如杨光飞在《“杀熟”：转型期中国人际关系嬗变的一个真相》一文中，在揭露当前“杀熟”现象的基础上，探讨了这种现象出现的原因以及这种现状带给人们的警示。而王敏和韩玉兰则在《商品交易中的熟人效应——基于一项模拟谈判的实证研究》中讨论了如何更好地了解熟人关系对于商品交易的影响以及如何更好地规避这种“杀熟”现象。

“维权难”问题则是指在熟人关系的基础上，消费后买家发现产品有问题时维权困难的现象。如张晓霞在《关于“微商”购物维权难引发的思考——以微信平台为例》一文中就探讨了现今“维权难”现象的现状、出现这种问题的原因以及应对这种问题的策略。报纸上也出现了诸如此类的文章——《“杀熟”容易维权难——朋友圈代购步步惊心》。另外，不难看到“维权难”问题往往与微信朋友圈代购挂钩，诚然，微信代购的出现促使这种问题严重化了。

综上所述，针对熟人间的交易行为，主要有“杀熟”“维权问题”以及大学生利用微信代购进行创业等。这种利用熟人圈进行的营销，主要依靠的是肖涵文所称的“情感账户”（肖涵文，2015），即利用自己所积累的社会关系网进行营销。但是将感情带入营销当中，就涉及了消费者与售货者之间的关系，因此权利问题便夹杂在情感关系中，使微信代购的关系网越发复杂。

2. 关于微信以及微信代购的研究

目前关于微信及微信代购这一独特的社会现象的研究本身不多，并且已有的研究大多数都是对其进行描述性的研究，比如研究其运营机制、现状以及存在的原因等；有少部分的定量研究，如刘文所做的利用微信代购数据对“第三人效应”的研究，较深层次的是从社会网络以及社会互动角度来看微信代购。

首先是对微信代购行为存在原因及现状的研究。已有的研究总结出近几年来微信代购得以发展的社会基础主要有以下几点：第一，微信代购是小成本的创业。朋友圈代购这个生意的进入门槛很低，不用花费很大时间和成本，找几张网图或者对着商品拍几张照片，对商品稍加描述，上传到朋友圈就算是开始创业了。第二，身边触手可及的客户源。通过微信开店可以根据自己微信好友圈子的整体构成、喜好、收入等，来决定销售什么样的产品。或者是自己在什么圈子里比较熟门熟路，就做哪个圈子的生意，这使挖掘客户的成本大大降低了。第三，看似门槛很低，赚钱却也不易。

其次是运用社会网络、社会互动这些视角研究微信及微信代购。国内很多学者已经做过有关社会网络的研究，例如马光荣和杨恩艳 2011 年所发表的《社会网络、非正规金融与创业》研究了在农村存在的民间借贷现象，利用亲友关系等非正规金融方式弥补了正规金融存在的资本空缺。更可以借鉴的是周雪光和艾云的《资本缺失条件下中国农产品市场的兴起——以一个乡镇农业市场为例》的研究，该研究发现了社会资本、政治资本和经济资本在一定条件下可以相互转化的规律，“礼物互惠”和“强征性信用”机制使其中的交换成为可能。而在微信代购所涉及的社会网络之中，同样存在着社会资本和经济资本的相互转换。拥有强社会资本的一方在代购之中更有可能会得到更大的经济效益。

综上所述，虽然针对微信以及微信代购的研究还不多，但是根据现有研究以及学者对社会资本的理论研究，本文将借鉴对微信以及微信代购行为进行社会资本转换方面的分析，总结微信代购行为发生的条件、揭示熟人关系在这种交易行为中的作用。

三、熟人关系中的买卖行为：个人信用保障、需求分析和成本让步

2014 年堪称微信朋友圈代购的蓬勃发展之年，由于之前淘宝等网店的发展培养了一大批热爱网购的朋友，而智能手机的发展又将开网店的门槛从“会用计算机”变成了“会用手机”。微信朋友圈代购是近年来广泛兴起的一种销售和购买方式。在这里，代购不仅指代理销售，还包括类似于购物网站上的网店形式的销售，这种网店又被称为“微店”。

根据对 13 位正在做或者是做过微商的人的访谈，得出微信朋友圈代购的主要方式见表 1。其中主要有三种方式：一是海外代购，即有自己的资源从海外直接发货到中国，而微商负责的是联系买家、买手（从海外发货者）以及安排投递。这种代购方式一般会倾向于销售一些海外奢侈品、保健品以及富有各国特色的商品，例如日本的马桶盖、德国的刀具、澳大利亚的保健品等；二是与实体店联合，微商负责找买家和安排发货，实体店提供商品和展示照片。这种方式的好处是自己操心少，无须囤货，缺点是所得收入要与实体店分成；三是自己开微店，自己进货销售。这种方式即相当于自己亲自经营一家网店，而且所卖的商品也由自己决定。朋友圈的私密性决定了这种商品销售方式在很大程度上依赖朋友间的口耳相传或者是图片文字的转发，才能扩大商品的销路。根据对 13 位被访者的访谈，本文总结出熟人交易的三种机制：个人信用保障、需求分析和成本让步，其中成本让步主要依赖个人信用保障。

表 1　被访者销售的商品类型及现在的经营状态

编号	商品类型	是否仍做	编号	代购类型	是否仍做
1	婴儿服饰	是	8	床上用品	否
2	潮流服饰	否	9	配饰	是
3	食品	是	10	海外化妆品	是

续表

编号	商品类型	是否仍做	编号	代购类型	是否仍做
4	海外奢侈品	是	11	海外食品	是
5	化妆品	是	12	潮流服饰	是
6	配饰	是	13	潮流服饰	是
7	潮流服饰	否			

（一）个人信用保障的交易前提

经济学上的信用指的是授信方和收信方遵守契约能力的约定。个人信用在经济学上指的是基于信任、通过一定的协议或契约提供给自然人（及其家庭）的信用，使得接受信用的个人不用付现金就可以获得商品和服务。而在微信的交易行为中，个人信用是指卖方在与买方长期交往的过程中所积累下来的、能够使得买方自愿购买卖方商品的能力。在这种熟人交易行为下，个人信用其实是作为一种可交换的资源而存在的。卖方用他的个人信用作为担保，来交换买方对其商品的购买行为。但是，这种用个人的信用作为保障的交易行为也存在一定的风险，例如，买方出于对朋友的信任自然会提高对商品的期待，当有缺陷的商品发到买方的手上使得买方不满意的时候，就会导致买方对于以后卖方的其他行为产生不满意和不信任的心理及行为。基于这样的现实状况，笔者提出了如下命题：在熟人交易中，卖方为了让买方购买商品会以个人信用作为交易的前提和保障，并配合保证性的语言加以实施。

例如做海外代购的人员，最重要的就是要让朋友圈的潜在顾客相信他们的货源确实来自海外，而非假货。例如 4 号被访者在接受访谈时谈道，她发布的海外奢侈品代购消息都能够得到顾客信任的原因主要有以下几点：（1）其本人就在海外，所销售的商品都是著名的奢侈品牌；（2）她发布的广告图片都是自己亲自拍摄的，没有经过特殊的加工处理，有时也会自己当模特来展示一下商品；（3）注意对价码牌的拍摄和保留；（4）之前积累下来的好人缘和第一次代购给人留下的好印象。4 号被访者在到国外之后，看到身边的很多朋友都在做海外代购，海外的很多商品也确实比中国的要好，所以也打起了海外代购的主意。当她正在怀疑是否有销路的时候，她的朋友拜托她从国外带一些商品回国，第一次代购她没有赚取差价并且免去了运费，可以说是“赔本销售”，但是好的货源和第一次的好印象使她获得了更多的客源。10 号和 11 号海外化妆品和食品的代购基本也是遵循了与 4 号相同的模式来获得好的个人信用。他们在获得个人信用之后往往会伴随着客源的增加。

但是做潮流服饰销售的微商与做海外代购的微商在个人信用保障上就有很大的不同。由于海外代购的往往都是知名品牌的商品，在质量上基本可以得到保证；而做潮流服饰代购的，他们想要获得更多更高的个人信用，就需要在更细致的方面下功夫。首先是之前的人缘积累，若之前的人缘好，朋友觉得其本人可靠，那么他们为了宣传商品而打出的广告才有可能获得众人的关注和推广。其次是他们在宣传的过程中需要使用一些暗示性的文字或图片，例如“保证正品，支持专柜验货”，截取其他顾客的良好评价，对一些容易出问题的地方进行细节拍摄，等等。这些做法在心理上能够对潜在顾客产生一种暗示效应，会让其觉得该商品非常火爆并且质量很好，并且不由自主地对该商品产生良好的评价。但是在笔者对做代购的人进行访谈的时候也有人谈道，所谓的“保证正品，支持专柜验货”往往只是一个噱头，就算真的有质量问题，专柜也不会帮忙验货的。而且出现这样的话语往往意味着这种商品是假货或者是高级仿制品，顾客评价也是可以请好朋友来帮忙作假，甚至是盗用别人的图片的。

而做食品代购的想要获得个人信用除了与潮流服饰代购策略相同之外，还需要加上试吃体验，在很多情况下需要注明商品的特殊之处，例如“古方红糖”等词语，才会更受顾客青睐。

对以上这些现象的讨论帮助笔者理清个人信用在熟人买卖中所起的作用。首先，在熟人买卖中，个人信用的作用是吸引买方。个人信用依靠的是卖方在日常行为中的信用积累，在很大程度上反映卖方人品，或者是卖方在买方心中的印象。个人信用的好坏直接决定了卖方能否吸引买方对其商品进行关注。其次，个人信用在熟人买卖中还起到保证交易顺利进行的作用。当买方对购买卖方的商品产生怀疑或犹豫的时候，个人信用能够很好地帮助买方加强购买意愿，从而促进购买行为的顺利完成。最后，卖方的顾客扩散也充分依赖个人信用。尤其是微信朋友圈代购这种充分依赖交友圈的购物方式，只有个人信用好，其朋友才会将其代购或微店消息向外传播，从而达到宣传和扩散所售商品信息的目的。

（二）需求分析引导熟人交易

在微信消费行为中，需求分析是指对商品的功能、特点、疗效进行分析，对产品进行宣传。微商通过与买家的互动，询问顾客的产品使用效果，询问顾客对产品的满意程度，提供所谓的售后服务，了解顾客的需求，再根据顾客的需求对产品进行有针对性的宣传。需求分析既是交易的前提，也是交易的媒介，在交易过程中发挥着至关重要的作用。

通过访谈，笔者发现在访谈的个案中，有利用自身优势和对朋友圈需求的详细分析和准确判断而获得成功的，也有因为没有做好需求分析最后放弃做代购的。据此笔者选取了其中的两位典型代表，并对他们的代购情况进行了详细分析，对比见表2：

表2　8号和12号的代购情况对比

编号	8号	12号
代购商品类型	床上用品	潮流服饰
选购方式	选购自己喜欢的样式	选购当季潮流款，参考搭配
朋友圈类型	20岁左右的年轻人	20岁左右的年轻人
宣传方式	商品实物图片	商品实物图+自己试用+模特图
个人信用	人缘好+高品质货源	人缘好+淘宝品质不知名货源
成本	优惠，接近成本价	折扣，但高于成本价
代购状态	停止	继续

通过对这两个人的对比发现，从个人信用来讲，8号是远胜于12号的，但是在现实情况中，12号的商品销售额大，收入高，而8号的商品却鲜有人问津，最后只得不再做微商代购。高的个人信用却导致了低的销售额，这仿佛与笔者谈到的个人信用保障机制不相契合。但是从具体分析来看，8号所做的床上用品代购与其朋友圈20岁左右的年轻人并不相契合。反观12号代购者，她能够紧紧抓住时尚潮流，充分迎合朋友圈的兴趣，按需供货，所以代购做得比较成功。在对12号的访谈过程中，当谈及她每次选择代购什么样的商品时，她说她经常会在与朋友聊天的时候去关注他们需要什么类型的服装，当她发现某一段时间她的朋友谈论某种商品比较多的时候，她就会去淘宝上搜索一下，看看别人是怎么搭配的，然后进一批货，自己试穿，拍照并发到朋友圈开始代购。她还说，自己的朋友跟自己的个性爱好相差无几，所以自己不需要的，其他人也不会需要；自己不喜欢的，其他人也不会喜欢。所以按照这样的原则，每次她选择的货物都能赚一笔。

通过访谈可以看到，对12号而言，她非常重视的就是对朋友圈的需求分析。正所谓，“锦上添花”者好，“雪中送炭”者更好，关键是要进行需求分析，尤其是在熟人之间的交易。因为熟人的需求往往十分固定，一种类型的商品确定下来，短时间就不会再换了。迎合了熟人的需求，也就相当于长期抓住了这一批客源。

通过上述分析，可以看到微商只有仔细分析顾客的需求，才能更好地迎合他们的需要，为其提供所需商品。除此之外，笔者还注意到一点，可以理解为微商用来分析顾客需求的一种常用方法。即微商通常将自己与顾客的沟通、互动过程记录下来，发到朋友圈与其他朋友分享，如微商会将买家使用该商品的效果反馈聊天记录截图发到朋友圈，通过这种途径让其熟人介绍商品的功能以及使用效果，从而将商品推销给其他熟人。但是，恰恰是这种方法也导致了需求分析引导熟人消费存在一定的风险。有的微商为了宣传推销自己的商品，找“托儿”进行反馈，让“托儿”说好话，夸大商品的作用以吸引顾客。由于是熟人交易，顾客很容易相信其言语而购买商品。

基于上述分析，笔者提出如下命题：在熟人交易中，卖方为了让买方购买商品会以需求分析为基础，再以第三方对产品的评论为媒介对商品进行推销。

（三）成本让步的交易机制

熟人交易因为买卖双方存在人情关系，因此在交易过程中往往不能完全按照市场公平原则来进行。将人情因素和市场因素融合在一起的最常见方式就是买卖的其中一方经常需要在成本上做出一定的让步，从而促成买卖行为的完成。

卖方的成本让步寄希望于通过降价来达到“口口相传”的广告目的，同时也兼有照顾熟人的人情成分。例如，10号微商是做海外化妆品代购的，她表示在对待熟人与非熟人上，价格有很大的差别。每当她向熟人推销化妆品的时候，她一般会以较低利润的价格出售。这样做的主要目的，一方面是因为买方是熟人，一定程度的让利是对熟人关系的一种维护；另一方面也希望通过对方的使用体验来达到做广告的目的。而对于非熟人，她一开始往往要价较高，例如她以原价的4折购入的化妆品，在推销时往往会将标价定在8折或9折的位置上，这样可以留出买方还价的空间，也可以提高自己的利润。

在熟人交易的过程中，让出利润的并不仅是卖方，买方也会有一定的成本让步行为。买方的成本让步体现在进行这种熟人交易时，讨价还价的行为很少会发生。作为卖方的熟人，有时候并非有多需要这件商品，很大程度上是为了照顾朋友的生意。在这种情况下，价格对于他们并不重要，更重要的是这种帮助所能带来的人情效应。这样的金钱付出可以换得以后卖方对他们的帮助，这是他们做这种交易的潜在目的。在非熟人面前，由于之前没有建立较强的信任关系，所以卖方可以要出高价。对于熟人以及可能发展为熟人的顾客，成本让步的实质是用金钱换取长期稳定的关系。

同时，成本让步机制的实现依赖于个人信用。个人信用的高低同样也会影响这种熟人交易的达成。对于买方而言，在对商品的需求不确定的情况下，如果因为熟人的信用度极高，反响挺好，又基于这种特殊的“熟人”关系，则可能会主动进行商品交易。卖方也因为自己的熟人信用而将自己的买卖平台和个人品牌继续推向他人，从而扩大效应，为自己的商品促销赢得更多机遇。相反，如果个人在一些买卖行为中总是投机取巧，利用熟人关系网络进行非透明交易，这样会在持续的买卖行为中造成诚信缺失，从而导致熟人关系的破裂，最终使得微信买卖不复存在。这种个人信用的作用不仅体现在直接的熟人间，在扩展的买卖圈中也起到了一定作用。在一些买卖交易中，买方有可能和卖方不相识，但借助熟人中介，会对其所需商品进行重新考量和评价，此时，商品的成本价也会随之得到重新衡量，买方通常不会计较过多成本，实现让步交易。

依据成本让步和熟人关系所建立起来的交易关系，很有可能因为对货物不满意而产生“杀熟”现象，从而造成较为严重的人情后果。在对1号被访者的访谈中，她就回忆了一次代购所引起的“杀熟”事件。由于她的朋友圈有很多刚刚做妈妈的人，所以她选择了卖婴儿服饰。当她某次以正常的价格（成本价 + 利润）卖给一个朋友圈的熟人后，熟人并不满意她的货物，几次三番要退货，并称其价格太高。最后经过协商，她重新发了一件货物给对方，但是这次交易也导致他们从那之后很少再交往。因为一桩熟人交易，导致了这样的“杀熟事件”，卖方称真是得不偿失。

总之，熟人交易想要做成功，一定伴随着成本让步。这种成本让步的目的，并不在于要以此换销量，而是熟人意味着会带来更多的客源，从某种程度上，熟人就是一个中间商或代理人。让步或者促成让步策略会滋生出更大的责任感和满意感，靠着这种“甜蜜”的方式，会维护熟人关系，进而扩大卖方交易圈。

四、总结与反思

本文主要通过访谈来了解微信代购中熟人之间是如何进行交易的，并以此为切入点来深入探讨现实生活中熟人间交易如何发生以及通过何种方式可以调和基于人情原则的熟人关系和基于公平原则和市场关系的矛盾。通过研究，笔者归纳总结出熟人之间交易行为发生所依赖的三个条件：个人信用保障、需求分析和成本让步。笔者还观察到熟人之间的交易行为不同于陌生人之间的交易，在错综复杂的社会网络中，两个人之间的交易不仅是他们两个人的事情，还牵涉到多方利益。特别是在现在的信息化时代，人们的关系更加复杂，很多人追求利益至上，这就要求必须有一些条件、机制来保证熟人之间交易行为的正常进行，不损害到多方的利益，因此本文中所提到的三种机制就起到了这一作用。

以微信代购作为切入点来研究现实生活中熟人之间交易行为发生所依赖的条件，无疑是独特的也是新颖的；但是用微信这种网络的、虚拟的东西研究现实生活中的问题，可能不可避免地会有一些偏差。此外选择线上访谈的方式在对被访者的观察方面确实也有很大的缺陷。由于条件限制，笔者没有与微商进行更深入的交往，对于他们销售的商品以及他们推销的过程没有更好地去体验，这也是本文的不足之处。

（指导老师：柴玲）

参考文献

[1] 艾云，周雪光，资本缺失条件下中国农产品市场的新起——以一个乡镇农业市场为例；中国社会科学，2013.

[2] 侯钧生，西方社会学理论 [M]. 天津：南开大学出版社，2012.

[3] 罗珉，高强，中国网络组织：网络封闭与结构洞的悖论 [J]. 中国工商经济，2011 (11).

[4] 刘彦志，物流服务主体间信任模型构建研究 [J]. 工作研究，2014 (1).

[5] 罗纳德·伯特，结构洞 [M]. 上海：上海人民出版社，2008.

[6] 孟亚楠，“结构化”理论视野下经济行为的“嵌入性”分析——兼论“感性选择”和“理性选择”的融通转换 [J]. 经济论坛，2011 (7).

［7］马光荣，杨恩艳，社会网络、非正规金融与创业［J］．经济研究，2011（3）．

［8］孙力平，“关系”、社会关系与社会结构［J］．社会学研究，1996（5）．

［9］盛亚，范栋梁，结构洞分类理论及其在创新网络中的应用［J］．科学研究，2009（9）．

［10］宋妍，宋学峰，基于共同知识考察的信任问题［J］．江苏社会科学，2012.

［11］王询，人际关系与经济交易［J］．求是学刊，1997（5）．

［12］杨光飞，杀熟：转型期中国人际关系嬗变的一个面相［J］．学术交流，2004（5）．

［13］张晓霞，关于微信购物维权难引发的思考——以微信平台为例［J］．现代商业，2015（02）．

［14］周文，赵炎，复杂创新网络的小世界效应研究——一个整合社会资本和结构洞的视角［A］．中国科学与科技政策研究会．第七届中国科技政策与管理学术年会论文集［C］．中国科学学与科技的政策研究会：中国科学学与政策研究会，2011.

［15］赵星雯．基于微信平台海外代购的现状分析及影响对策［J］．商业经济，2016（05）．

［16］马书珍，韩雨．博弈论视角下电子商务信用问题探讨——以“微信朋友圈代购”为例［J］．现代商贸工业，2015（25）．

［17］肖涵文．基于“情感账户”的微信代购运营策略分析［J］．新闻传播，2015（16）．

［18］刘文，武文颖．浅析微信朋友圈代购行为的第三人效应［J］．新闻世界，2015（02）．

［19］付晓毅．微信“代购”渐火熟人经济也存风险［N］．陕西日报，2014－04－01（015）．

虚拟世界中的真实行动

——网络游戏中大学生的社会行为研究

郭轶仙[①] 张美玲[②] 叶 雷[③] 董佳琳[④] 苏 岩[⑤]

【摘 要】随着时代的发展和互联网的推动，人们的生活方式发生了巨大的变革，人们的意识形态也出现了多元化的趋向。这种思想与行为的变革渗透在人们生活的方方面面，而与网络息息相关的便是网络游戏的兴起以及人们在网络游戏中所表现出的社会行为。在网络游戏中，人们可以根据自身需求选择扮演的角色，从而建立在虚拟世界中的与他人的社会关系。本研究以大学生这个特殊群体为研究主体，以大学生在网络游戏中的行为为研究对象，采用个案访谈等方法获得有关大学生玩家在游戏中的行为状况资料。通过研究这些行为，发现真实的性别差异与认知差异对游戏中玩家所期待的性别、角色、技能以及地位有着很大的影响，同时网络游戏中的显规则与潜规则的建立与影响也渗透在游戏世界中玩家社会行动的方方面面。

【关键词】网络游戏 大学生 社会行为 性别角色 规则

---

① 郭轶仙（1994—），吉林长春人，民族学与社会学学院社会学专业，2013 级本科生。
② 张美玲（1995—），江西南昌人，民族学与社会学学院社会学专业，2013 级本科生。
③ 叶雷（1994—），湖南张家界人，民族学与社会学学院社会学专业，2013 级本科生。
④ 董佳琳（1995—），河北承德人，民族学与社会学学院在社会学专业，2013 级本科生。
⑤ 苏岩（1994—），内蒙古集宁人，民族学与社会学学院社会学专业，2013 级本科生。

一、导　言

（一）研究背景和研究意义

1. 研究背景

20世纪后期以来，互联网越来越成为影响人们生活的重要因素，它渗透到生活的方方面面，甚至改变了人类社会的面貌，渗透进人们的思维之中。其中人们的娱乐方式则在相当大的程度上与网络产生了关联。而参与网络游戏就成了人们上网娱乐的主要方式之一。调查显示，将近三分之一的互联网使用者上网的主要活动是参与游戏。网络游戏成了继网络音乐和网络视频之后占据第三位的网络娱乐方式。

中国的网络游戏产业起步于21世纪，根据中国互联网络中心2009年1月公布的第23次中国互联网络发展状况统计报告，截至2008年年底，中国网民数量达到2.98亿人，其中，网络游戏用户比例上升至62.8%。我国网络游戏市场规模位列全球第二。网络游戏产业还造就了丁嘉、陈天桥等一批中国的亿万富翁。由此，网络游戏也吸引着越来越多的人尤其是青少年人群的参与，大学生也成了参与网络游戏的重要人群。作为现在一种重要的社会现象，网络游戏吸引着越来越多的学术界关注，社会科学领域不少研究者把目光投向网络游戏，试图用专业的视角来解析这一新兴现象。黄少华指出，“正是因为网络游戏具有无边界、开放和自由等特点，吸引着人们投身其中，尽情地玩乐”。同时，网络游戏也逐渐向现实世界靠拢，力求逼真，使得玩家在虚拟中将许多社会规范和规则逐渐带入网络游戏中，玩家在游戏中的行为同样会受到性别规范的影响，从而使玩家在游戏中表现出行为的性别差异。本文正是通过对其不同的行为分析来进一步研究这种虚拟社会体现的性别差异以及形成的机制。

2. 研究意义

本研究希望通过社会性别视角观察并分析玩家在游戏世界中的行为，了解玩家游戏行为所体现出来的性别影响，并进一步分析形成这种现状的原因。通过研究来了解网络游戏作为一种文化传播媒介对文化规范的影响。

随着网络游戏的不断发展，一些社会问题也随之出现。由网络游戏所导致的暴力事件时有发生。对玩家行为进行分析，有利于减少这些行为，增强游戏内部规范。而游戏内部的规范行为也会推动网络游戏自身的完善，同时也可以给予玩家正确的网络游戏建议。从社会学的角度，以社会性别为出发点研究网络游戏为网络游戏的研究提供了多样化视角。

（二）文献回顾

1. 关于网络游戏的研究

根据2015年《中国互联网络发展状况统计报告》，截至2014年12月，中国的网民总数达到6.49亿人，网络游戏使用率是56.4%，对应玩家数量为3.65亿人，较之2013年12月的3.38亿人增长了约0.27亿人，即全年增长率为8.2%。网络游戏的受众人群大，其巨大经济效应以及社会效应也引发了经济、文化、教育、社会等各领域学者的关注。各门学科将网络游戏作为研究对象，而关于网络游戏的研究主要集中在以下几方面。

（1）网络游戏成瘾。现有的研究主要针对网络游戏成瘾的现状、原因、对策进行研究。网络游戏成瘾类似于常见的吸烟成瘾现象，成瘾玩家一旦停止玩游戏，便会陷入焦躁甚至有更严重的表征。张宏如从心理学的角度指出，青少年成瘾的原因包括畸形的心理成就动机、身临其境的心理感官刺激、人格的缺失和低自尊状态、环境因素和群体特点的心理影响四种（张宏如，2007）。魏爽认为，青少年因为其自身的认同危机以及家庭、同辈群体、学校等社会化场所中所产生的消极情绪和心理缺失，转向网络游戏来寻求心理安慰与填补缺失（魏爽，2008）。周颖、张翀提出网络游戏成瘾的三个要素为金钱、时间和情感，由玩家自身与外界环境以及游戏的内部结构三者之间的互动形成（周颖，张翀，2010）。赵蓉与胥正川则从网络游戏成瘾的防治方面进行研究，从使能条件、监控与追踪、警示、成本和劝阻五个抑制性因素出发进行了规范的量表测量研究，得到了能有效测量网络上瘾抑制因素的量表（赵蓉，胥正川，2009）。

（2）网络游戏产业。经济学领域关注的是网络游戏产业的现状、发展模式与营销策略等，以谋求更大的经济效应。我国网络游戏产业发展现状属“雁行模式”，而经营模式则以增值收费（免费模式）为主。所谓增值收费，是指游戏时间免费但增值服务收费。免费模式使以往以销售点卡、月卡为主转变为以销售虚拟物品和增值服务为主（尚慧，郑玉刚，2009）。

（3）网络游戏的影响。网络游戏也被视为一种文化因素，对个体和社会的影响具有二重性。其自身的逼真性、多元性、互动性和虚拟现实性有助于青少年在角色社会化过程中克服角色紧张、进行角色定位、促进角色社会化，同时也容易导致青少年角色认知不清，产生角色冲突，破坏人格的自我同一性，影响正确角色观念的形成（曹殿朕，2007）。网络游戏因其商业盈利的初衷和市场化、产业化需求，部分游戏存在娱乐泛化等负面影响，其价值导向存在多重困境，不利于青少年价值观的建立（张东，代征，2014）。

（4）网络游戏行为。网络游戏行为研究包括社会互动、团队合作、自我认同、暴力行为、虚拟交易等行为（黄少华，刘赛，2013）。游戏玩家之间的互动是网络游戏的基本功能，包括聊天交友、帮助与交换、合作与竞争等。网络游戏同时创造了一个机会，让玩家通过扮演游戏中的虚拟角色重新塑造认同，有助于玩家建构以升级、成功、竞争等为核心的成就认同和以社会互动、团队合作等为核心的社会认同（朱丹红，吴自强，黄凌飞，2013）。

（5）网络游戏的结构与规范。网络游戏中也存在着权力结构，普通玩家的权力、普通玩家和精英玩家之间的权力以及玩家和游戏管理者之间的权力，权力关系的运作既有显规则也有潜规则。网络游戏中的规范是真实世界道德的渗透，虚拟世界的建立有更大的自由与空间，但游戏中的互动行为与规范都离不开社会中既有的价值与规范的影响（李扬，2013）。

2. 关于社会性别的研究

社会性别是相对于生理性别而言的，是近年来国际上分析男女平等的重要概念。关于社会性别的研究在理论、经济、政治和文化等方面都有所涉及，研究的方向主要有以下两个。

（1）社会性别研究发展。社会性别一词用来指由社会文化形成的对男女差异的理解以及社会文化中形成的属于女性或男性的群体特征和行为方式（杜洁，2000）。社会性别学在20世纪70年代女权运动深入发展后逐渐兴起，性别研究也开始增多，社会性别理论与社会性别分析法的运用也增多。

（2）社会性别视角。在社会性别研究中有大量的从社会性别视角出发分析政治、文化、历史等方面问题的研究。姜红指出，在大众传媒中，社会性别话语以及社会性别话语体系中的传媒透露出社会性别差异，女性的形象普遍被扭曲或贬低（姜红，2000）。在历史典籍和制度中，更是明显地反映了女性与男性的社会性别差异。甚至在法律体系中，也存在以男性为构建中心、对社会性别存在偏见和女性屈从地位的建构（林建军，2007）。

可以看出，前人对于网络游戏的研究倾向于网络游戏成瘾、网络游戏产业、网络游戏的影响三方面，而对于网络游戏的内部结构与互动模式的研究并不多。而社会性别研究还基于较宏观的视角以及学科与理论的发展。笔者以社会性别的视角来探讨网络游戏中的互动模式、权力的分配、角色扮演等行为，进而探讨性别差异在网络游戏中的呈现。

（三）研究问题和关键概念

1. 研究问题

本研究以大学生在虚拟网络游戏中的行为作为研究对象，试图了解这些行动所涉及的社会性别、社会互动方面的动机和机制，通过对互动模式、权力分配、角色扮演及其形成的规则规范进行描述和归因，更好地了解大学生在网络游戏中的行为及机制。

2. 关键概念

网络游戏（Online Game）简称“网游”，又称“在线游戏”，是指以互联网为传输媒介、以游戏运营商、服务器和用户计算机为处理终端，以游戏客户端软件为信息交互窗口的旨在实现娱乐、休闲、交流和取得虚拟成就的具有可持续性的个体性多人在线游戏。网络游戏是区别于单机游戏而言的，因为玩家必须通过互联网连接进行多人游戏。本研究中的网络游戏便是指由多名玩家通过计算机网络在虚拟的环境下对人物角色及场景按照一定的规则进行操作以达到娱乐和互动目的的游戏产品集合。

社会行为是指群体中不同成员通过分工合作以维持群体存在的行为。社会行为不同于个体行为之处在于其作用的直接对象是他人而非自己。人类的社会行为往往遵循着一定的社会规范和准则，是在群体中形成又反作用于群体的。本研究中强调的社会行为是指在网络游戏中玩家角色的选择和扮演、团队中的分工取向与权力机制、玩家间的互动等行为。

（四）研究方法

本研究主要运用了访谈法和观察法等定性研究方法，希望通过这两种方法可以较为全面地收集到关于大学生在网络游戏中的相关资料，并能对资料做出一定的分析。访谈法主要运用的是深度访谈的方法，主要通过电话或者见面的方式，小组的每个成员分别进行自己的访谈，并进行整理。非结构式访谈主要是针对一些周围熟悉的人，通过聊天，谈话围绕相关话题进行，可以得到一些意外的想法和收获。观察法主要采用的是非参与观察和参与观察两种，选择的主要是大学周边的网吧或者有些宿舍来进行。非参与观察的发现不多，只能基本确定游戏的类型以及游戏中所扮演的角色性别。参与观察主要就是为了了解游戏的团结机制，明确游戏中社会行动中的组织以及管理。

二、网络游戏中的社会行动

（一）角色的选择和扮演

1. 角色选择

玩家在进入游戏前首先要进行的就是对角色的选择，角色的选择不仅可以反映玩家本身的认知情况，也是游戏进行后玩家进行其他社会行动的基础。调查发现，玩家选择角色的动机大致有四种：形象期待、技能期待、地位期待和综合型期待。

（1）形象期待。

（个案三：女，剑灵玩家，游戏年龄 8 个月）

我玩的职业主要是召唤师，是个男性角色。玩召唤师主要是觉得他很好看啊，本身是灵族，可以召唤这种萌萌哒的猫来作战。而且他个子比较小，看起来比较灵活，不像我自己长这么高这么大。而且表情丰富，可以各种变换。总之整体来看召唤师就是萌萌哒啦，当初玩剑灵就是因为它场景华丽人物精致啊，不萌还玩什么。视觉享受比较重要吧。

玩家尤其是女性玩家在选择角色职业的时候会考虑到它们的性能问题，但是对角色形象的挑剔也是非常明显的。外形美观、视觉冲击显著的角色更容易受到玩家的青睐。而且受到一种虚拟与现实对比的影响，玩家也会在形象上更倾向于和自己真实形象相反的形象。可以认为网络游戏中角色选择的主观性使玩家在很大程度上实现了在精神上的、对现实世界中匮乏之态的满足。

(2) 技能期待。

(个案二：男，天龙八部3玩家，游戏年龄2年)

我选择过的角色大多是战士或刺客类，男性和女性的角色都选择过，但基本就是这个风格的。加入过明教、少林、天山、逍遥四个门派。男生应该都比较喜欢输出类的角色吧，我就很喜欢，比较追求高的攻击力，要么能抗，要么暴高，在作战的时候也一般是主战作用，冲锋陷阵的。

(个案三：女，剑灵玩家，游戏年龄8个月)

我玩的是召唤师，召唤师有一只猫，猫能变很大，能把自己藏着，别人打不到你。召唤师做任务快，玩起来轻松，而且是远攻。近攻累，一下没躲过血就没了。就是比较灵活吧。反正我喜欢那种灵活的、技能冷却时间短的（角色），最好技能释放的时候还有一些效果，眩晕、虚弱那种。这样好操作嘛，而且打起来蛮有意思的。

玩家对技能的要求期待往往建立在团队合作中，因为技能很大程度上决定了角色在整个游戏中的分工。同时在不同场合中团队往往对技能有不同的要求，这也就在很大程度上影响了玩家对技能的选择依赖。由于这些游戏中很多都要通过作战的方式进行，所以玩家本人在作战上的惯用策略决定了其对技能的依赖。从这个意义上讲，由技能主导的角色选择其实才是很大程度上玩家性格的投射。

(3) 地位期待。

(个案五：女，魔兽世界玩家，游戏年龄1年)

我呢，玩戒律牧比较多。其实就是团队中治疗的角色，奶妈嘛。选择治疗的角色是因为治疗角色有种能操控别人生死的感觉，而且比较好排本啊，同时这种角色比较被需求嘛，有种很中心的感觉。就感觉自己像白衣天使一样，圣光普照的感觉。我觉得治疗这种角色挺重要的吧，没有治疗的话那很快就团灭了，除了圣骑士这种可以自己回血的T以外，大概其他的T也就扛不了啥了。

（个案一：男，梦幻西游玩家，游戏年龄5年）

我玩法师或是战士的时候比较多吧。法师和战士都是男性角色，打起来的话算是攻击性能比较高的主力了。这种战斗型的角色比较容易独立取得很高的成就啊，而且是团队中打怪的核心力量，冲锋陷阵才有存在感嘛。倒不是没尝试过玩女性角色，不过女性角色老是受保护，就算真的在作战中做了多大贡献也容易被人觉得是被人带或者让着才这样的，实在是没啥意思。

玩家对地位的期待不仅受玩家性格影响，也受到游戏规则的左右。在游戏中，玩家对地位、存在感的感知往往是不同的，或倾向于冲锋陷阵，或倾向于固本培元。而游戏规则既指明规则也指潜规则。明规则中偏向于战斗型的游戏使玩家对地位的期待更明显，毕竟团队作战是游戏的主线；至于偏向于情节型的游戏则使玩家对地位的期待相对淡薄，因为故事作为游戏的主线已经是既定的，上升空间和重视程度也已既定，可变更性较低。潜规则中存在角色袒护的问题，致使女性角色很大程度上被限制，对女性角色的地位期待就显得比较消极。

（4）综合型期待。

（个案四：男，英雄联盟玩家，游戏年龄4年）

我选择角色没什么固定的吧，男性女性角色都会玩。本来嘛，玩游戏就是一种娱乐，都尝试过了才能感觉到意思。因为LOL（英雄联盟）本来就是个对战类游戏，不同的英雄和不同的战位差不多是对应的，组团的时候战位定了英雄也就差不多那些。男女玩家追求的东西大多数人们认为可能都是片面化的，女的虽然追求漂亮与美，但也希望自己的技术变得厉害起来。而男的虽然渴望拥有大师级的技术水平，但也希望自己的角色威武霸气吧。反正我认知中的角色选择这些都会被纳入考虑因素的。

综合型期待其实是很大部分玩家的共同点，而游戏开发中很显然也考虑到玩家对综合型期待的要求，在角色设计上往往顾全很多方面的均衡。而且随着游戏年龄的增长，对游戏系统的熟悉程度加深，角色选择上就会更加倾向于综合型期待。综合型期待在玩家真实性别中没有明显区别差异，反而是经验丰富的玩家所共同追求的角色性质。

2. 角色扮演

玩家确定了自己的角色后，就会根据游戏所设置的环境、情节进入角色扮演的阶段。角色扮演离不开的就是规则，规则在某种意义上决定了不同的角色扮演，而不同的角色扮演也往往会利用规则。

（1）角色扮演由规则决定。

> （个案四：男，英雄联盟玩家，游戏年龄 4 年）
>
> 作战的过程中不同的英雄肯定是有不同的战位的，这个虽然和操作能力有关，但本质上还是受技能等的规定的。像 ADC（物理输出核心）、APC（法术输出核心）、T 这些也不是什么英雄都能当的。毕竟团队作战就得有分工，谁干什么得取决于谁能干什么。英雄技能都是游戏官方设定的，而且本质上团队作战就该发挥各自的优势才行。游戏中没少遇到“小学生”似的队友，不知道自己该做什么就瞎玩，结果就整团跪。

游戏的规则往往是通过对游戏角色性能、技能等各方面的设定体现出来的。看似简单意义上的灭敌、打怪、拆塔等取胜标志，并不是完整意义上的规则。游戏的规则往往决定了不同的角色扮演，为了取得胜利，首先就要服从规则，从而完成规则定位下的角色扮演。

（2）角色扮演利用规则。

> （个案五：女，魔兽世界玩家，游戏年龄 1 年）
>
> 在游戏里女的比较容易讨巧吧，就是可以让别人带的，让人家带的有男的也有女的，不过还是女的比较多吧。女的只要撒撒娇就可以了，这种女玩具很多啦。男生的话，大概还是愿意花钱的比较多，基本上不会撒娇让人带的。当然也有很多男生玩女生的号就是为了让人带，可能刚开始不会玩怕人家笑话？反正如果说自己是妹子的话确实在游戏里很容易被保护啊，分装备的时候卖个萌很多时候就能捞到不少好处。

在角色扮演中，由于客观情况上表现出的女性角色性质，导致很多利用规则进行角色扮演的情况。很多诸如“人妖号”等词汇的出现就是角色扮演中玩家凭借虚拟平台进行特定意义下的角色扮演，从而实现一些目的。这是网络游戏在虚拟的前提条件下所产生的比较泛滥的现象，也是凭借虚拟平台实现规则利用的典型情况。

（二）团队分工与权力机制

1. 非正式群体：凭借游戏规则与乐趣进行组织的“闲散式”团队群体

本研究调查员通过对魔兽世界这一游戏的参与观察，对游戏中非正式群体进行团队分工与权力分配的过程进行了如下描述：

> 魔兽世界里的团队作战基本上就是打副本，不太成规模的副本团队无非就是两种：和熟人组团以及被征集入小公会。第一种情况是，我选择和我的室友以及高中同学等其他认识的人一起进入副本。这个时候由于大家都不是新手，怎么打、每个人的主要职能是什么基本上都是心照不宣的，所以基本上不存在发号施令的领袖。我的职业是德鲁伊，职业要求再加上操作习惯使我成为DPS（伤害输出）。在合作中，由于彼此手法相对熟悉，默契度比较高，游戏的同时，在YY语音中大多是调侃之语，游戏进行基本是各自为战、偶观全局，玩得也很自在随意。第二种情况是，我在世界界面上观察，等哪个小公会招募打副本的伙伴，选择一个就进入。这个时候不太了解彼此的作战路数，只能是规规矩矩按照职业技能进行自然分工。当然可能会有貌似团长的人做一下安排，不过这种安排本质上也是根据各自的职业、装备等级来尝试进行安排。可能打着打着会发现一些人更适合干别的，那时会有些发令，不过这种情况比较少。

通过以上描述不难看出，这种熟人组小队或者临时小公会的群体类似于游戏世界里的非正式群体。这种群体的分工基本上是遵照游戏本身的设定和规则进行的，人在其中发挥的作用比较少。这种时候，权力的划分往往并不明显。这种“闲散式”团队群体存在的数量较多，灵活性非常大。

2. 正式群体：层次分明与追求共同利益的“整合式”团队群体

本研究调查员通过对剑灵这一游戏的参与观察，对游戏中正式群体进行团队分工与权力分配的过程进行了如下描述：

> 我刚进入游戏时从新手攻略中得知，可以自立门派或者加入其他门派。我知道大的门派是具有比较完整的权力层次和分工的，所以在界面上看着各大门派招新，选择一个相对规模比较大的门派加入。我选择了S门派，进入后便被告知需要加入QQ群。我入群之后，大致观察到S门派一共70人，门人的等级包括实习生、门人、门派长老、副门主、门主五个。日常生活中可以在QQ群里看其他人带角色演绎地进行互动，其实就是刷存在感，因为门派门主会根据平时人们的活跃程度筛选成员，以除旧纳新。在实战中，门主的经验和判断能力确实是有目共睹的，偶尔出现指挥作战也是不负众望。当然这是门派中成员组团的小战，这个游戏中还可以进行门派与门派之间的大战，消灭对方门派可以大幅度提高本门派的声望。维持一个门派的活跃度其实是一件比较辛苦的差事，门主或者副门主等领袖总要经常在游戏中或者QQ群中与人互动，而且其魅力在门众中也很重要，领袖人物总要有足够的战绩或者人格魅力才能让人们信服从而维持门派运转。

通过以上描述可以看出，正式群体追求的是群体内部的整合和成员利益的均衡化。维持群体整合先要调动群体内部活力，保持活力之后会通过团体作战、沟通等方式建立成员归属感，并实现竞技中的合作与胜利。权力往往是按照人格魅力进行划分的，所以团队中的领袖也就采取魅力型统治的方式。这种群体虽然看上去等级鲜明，但是由于以游戏竞技为存在基础，且建立在虚拟平台上，很大程度上满足了成员们猎奇、归属和成就感，在这个基础上建立起来的秩序和规则充满了人的主观性和创造性，价值取向新颖且灵活。

三、社会行动的性别差异

（一）角色选择上：男女在对角色的选择中并没有明显的差异

调查员在进行访谈过程中，几乎所有的被访者都认为其实整体上真实性别并没有给角色选择带来多么明显的差异。只是相对而言女性更挑剔外形，而男性挑剔比较少。

（个案一：男，梦幻西游玩家，游戏年龄5年）

我觉得没什么区别吧，其实主要是也看不出真实性别，当然那些说话能听出来性别的玩家除外。可能角色选择上在乎技能啊地位啊这些的更明显一些，如果说有男女区别的话，最多就是外形顺不顺眼了。可是外形的选择，怎么说呢，很大程度上也是心情的问题。从这个推测玩家的性别或是性格还是太牵强了些。

（二）角色扮演上：男性偏攻击性，女性偏依赖性

在调查中，大部分被访者都承认确实在角色扮演中男女还是有区别的。不过这里的男女特指游戏中的性别，也就是说游戏中的女性角色往往更多地受到袒护，无论是从角色本身设定看还是从其他成员评价看都是如此。而男性角色往往更多的是攻击性强、操作要求水平高，很大程度上体现了男性的心理特征，也确定了男性角色在游戏中的地位。

调查员在观察游戏对战过程中，一边通过YY语音判断玩家真实性别，一边观察玩家的操作。不难发现，男生选择战士类角色担任T（坦克）来进行拉仇恨或者伤害输出的比较多，一般情况下都是冲锋攻掠型的。这种角色很考验玩家的操作技术和反应能力，当然也考验玩家的勇气和毅力。而女生选择治疗类的辅助角色比较游刃有余，该角色需要的是玩家的细致和观察力，也需要耐心。在这种游戏格局中，男生得到的乐趣往往大于女生，也就在一定意义上奠定了男生高水平玩家司空见惯、女生高水平玩家高百里挑一的格局。

（三）行为参与上：男性乐于刷等级，女性相对懈怠

（个案二：男，天龙八部3玩家，游戏年龄两年）

顶级玩家男性要多些，但是服务器等级第一的是个女的。据说是很多汉子每天帮她刷等级刷上去的，但具体情况不是很清楚。女性玩游戏的时候都不是很追逐等级，觉得那可能是个人妖号，或者可能是男朋友帮忙刷的吧。

（个案五：女，魔兽世界玩家，游戏年龄 1 年）

这个游戏需要练级，其实挺耗时间的，女生应该不会像男生一样愿意投入时间精力吧？我听说男生特别能投入时间，就是德拉诺之王刚升到 6.0 的时候，有好多男生花 30 多个小时直接刷满级，我就做不到这种事。

男性与女性的地位有差异，一方面是源于传统中男性的主体地位和女性的从属地位，另一方面是男性的性格倾向于好胜，女性则比较随和，“女性玩游戏的时候都不是很追逐等级”。高等级玩家也就是精英玩家面对低等级玩家也就是普通玩家会有优越感，普通玩家也会去结交“大神”。男性玩家追求高等级，女性玩家不追求，高等级的男性玩家在女性玩家面前便会更有优越感，更强化了“男强女弱”的感觉，从而形成男性显示保护姿态，女性显示被保护姿态的局面。

四、虚拟与现实的桥梁

（一）性别交替：制造规则与利用规则

1. 制造规则

游戏开发者在开发游戏角色和性能的时候，虽然很大程度上保留了性别上男女社会角色的基本特征，即男性阳刚性与战斗性和女性柔美性与治愈性，但为了满足各类玩家需求，也会制造萌系的男性形象及烈性的女性形象，这是虚拟世界中对传统男女形象的颠覆与创新。显然这种创新得到了很好的回应，这种看似不协调的糅合得到了支持。彼时性别便不再成为规则的一项硬性指标，而且由于是虚拟平台，真实性别得到了很好的保护，游戏中的性别变成了可选择的属性，大大削弱了性别对玩家追求角色淋漓尽致的束缚。可以说，这种规则的建立是离不开现实生活中社会性别意识的革新的，也离不开传统观念的革新。同时，这种虚拟世界中反映的现象也推动着真实社会思潮的进一步革新。

2. 利用规则

挖掘“人妖号”流行这种性别交替现象背后原因的思潮也曾一度盛行。从表面来看，虚拟世界中当性别不再为规则的一项硬性指标时，它反而变成了对规则的一种利用。游戏中观念与行为脱节，性别不是限制，而是一种条件。女性角色既可以成为顶级玩家，也可以通过卖萌撒娇来获得利益；男性角色既可以冲锋陷阵，也可以成为团队领袖。现实生活中的既定事实，促使玩家在游戏的巨大空间中实现心理满足，这是玩家利用规则的重要体现。

（二）交流互动：人脉扩展与金钱盈亏

1. 人脉扩展

（个案二：男，天龙八部 3 玩家，游戏年龄 2 年）

因为有很多副本是要组团刷的，所以会认识一些游戏里的人，而且加入“帮派”的话，和“帮派”里的人会有接触。但很多人其实是和朋友一起来玩游戏的，所以和游戏里的人也不是很熟悉吧。男生可能会比较主动去结交女生，虽然有时候认识的是人妖。结交的玩家嘛，要么土豪，要么大神，要么萌妹子。结交厉害的男性和所有女性。

游戏世界虽然是虚拟平台，但交往的对象却是真实存在的人。在这种交往中，一方面可以满足人的心理需求，另一方面也奠定了其他社会互动的基础。

2. 金钱盈亏

（个案一：男，梦幻西游玩家，游戏年龄 5 年）

在游戏里嘛，花钱容易，挣钱也容易。游戏一个满级的空号最垃圾的话大概 10000 元左右。装备、召唤兽等，需要钱的地方很多，也可以不用，看你需要什么样的了。这是自己的，如果打得好当然还可以上竞技场，赢了国际比赛肯定是名利双收啊。但是要养活一个号呢，要么肯花时间天天练，要么肯花钱一点点堆，有的游戏可能两个都要。怎么说呢，要求付出越多的游戏如果要用来赚钱获利肯定越大吧。

在被问到游戏的花销时，被访者表示游戏也可以挣钱，与一般人所认为的游戏只是无聊的消遣、浪费时间浪费金钱的观点相异。可以说这一方面是互联网造就的时代特征，一方面是人开拓的全新市场。

五、结　论

（一）社会行动的表现

1. 角色选择

在角色选择上玩家的动机大致有四种：形象期待、技能期待、地位期待和综合型期待。形象期待是指外形美观、视觉冲击显著的角色更容易受到玩家的青睐，而且受到一种虚拟与现实对比的影响，玩家也会在形象上更倾向于和自己真实形象相反的形象；技能期待是指玩家建立在团队合作中的期待，由于这些游戏中很多都要通过作战的方式进行，所以玩家本人在作战上的惯用策略决定了其对技能的依赖。从这个意义上讲，由技能主导的角色选择其实才是很大程度上玩家性格的投射；地位期待是指受玩家性格影响与游戏规则左右的期待，玩家或静或动影响地位期待，游戏中因规则男女所受到的不同待遇也会影响地位期待；综合型期待是指玩家对多方面均衡的考虑，且游戏年龄越长越倾向于综合型期待。综合型期待在玩家真实性别中没有明显的区别差异，反而是经验丰富的玩家所共同追求的角色性质。

2. 角色扮演

角色扮演往往受规则左右，同时也利用规则。游戏的规则往往决定了不同的角色扮演，为了取得胜利，首先就要服从规则，并完成规则定位下的角色扮演。在角色扮演中，由于客观情况上表现出的女性角色性质，也导致很多利用规则进行角色扮演的情况。这是网络游戏虚拟的前提条件下所产生的比较泛滥的现象，也是凭借虚拟平台实现规则利用的典型情况。

3. 分工与权力机制

团体作战中，形成了非正式群体与正式群体两个群体。非正式群体的分工基本上是遵照游戏本身的设定和规则进行，人在其中发挥的作用较少。这时，权力的划分往往并不明显。这种“闲散式”团队群体的数量较多，灵活性非常大。正式群体追求的是群体内部的整合和成员利益的均衡化。权力往往是按照人格魅力进行划分的，所以团队中的领袖也就采取魅力型“统治”的方式。这种群体虽然看上去等级鲜明，但是由于以游戏竞技为存在基础，且建立在虚拟平台上，很大程度上满足了成员们猎奇、归属和成就感，在这个基础上建立起来的秩序和规则体现了人的一定的主观性和创造性。

（二）社会行动的价值

1. 角色的选择与演绎

网络游戏通过对玩家可选择角色的基本设定，满足了玩家对社会角色多元化的需求。网络游戏中玩家对性别及角色的选择实际上很大程度上是为了满足真实世界中的需求、弥补真实世界的缺憾以及投射真实世界的期待。这些都是人类文明发展演变的重要进程。

2. 团队的分工与权力机制

网络游戏通过搭建平台促成了正式群体与非正式群体之间的交互，在游戏中让玩家进入良好的运行秩序，以无形之力控制了虚拟世界中社会交换与互动的运行轨迹，也让玩家得到了心理满足。

3. 社会性别的认知与利用

网络游戏对性别的重新定义与规范，很大程度上实现了性别观念的革新与发展。社会性别在游戏世界的体系中不仅是规则的内化，也实现了对规则的异化。

4. 真实与虚拟的交互

网络游戏很好地实现了真实世界与虚拟世界的联结，玩家在游戏中扩展了人脉，但同时也面临经济、精力等方面的盈亏投入产出问题。

（指导教师：柴玲）

参考文献

［1］曹殿朕．社会角色理论对青少年网络游戏行为的解读［J］．河南师范大学学报，2007，34（6）．

［2］杜洁．女性主义与社会性别分析［J］．浙江学刊，2000（2）．

［3］黄少华，刘赛．青少年网络游戏行为的结构［J］．兰州大学学报（社会科学版），2013，41（5）．

［4］黄少华．网络游戏意识对网络游戏行为的影响［J］．新闻与传播研究，2009（2）．

［5］姜红．大众传媒与社会性别［J］．新闻与传播研究，2000（3）．

［6］荆世杰．全球化的社会性别学与中国社会性别研究的区域趋向［J］．社会科学家，2007（3）．

［7］李扬．论网络游戏中的道德渗透［J］．重庆邮电大学学报（社会科学版），2013（4）．

［8］林建军．法律的社会性别分析及其意义［J］．法学论坛，2007，22（2）．

［9］彭桂芳，傅才武．关于网络游戏" 双面性" 的解读与思考［J］．江汉大学学报（社会科学版），2007，24（4）．

［10］尚慧，郑玉刚．中国网络游戏产业发展现状的实证研究［J］．改革与战略，2009，25（1）．

［11］魏爽．青少年网络游戏成瘾原因分析［J］．中国青年研究，2008（10）．

［12］张东，代征．网络游戏价值导向：意蕴、困境与对策［J］．探索，2014（2）．

［13］张宏如．大学生网络游戏成瘾的心理学分析［J］．中国青年研究．2007（12）．

［14］赵蓉，胥正川．网络游戏成瘾的抑制性因素测量量表研究［J］．开放教育研究，2009，15（1）．

［15］中国互联网络发展状况统计报告（35）［R］．2015.

［16］周颖，张翀．网络游戏的致瘾因素与教育游戏的发展［J］．电化教育研究，2010（7）．

［17］朱丹红，吴自强，黄凌飞等．网络游戏中的社会互动与认同［J］．兰州大学学报（社会科学版），2013，41（5）．

瀚海拾贝·文博篇

敖汉旗大甸子夏家店下层文化墓葬壁龛探究

徐诗雨①

【摘　要】壁龛是在墓壁上为安放随葬品而掏挖的龛洞，初期较大规模出现于夏家店下层文化墓葬中。以敖汉旗大甸子带龛墓为研究对象，本文对夏家店下层文化的墓葬壁龛展开探究。在整理墓葬基本信息的基础上，运用统计分析法，交叉分析随葬品、墓葬分区、墓葬等级及墓主性别年龄与壁龛的关系。由此，简要总结大甸子带龛墓的一般特征，得出夏家店下层文化墓葬壁龛的设置并非某一特定家族之葬俗，壁龛本身不标识墓葬等级、墓主身份，其产生、功用与随葬品中该文化典型遗物的置放密切相关的结论。

【关键词】夏家店下层文化　大甸子墓葬　壁龛

一、前　言

（一）选题背景

墓葬是亡者的寓所，其构筑是精神领域对冥世理解的物化表现，折射出当时当世人类的思想意识乃至整个社会的意识形态②。受该普遍性认知的影响，针对

① 徐诗雨（1995—），四川成都人，民族学与社会学学院博物馆学专业，2012 级本科生。

② （英）杰西卡·罗森．祖先与永恒：杰西卡·罗森中国考古艺术文集［C］．北京：生活·读书·新知三联书店，2011：178.

壁龛这一墓葬组成，学者在涉及其产生缘由、功用的讨论中，多认为其除因置放随葬品产生，具有扩大墓室空间之用外，应具有一定特殊的象征意义①。但囿于相关研究薄弱，目前学界对墓葬壁龛的认识仍不甚明确，尚处于推测多而验证少的阶段。夏家店下层文化是较早于墓葬中大规模出现壁龛的考古学文化，年代同中原二里头文化和早商文化相当②，当是商周墓葬壁龛出现的始盛期。从其入手，即可在相当程度上分析墓葬壁龛的产生由来及其在大量出现之初是否具有特定意涵，而这也对后代墓葬壁龛的研究具有一定借鉴意义。

由于夏家店下层文化墓葬经正式发掘的地点仅敖汉旗大甸子墓地、范杖子墓地两处，且前者墓葬数量明显大于后者，完整性较强，预估研究信度、效度较高，故本文选取敖汉旗大甸子带龛墓为具体研究对象。根据发掘报告辑录的墓葬资料③，采用统计分析法对墓葬壁龛和相关因素进行交叉分析，拟通过对墓葬基本信息的系统梳理，在概要归纳带龛墓特征的基础上，分析随葬品、墓葬分区、墓葬等级及墓主性别年龄与壁龛的关系，由此展开对夏家店下层文化墓葬壁龛产生缘由、功用的探究，完善学界对墓葬壁龛的认识。

需要强调的是，本文中“夏家店下层文化”这一概念系指以往学界划定的西辽河水系燕北类型④。因夏家店下层文化的另一燕南类型在近年的研究中已被明确区分出，命名为“大坨头文化”⑤，故燕北类型即是夏家店下层文化的唯一类型，是以本文仅采用“夏家店下层文化”概念，而未细化说明类型。

（二）研究综述

1. 墓葬壁龛研究综述

作为墓葬的组成之一，壁龛最早出现于裴李岗文化，该文化曾发现9座墓葬设有壁龛⑥，而后壁龛在新石器时代考古学文化墓葬中偶有所见。进入商周时

---

① 辛怡华．石鼓山M3壁龛及其相关问题［J］．宝鸡社会科学，2014（02）：46.

② 中国社会科学院考古研究所．中国考古学·夏商卷［M］．北京：中国社会科学出版社，2003：601.

③ 中国社会科学院考古研究所．大甸子——夏家店下层文化遗址与墓地发掘报告［M］．北京：科学出版社，1998：338－409.

④ 张忠培，孔哲生，张文君，陈雍．考古学文化论集（一）［C］．北京：文物出版社，1987：58.

⑤ 韩嘉谷．中国考古学会第七次年会论文集［C］．北京：文物出版社，1992：294.

⑥ 李友谋．裴李岗文化墓葬初步考察［J］．中原文物，1987（2）：87.

期，夏家店下层文化墓葬首次较大规模出现壁龛，以大甸子墓地为典型①。其后，安阳殷墟以及长安丰镐等遗址虽均于墓葬中发现壁龛，但所占比例皆不大，如1958—1961年②及1969—1977年③在安阳殷墟发掘的1243座殷墓中，仅19座有壁龛。然发展至东周，带龛墓渐兴于秦文化与楚文化，如关中秦墓④、湖南湖北楚墓⑤多有壁龛，但中原地区的墓葬则较少设有壁龛⑥。总体看来，学界对墓葬壁龛的研究多基于殷墟、楚文化墓葬等年代较晚的遗迹，未有对夏家店下层文化墓葬中的壁龛展开相关探究者。概要而言，针对墓葬壁龛的研究表现为以下两方面：

（1）总结各地带龛墓的一般特征。

由于壁龛处于墓葬这一具体环境中，故有关墓葬壁龛的研究普遍是以带龛墓整体作为研究对象，由对带龛墓一般特征的总结出发。其中，带龛楚墓的特征总结工作开展最早，宋公文率先于1991年提出，带龛楚墓多为春秋至战国早期的狭长形土坑竖穴墓，且头龛多于边龛⑦。而后，丁兰又对湖北地区的带龛楚墓进行具体化分析，提出该区带龛楚墓具有墓葬头向、壁龛方位不定，随葬品与同期无龛墓差异不大的特征⑧。不同于带龛楚墓，殷墟带龛墓、关中秦墓的壁龛除放置随葬品外，等级较高的墓葬壁龛内还置有殉人、殉牲⑨；殷墟太平庄墓地中的带龛墓壁龛均设于墓主头一侧，是较少见的壁龛方位相同之案例⑩。西周带龛墓发现较少，其主要集中在关中西部岐山、宝鸡一带，普遍没有腰坑，墓主多为仰身直肢葬，墓圹面积较大⑪。

---

① 中国社会科学院考古研究所．大甸子——夏家店下层文化遗址与墓地发掘报告［M］．科学出版社，1998：45.

② 中国社会科学院考古研究所．殷墟发掘报告：1958—1961［M］．文物出版社，1987：207.

③ 中国社会科学院考古研究所安阳工作队．1969－1977殷墟西区墓葬发掘报告［J］．考古学报，1977（2）：37.

④ 黄尚明．东周楚、秦葬俗的简略比较［J］．华中师范大学学报，2003（4）：74.

⑤ 宋公文．论楚国墓葬形制及其同中原的区别》［J］．湖北大学学报，1991（4）：206.

⑥ 毕经纬．试探商周墓葬的几个问题——以山东地区为例［J］．考古与文物，2013（3）：28.

⑦ 宋公文．论楚国墓葬形制及其同中原的区别［J］．湖北大学学报，1991（4）：206.

⑧ 丁兰．试论湖北地区的带龛楚墓［J］．江汉考古，2004（2）：65.

⑨ 霍蕾．商墓随葬品的摆放位置研究［D］．郑州大学，2012：11.

⑩ 安阳市文物工作队．安阳市殷代墓葬发掘简报［J］．华夏考古，1995（1）：1.

⑪ 张懋镕．宝鸡石鼓山墓地文化因素分析［J］．宝鸡社会科学，2014（3）：41.

（2）墓葬壁龛产生缘由、功用分析。

针对墓葬壁龛产生缘由与功用，目前学界主要有两种观点：壁龛仅因置放随葬品而产生，功用只有增大墓室空间一项①；除置放随葬品外，壁龛的产生缘由、功用应当还具有一定的族属或特定的葬俗含义，可能与墓葬等级相关②。因此，学界对壁龛产生缘由、功用的认识分歧即在于其是否与他者相关，具有特殊的象征意义。

由于墓葬的头向是地域性文化特征的反映，头向相异往往标示为不同来源的“族”③，故前一观点的代表学者丁兰认为，头向存在明显差异的带龛楚墓，并非是为某一族群的葬俗，即壁龛的产生、功用并不具有特定的族属含义。而持后一观点的学者，则从殷墟太平庄与西周带龛墓案例出发，由其墓葬头向、墓室构筑、随葬品面貌统一，提出墓葬设龛之俗应是流行于一定的族群中，壁龛的产生缘由还有标识族群身份的需要；同时，因带龛墓墓葬等级较高，故又推论壁龛是某一等级墓葬的建制，具有体现墓葬等级的功用④。

综合而言，两方学者均采用个案分析法，前者以湖北地区带龛楚墓为案例，整体数据量较大，墓葬信息较全；后者数据量明显过少，如殷墟太平庄总计仅有5座墓葬⑤，而且墓葬信息也没有经过细致统计，不甚周详。虽由此看来，前者略胜后者，但因双方在研究中皆未做系统化的数据梳理、统计分析，研究信度都有待考量。同时，由于选取的案例年代皆为商周后期——墓葬壁龛发展成熟期，故当前学界对墓葬壁龛产生缘由、功用的探讨，还存在着由其始盛期着手开展全面究析的空白。

2. 敖汉旗大甸子夏家店下层文化墓地研究综述

位于内蒙古赤峰市敖汉旗的大甸子墓地（图1），系属夏家店下层文化遗存，

---

① 宋公文．论楚国墓葬形制及其同中原的区别［J］．湖北大学学报，1991（4）：206.
丁兰．试论湖北地区的带龛楚墓［J］．江汉考古，2004（2）：68.
② 霍蕾．商墓随葬品的摆放位置研究［D］．郑州大学，2012：11.
辛怡华．石鼓山M3壁龛及其相关问题［J］．宝鸡社会科学，2014（2）：46.
张懋镕．宝鸡石鼓山墓地文化因素分析［J］．宝鸡社会科学，2014（3）：45.
③ 张胜琳，张正明．湖北省考古学会论文选集［C］，1987：186.
④ 张懋镕．宝鸡石鼓山墓地文化因素分析［J］．宝鸡社会科学，2014（3）：45.
霍蕾．商墓随葬品的摆放位置研究［D］．郑州大学，2012：11.
⑤ 安阳市文物工作队．安阳市殷代墓葬发掘简报［J］．华夏考古，1995（1）：1.

于1974—1977年和1983年经两次系统发掘，共清理墓葬804座[①]。整体上，大甸子墓地墓葬分布相当密集，墓圹间几乎没有打破关系，表明墓地被有秩序、有管理、不间断地使用了一段时期[②]。具体至墓葬个体，基本均为长方形土坑竖穴墓，单人葬，头向西北，其中半数以上的墓葬在脚端壁上设有壁龛。根据墓葬规模，大甸子墓葬分为大、中、小三型，等级依次递减。随葬品以陶器为主，玉石、骨角器次之，常见鬲、罐组合[③]。

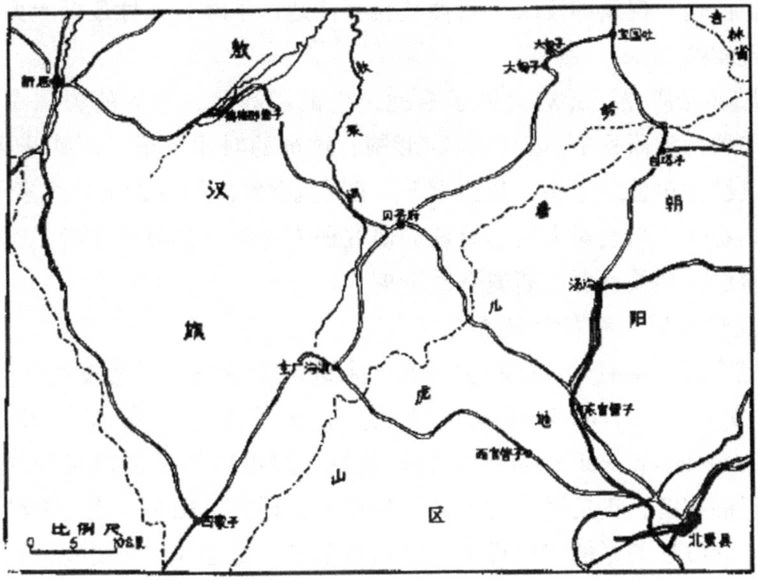

图1　敖汉旗大甸子墓地位置图

就大甸子墓地，目前学界对其研究体现于以下三方面：

（1）墓葬分区研究。从墓葬分布情况看，大甸子墓地中间和偏南部各有一条无墓葬的东西向空白地带。整个墓地以这两条地带为界，可分为北、中、南三

---

① 中国社会科学院考古研究所．大甸子——夏家店下层文化遗址与墓地发掘报告［M］．北京：科学出版社，1998：39.

② 中国社会科学院考古研究所．中国考古学·夏商卷［M］．北京：中国社会科学出版社，2003：597.

③ 中国社会科学院考古研究所．大甸子——夏家店下层文化遗址与墓地发掘报告［M］．北京：科学出版社，1998：42、67.

区[①]。由于统计发现，北区随葬的典型陶器是尊式鬲，中区是鼓腹鬲，南区是直腹鬲，故学者联系墓地的地理分布，普遍认为这三区分别代表着三个大家族墓地[②]。

（2）墓葬性别研究。通过对男、女性墓葬等级与随葬品的比较，李恭笃等学者发现，男性墓多为大中型墓葬，随葬品数目多且种类丰富，而女性墓则多为中小型墓，随葬品一般较少。据此，学者提出大甸子墓地中社会地位较高的墓葬是男性墓，而这一现象即反映了女性社会经济地位下降、男性逐渐上升至支配地位的社会现实[③]。

（3）随葬品研究。针对大甸子墓地出土的随葬品，学界的关注点主要集中于陶器、玉器两类器物上。通过器物形制、纹饰的对比分析，现初步得出陶爵、鬶乃至彩绘纹饰包含二里头文化因素[④]、玉器包含红山与龙山文化因素[⑤]的结论。

故总体看来，当前对大甸子墓地的研究还未有涉及墓葬壁龛者，基本仍处于现象描述阶段，相关针对性研究有待开展。

3. 相关性分析在考古学中的应用

相关性分析，系通过计算相关系数 r 来确定变量间相关程度的统计学方法，因最早被皮尔逊（Karl Pearson）发现，故相关系数又称皮尔逊相关系数（Pearson's correlation coefficient）[⑥]。相关系数一般可以从正负符号和绝对数值的大小两个层面理解，正负说明现象之间是正相关还是负相关；绝对数值的大小说明两变量之间线性关系的密切程度，绝对数值越接近于1，表明线性相关关系越密切。相关系数若为正，说明一变量随另一变量增减而增减，方向相同；若为负，表示一变量增加、另一变量减少，即方向相反。

作为定量分析中的一大分析方法，相关性分析在考古学中的应用最早始自1986年，即法国学者伯绍德（Thterry Berthoud）及其合作者[⑦]对美索不达米亚出土于公元前4000年—前3000年时期、不同产地的青铜器主要元素（铜、锡）是否

① 刘观民．内蒙古赤峰市大甸子墓地述要［J］．考古，1992（4）：304.
② 田广林．夏家店下层文化时期西辽河地区的社会发展形态［J］．考古，2006（3）：48.
③ 李恭笃，高美璇．夏家店下层文化若干问题研究［J］．辽宁大学学报，1984（5）：54.
④ 杜金鹏．试论夏家店下层文化中的二里头文化因素［J］．华夏考古，1995（3）：58.
⑤ 杨晶．关于大甸子墓地玉器的分析［J］．文物，2000（9）：73.
⑥ 陈铁梅．简明考古统计学［M］．北京：科学出版社，2013：155.
⑦ Thterry Berthoud. *Bronze*［M］. New York：Houghton Mifflin. 1986. pp237 – 252.

存在较大相关性的研究。此后，相关性分析在考古学中的应用越来越广，现已有美国、英国、瑞典等多国学者针对石器、史前人类粪便、钱币多方面的考古遗存展开相关性分析。

相关性分析进入中国考古学，发端于1997年陈铁梅先生为确认美国威斯康辛大学与中国原子能科学院所测商周原始瓷数据是否存在系统误差而进行的相关性研究①。严格意义上讲，这并不能算是相关性分析在中国考古学中的应用，充其量仅能算作对考古数据信度的检验。但受此次成功探究及以往国外案例的影响，国内确是从此涌现了一批积极将相关性分析应用到考古学研究中的学者。其中，典型如2001年吴十洲对两周各时期墓葬中青铜鼎数量和其他青铜容器数量间相关系数的探讨②，2007年刘莉对姜寨、大河村、黄楝树、尉迟寺、尹家城五个遗址共19座房屋遗存中出土遗物总数和食器数量的相关性研究③，2009年成都文物考古研究所对成都商业街船棺葬出土人骨与长阳、青海、西夏侯、尉迟寺、大汶口、殷墟出土人骨在颅长、颅宽、面宽等体质特征方面相关系数的考量④以及2013年陈铁梅先生对王志俊所统计的半坡、姜寨两个仰韶文化遗址陶器上刻画符号出现频率的相关性分析⑤等。经过数十年的实践，当前，相关性分析在考古学中的应用已较为成熟，通过这一方法可以在相当程度上解读考古学中不同因素间的关系。但是，相关性分析的应用仍需要建立于观测数据量大的基础上，对于数据太少的考古遗存（譬如说低于10对数据），分析得到的相关系数r将会不稳定。

因此，总结而言，相关性分析适用且能够较好地应用到考古学中，但是必须要保证有足够的数据量。故从原始数据量充足且需要分析墓葬壁龛与随葬品、墓葬等级、墓主性别年龄及墓葬分区关系的现实出发，本文选用相关性分析展开具体探究。

---

① 陈铁梅．简明考古统计学［M］．北京：科学出版社，2013：84－87.
② 吴十洲．两周墓葬青铜容器随葬组合定量分析［J］．考古，2001（8）：73－77.
③ 刘莉．中国新石器时代（迈向早期国家之路）［M］．北京：文物出版社，2007：35－38.
④ 成都文物考古研究所．成都商业街船棺葬［M］．北京：文物出版社，2009：143－146.
⑤ 陈铁梅，陈建立．简明考古统计学［M］．北京：科学出版社，2013：161－164.

二、大甸子墓地壁龛分析

在大甸子墓地的804座墓葬中，共有471座墓葬设有壁龛，皆位于墓主脚端（东南）壁上，并且龛宽多与南壁宽大致相同。由于壁龛数量总体变化不大，除M371、M419、M612等6座墓葬外，其余带龛墓中仅有一个壁龛，故本文未将一座墓葬中的壁龛数量作为研究变量，仅以带龛墓整体与其他墓葬要素展开交叉分析。然为尽可能全面研究大甸子墓葬壁龛，本文也将对这6座墓葬做具化考量。

（一）随葬品与壁龛

为探究随葬品与壁龛间的关系，以有无随葬品出土为标准，笔者对大甸子带龛墓、无龛墓进行了数量统计，结果见表1。

表1　（壁龛内）有/无随葬品出土的带/无龛墓数量统计

单位：座

墓葬类型 / 随葬品出土情况	带龛墓（占同类型墓葬总量百分比）	无龛墓（占同类型墓葬总量百分比）	小计
有随葬品出土	463（98.30%）	78（23.42%）	541
无随葬品出土	8（1.70%）	255（76.58%）	263
壁龛内有随葬品出土	407（86.41%）	0	407
壁龛内无随葬品出土	64（13.59%）	0	64

根据表1可知，有随葬品出土的带龛墓有463座，其中407座墓葬的壁龛内出土部分或全部随葬品，整体上该类型墓葬占带龛墓总量比例为98.30%[①]，说明带龛墓普遍有随葬品出土，且随葬品基本都有一定数量出于壁龛内；无随葬品出土的无龛墓有255座，占无龛墓总量的76.58%，反映半数以上的无龛墓皆无随葬品出土。由带龛墓普遍出土随葬品而无龛墓多数无随葬品出土的现象出发，笔者推测大甸子墓地的墓葬壁龛应是与置放随葬品相关。为验证这一推测，笔者引入定量考古学中的相关性分析[②]，对壁龛与随葬品间的相关性做具体分析。计

---

① 因为还有部分墓葬受人为耕耘影响而缺失随葬品，故有随葬品出土的带龛墓数量及比例应当更大。

② 陈铁梅，陈建立．简明统计考古学［M］．北京：科学出版社，2013：155－161.

算发现，大甸子墓地中带龛墓的出现频率为58.58%，有随葬品出土的墓葬出现频率为67.29%，两者间皮尔逊相关系数 $r=0.707$，属于较强的正相关，说明带龛墓与有随葬品出土的墓葬存在较大的相关性。基于在出土有随葬品的带龛墓其壁龛内全部都有随葬品发现的情况，这一数字实反映了大甸子墓地的墓葬壁龛与置放随葬品相关。

又因为壁龛是置放随葬品的空间，随葬品与壁龛存在前因后果的关系，且 $r=0.707$ 呈正相关，所以大甸子带龛墓与有随葬品出土的墓葬关系在相当程度上表现为：带龛墓的出现频率随有随葬品出土的墓葬的出现频率增大而增大，减小而减小；反映到数量上，即带龛墓的数量随有随葬品出土的墓葬数量增减而变化。

为进一步分析随葬品与壁龛的关系，笔者又对壁龛内随葬品的构成情况做出统计。出于从整体角度着眼的考虑，同一随葬品在壁龛外的分布数量也被纳入统计范围，由此制成表2。

表2　随葬品数量统计

单位：件

随葬品＼位置	壁龛内（占同一随葬品总量百分比）	填土内（占同一随葬品总量百分比）	小计
假圈足罐	118（83.10%）	24（16.90%）	142
鬲	466（89.79%）	53（10.21%）	519
平底罐	302（90.53%）	36（9.47%）	338
鼎	70（63.64%）	40（36.36%）	110
壶	83（75.46%）	37（24.54%）	120
小罐	39（51.32%）	37（48.68%）	76
猪趾	139（98.58%）	2（1.42%）	141
异形罐	8（100.00%）	0（0）	8
钵	15（75.00%）	5（25.00%）	20
长筒罐	11（73.33%）	4（26.67%）	15
尊	13（81.25%）	3（18.75%）	16

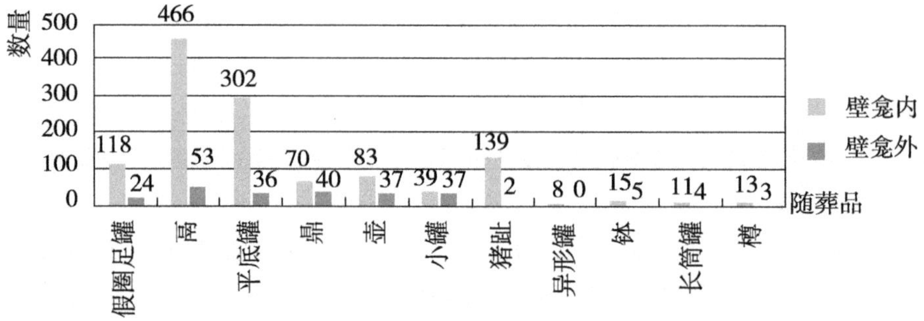

图2　随葬品数量统计（件）

通过表2数据可看出，鬲、平底罐、猪趾、假圈足罐大量出土于墓葬壁龛内，填土内基本较少出土。而小罐、鼎、壶等数量相对较多的随葬品在壁龛与填土内的出土情况则相对差异稍小。因为鬲、平底罐、假圈足罐是夏家店下层文化的典型遗物①，故结合表2数据情况，笔者推论大甸子墓地中的墓葬壁龛主要是为置放其所属考古学文化的典型遗物而设，即壁龛功用是为夏家店下层文化的典型遗物提供置放空间。至于猪趾，由于夏家店下层文化具有“猪崇拜”的原始信仰②，因此有猪趾普遍置于脚端壁龛的现象，可能即含有一定的宗教文化意涵。但就壁龛这一个体而言，其产生、功用应当与原始信仰崇拜无关。

故综合以上数据分析，大甸子墓地中墓葬壁龛主要是因置放夏家店下层文化典型遗物而设，且带龛墓的数量变化与有随葬品出土的墓葬数量变化呈较强的正相关。

（二）墓葬等级与壁龛

因有学者认为壁龛具有体现墓葬等级的功用③，故为分析墓葬等级与壁龛间的关系，按照墓葬等级，笔者对大甸子各等级墓葬中的带龛墓展开了数量统计，结果见表3。

---

① 中国社会科学院考古研究所．中国考古学·夏商卷［M］．北京：中国社会科学出版社，2003：598.

② 乌恩岳斯图．北方草原考古学文化研究——青铜时代至早期铁器时代［M］．北京：科学出版社，2007：24.

③ 霍蕾．商墓随葬品的摆放位置研究［D］．郑州大学，2012：11.

表3　各等级带龛墓数量分布

单位：座

类型 / 数值类型	带龛大型墓	带龛中型墓	带龛小型墓
数量	136	296	39
占同等级墓葬总量百分比	95.10%	68.20%	22.23%

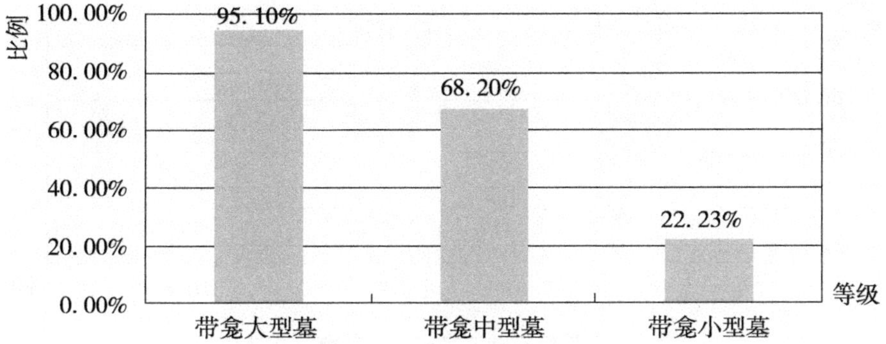

图3　各等级带龛墓分布比例

由表3可知，带龛墓在三等级墓葬中皆有存在，因此壁龛本身即不具有反映墓葬等级的功用。具体来看，带龛墓在大型墓中分布比例最高，比例达95.10%之高，中型墓次之，小型墓分布最少，比例仅有22.23%。从这一数据来看，大甸子墓葬设有壁龛的频率基本按墓葬等级，由高到低呈递减趋势。由此，似可以得出“壁龛与墓葬等级相关，壁龛的产生具有等级象征意义”的结论，然因在86.41%的带龛墓之壁龛中都出土有随葬品，且带龛墓的出现频率与有随葬品出土的墓葬之出现频率呈较强正相关，故实际存在壁龛与墓葬等级仅是间接相关的可能性，即不同等级墓葬设龛频率的差异，是在受各等级墓葬中随葬品出土频率的影响下产生的。为验证以上可能是否成立，笔者对各等级墓葬中有随葬品出土的墓葬数量做出统计，制成表4。

表 4 各等级有随葬品出土的墓葬数量统计

类型 数值类型	大型墓	中型墓	小型墓
数量	137	338	66
占同一年龄段墓葬总量百分比	95.80%	77.88%	37.71%

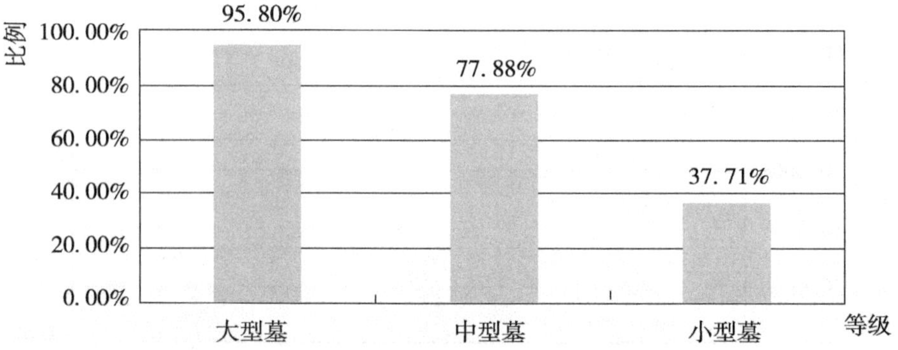

图 4 各等级有随葬品出土的墓葬分布比例

从表四数据可以明显看出，总体上有随葬品出土的墓葬在大、中、小型墓葬中的分布比例变化趋势同于带龛墓，说明确实存有各等级墓葬中随葬品出土频率的差异，直接影响不同等级墓葬设龛频率的可能。虽中小型墓中有随葬品出土的墓葬分布比例略大于带龛墓，但就大甸子墓地中有随葬品出土的墓葬多于带龛墓的现实而言，这一数据差异也可得到解释。因此，从表三、表四的数据对比来看，带龛墓在各等级墓葬中按等级由高到低呈递减趋势的原因，在相当程度上或与有随葬品出土的墓葬在不同等级墓葬中的分布比例相关，因此墓葬等级与壁龛很有可能仅是受随葬品出土影响下的间接相关。

为进一步明确墓葬等级与壁龛的关系，笔者又对壁龛内无随葬品出土的带龛墓在各等级墓葬中的分布进行统计，即在排除随葬品因素干扰的情况下，分析墓葬等级与壁龛是否相关。

表 5　各等级壁龛内无随葬品出土的带龛墓数量统计

单位：座

类型 / 数值类型	壁龛内无随葬品出土的带龛大型墓①	壁龛内无随葬品出土的带龛中型墓②	壁龛内无随葬品出土的带龛小型墓③
数量	18	24	22
占同等级墓葬总量百分比	8.39%	8.29%	9.14%

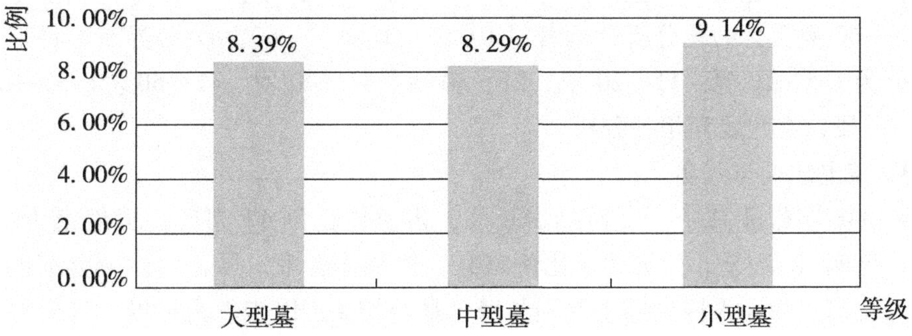

图 5　各等级壁龛内无随葬品出土的带龛墓

由表 5 可发现，壁龛内无随葬品出土的带龛墓在三个等级墓葬中的分布比例接近，与带龛墓在各等级墓葬中随等级降低呈逐步递减的趋势截然不同。并且，经计算，壁龛内无随葬品出土的带龛墓在各等级墓葬中的比例为 8.39%、8.29%、9.14%，皮尔逊相关系数 $r=0.011$，属弱相关，故在排除随葬品因素干扰的情况下，壁龛与墓葬等级几乎不具相关性。因此，结合以上分析，“壁龛与墓葬等级直接相关，壁龛的产生具有等级象征意义”的推论不成立，当是壁龛与随葬品相关，而壁龛与墓葬等级仅是在随葬品的影响下间接相关，由是壁龛本身不标识墓葬等级。

此外，虽然 M371、M419、M612 等 6 座大型墓中设有两或三龛，但通过对随葬品的统计可发现，这 6 座墓葬中的每一壁龛皆有随葬品出土，由此可知多余壁

---

① 由于名称过长，故图表中中以 1 代替。
② 由于名称过长，故图表中中以 2 代替。
③ 由于名称过长，故图表中中以 3 代替。

龛的设置仍与随葬品相关，尽管壁龛数量存在差异，但其亦无标识墓葬等级的意涵。

（三）墓主性别年龄与壁龛

大甸子804座墓中尚存人体骨骼的共有700余座，由于墓葬保存情况不同，并非每个个体都能辨认性别、年龄。为进行记录分析，在探讨墓主性别、年龄与墓葬壁龛关系的研究中，本文以性别、年龄信息完善为条件，将范围缩小为450座墓葬，其中带龛墓348座。同时，经初步梳理发现，这348座带龛墓墓主年龄在1.5—60岁，为细化分析，笔者以10岁、20岁……60岁为分界点，将墓主年龄划分为1.5—10岁、11—20岁、21—30岁、31—40岁、41—50岁、51—60岁6个年龄段，由此展开相关分析。

1. 墓主性别与壁龛

在348座带龛墓中，女性墓166座，占总体比例47.71%；男性墓182座，占总体比例52.29%。虽男性墓比例略高，但整体看来，男、女性带龛墓性别分布较为均衡。为深入探讨墓主性别与壁龛是否相关，以年龄为标准，笔者对各年龄段男、女性带龛墓数量分别统计，得出表6。

表6 各年龄段带龛墓墓主性别分布

单位：座

性别 年龄	女性（占同一年龄段带龛墓总量百分比）	男性（占同一年龄段带龛墓总量百分比）	小计
1.5—10	3（100%）	0（0%）	3
11—20	18（37.50%）	30（62.50%）	48
21—30	60（50.85%）	58（49.15%）	118
31—40	37（47.44%）	41（52.56%）	78
41—50	23（40.35%）	34（59.65%）	57
51—60	25（56.82%）	19（43.18%）	44

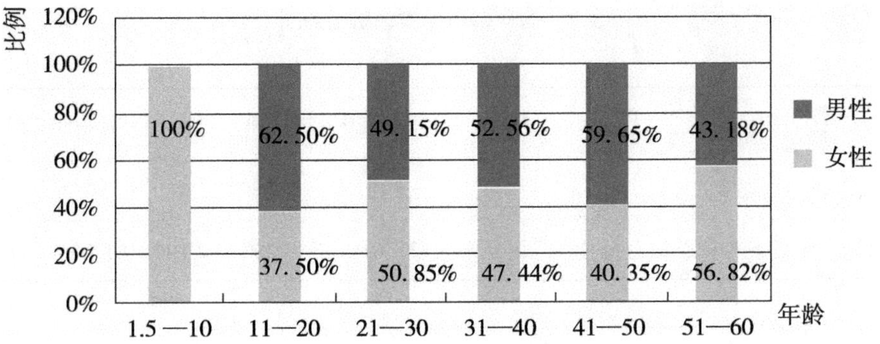

图6　各年龄段带龛墓墓主性别分布比例

通过表6数据可知，6个年龄段的男、女性带龛墓分布比例各有差异，其中1.5—10岁、21—30岁和51—60岁3个年龄段中女性带龛墓分布比例较大，余下3个年龄段中则男性带龛墓分布比例较大，虽1.5—10岁的带龛墓墓主均为女性，但因该年龄段墓葬总体数量仅3座，故不能直接由此推论大甸子墓地有为1.5—10岁的女童墓设壁龛的习俗。整体看来，大甸子男、女性带龛墓在各年龄段的分布基本无规律可循，而这种随意在各年龄段男、女性墓中设置壁龛的现象，似也正是反映了壁龛之于大甸子墓主的性别没有象征意义。

虽然大甸子墓地中社会地位较高的墓葬是男性墓，其于墓葬等级与随葬品上都与女性墓存在差别①，但从带龛墓性别分布的情况来看，男、女性墓设有壁龛的比例接近，不存在带龛墓在某一性别墓葬中集中出现的现象，并且具体至各年龄段，男、女性带龛墓分布亦无规律，故大甸子墓地中的墓葬壁龛并不能够反映男、女性墓的地位差异，体现墓主性别特征。

2. 墓主年龄与壁龛

为分析墓主年龄与壁龛的关系，按照墓主年龄的划分层次，笔者对348座带龛墓在各年龄段墓葬中的分布数量、分布比例展开了统计，结果见表7。

① 李恭笃，高美璇．夏家店下层文化若干问题研究［J］．辽宁大学学报，1984（5）：54.

表7　各年龄段带龛墓数量统计

单位：座

年龄 数值类型	1.5—10	11—20	21—30	31—40	41—50	51—60
数量	3	48	118	78	57	44
占同一年龄段墓葬总量百分比	60%	71.64%	74.21%	78.79%	81.43%	81.49%

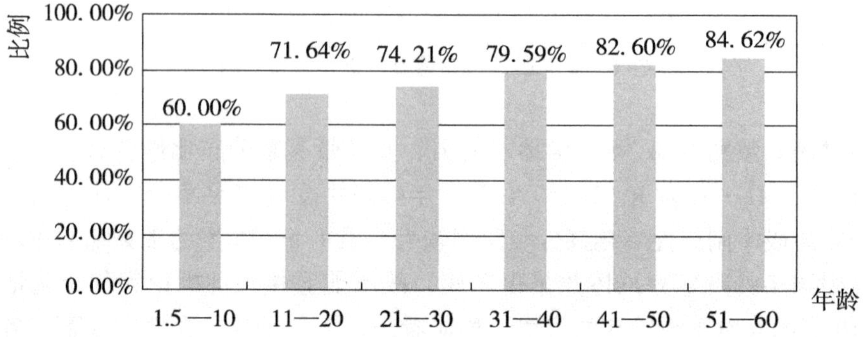

图7　各年龄段带龛墓分布比例

从表7数据可看出，带龛墓在各年龄段墓葬中均有一定数量，因此仅从壁龛本身当是难以确定墓主年龄阶段。而具体看来，带龛墓在6年龄段的墓葬中呈阶梯状分布。其中，60岁年龄段的带龛墓比例最高，而10岁以下的带龛墓分布数量最少，比例最低。因带龛墓分布具有“年龄段愈高，带龛墓比例愈高”的规律性变化，故由表7基本可得出“墓主年龄与壁龛相关——墓葬设龛概率与年龄增长正向相关，壁龛或因标识墓主年龄需要而产生”的推论。但不容忽视的是，壁龛的设立与随葬品相关，带龛墓的出现频率与有随葬品出土的墓葬之出现频率呈较强正相关，因此有必要从随葬品角度加以分析，从侧面验证该推论的信度，确认或否存在墓主年龄与壁龛仅是在随葬品影响下表现为间接相关的可能。由是，笔者对各年龄段墓葬中出土有随葬品的墓葬数量做出统计，制成表8。

表 8　各年龄段有随葬品出土的墓葬数量统计

单位：座

年龄 数值类型	1.5—10	11—20	21—30	31—40	41—50	51—60
数量	3	51	125	79	57	48
占同一年龄段墓葬总量百分比	60%	76.11%	78.62%	83.15%	86.36%	88.89%

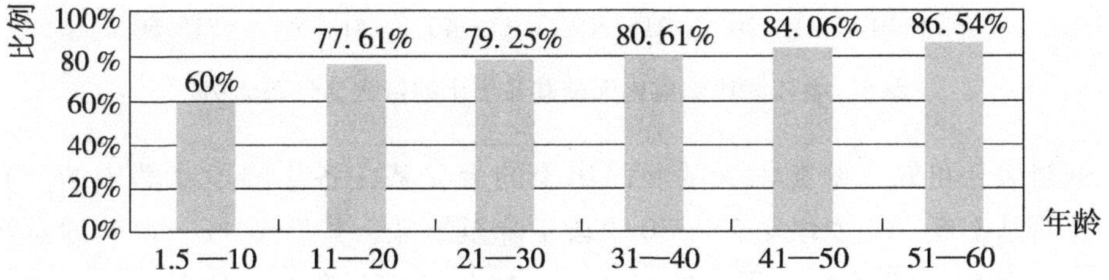

图 8　各年龄段有随葬品出土的墓葬分布比例

可以明显观察到，各年龄段出土有随葬品的墓葬分布比例也具有“年龄段愈高，比例愈高”的规律性变化，与各年龄段带龛墓的分布比例接近。因为墓葬壁龛与置放随葬品相关，且带龛墓的出现频率与有随葬品出土的墓葬出现频率呈较强正相关，故从表 7、表 8 数据对比情况来看，带龛墓之所以在各年龄段墓葬中的分布比例逐渐递增，很大程度可能是与随葬品亦与各年龄段墓葬中出现概率不断增大相关，即墓主年龄与壁龛可能仅是在随葬品影响下的间接相关。

为进一步明确墓主年龄与壁龛的关系，笔者又对壁龛内无随葬品出土的带龛墓在各年龄段墓葬中的分布进行统计，即在排除随葬品因素干扰的情况下，分析壁龛与墓主年龄是否相关。

表 9　各年龄段壁龛内无随葬品出土的带龛墓数量统计

单位：座

年龄 数值类型	1.5—10	11—20	21—30	31—40	41—50	51—60
数量	1	7	13	11	12	9
占同一年龄段墓葬总量百分比	20%	10.45%	8.18%	11.22%	17.39%	17.31%

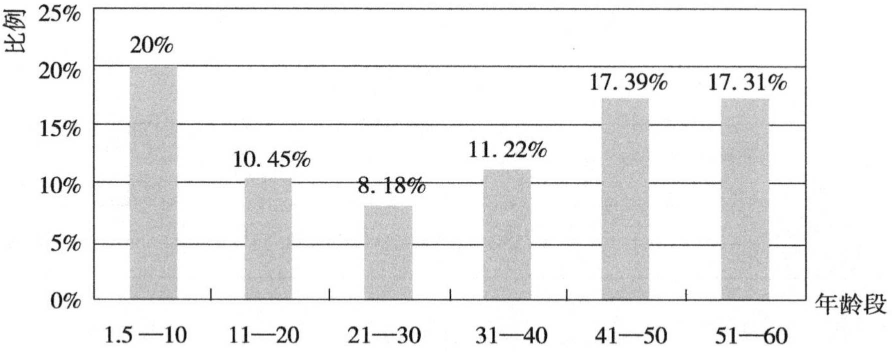

图9　各年龄段壁龛内无随葬品出土的带龛墓分布比例

通过表9可知，壁龛内无随葬品出土的带龛墓在各年龄段墓葬中的分布比例，呈现从1.5—10岁段至21—30岁段下降至最低，其后至41—50岁段逐渐上升，此后至51—60岁段又下降的趋势，显然与带龛墓在6个年龄段墓葬中随年龄增长出现频率不断增大的态势不同。同时，经计算，壁龛内无随葬品出土的带龛墓在各年龄段墓葬中分布比例的皮尔逊相关系数 $r = -0.101$，属弱相关。因此，在排除随葬品因素干扰的情况下，壁龛与墓主年龄确实相关性较弱。故综合以上分析看来，“墓主年龄与壁龛相关，壁龛因标识墓主年龄需要而产生”的推论不成立，壁龛在各年龄段墓葬中的递增分布，是在受到随葬品出土情况影响下的间接相关的表现，是以壁龛本身不标识墓主年龄。

（四）墓葬分区与壁龛

回顾有关墓葬壁龛的研究可以发现，学者在判定墓葬设龛现象是否具有特定族属含义时，基本是以带龛墓墓葬头向的一致程度高低作为衡量标准。但不同于他者，大甸子墓地整体性强，虽由北、中、南三个代表家族墓地的墓区组成①，但因墓葬均头向西北，所以由头向难以确定壁龛是否为家族墓葬的标识。故为分析壁龛的产生、功用是否具有族属含义，以大甸子墓地的墓葬分区为标准，笔者对北、中、南三区带龛墓与无龛墓的分布情况展开了统计，得出如下数据，结果见表10。

---

① 田广林．夏家店下层文化时期西辽河地区的社会发展形态［J］．考古，2006（3）：48.

表 10　各区墓葬数量分布

单位：座

区域 / 类型	北区（占该区墓葬总量百分比）	中区（占该区墓葬总量百分比）	南区（占该区墓葬总量百分比）	小计
带龛墓	309（56.28%）	97（65.10%）	65（58.03%）	471
无龛墓	240（43.72%）	49（34.90%）	47（41.97%）	336

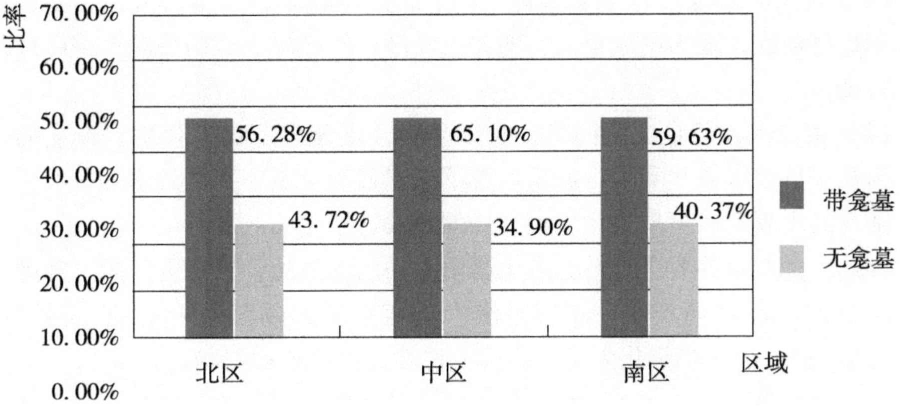

图 10　各区墓葬数量分布

由表 10 数据可知，三个家族墓地中均有相当数量的带龛墓与无龛墓，其中前者以中区分布比例最高，北区、南区分布比例稍低，但总体上三者比值接近。并且，因南、北区受人为影响略大，部分无龛墓不排除原来有龛①，而将误差因素纳入考虑，北、中、南三个家族墓葬的带龛墓分布比例应更为近似。因为壁龛在不同的家族墓葬中均有出现，彼此出现概率差异不大；并且，经计算三区带龛墓出现频率为 56.28%、65.10%、58.03%，皮尔逊相关系数 $r = -0.066$，属弱相关，故大甸子墓地中带龛墓的分布与家族分区无关。因此，大甸子墓地的墓葬壁龛应非为某一家族的特定葬俗，其产生、功用应不具族属含义，它可能仅是该地区人群对墓葬形制的一种选择。

① 中国社会科学院考古研究所．大甸子——夏家店下层文化遗址与墓地发掘报告［M］．北京：科学出版社，1998：45.

三、结　语

通过交叉分析法的运用，本文从墓葬分区、墓葬等级、墓主性别年龄及随葬品与壁龛的关系着手，展开了以大甸子带龛墓为研究对象、分析墓葬壁龛产生缘由及功用的探究，总体而言：

（1）大甸子墓地中的带龛墓具有在中区分布较多，基本为大中型墓葬，墓主性别比例均衡，多为中老年人，随葬品以鬲、平底罐、假圈足罐、猪趾最为常见的特征；

（2）由对大甸子带龛墓的具体分析来看，夏家店下层文化墓葬壁龛的设置并非为某一特定家族之葬俗，壁龛本身不标识墓葬等级、墓主身份，其产生、功用与随葬品中夏家店下层文化典型遗物的置放密切相关。

因此，针对学界就墓葬壁龛产生缘由、功用的争论，笔者更倾向于赞同“壁龛仅因置放随葬品而产生，功用只增大墓室空间一项”① 的观点，但具体上，“随葬品”还应进一步细化为墓葬所属考古学文化的典型遗物。

由于发掘报告中未有对壁龛形制与随葬品在壁龛中位置的详细记录，所以本文未从以上两方面对墓葬壁龛做出分析，而这也是本文的局限所在。另外，在墓葬壁龛与夏家店下层文化的居室壁龛及其构筑是否与宗教意识形态相关等方面，本文涉及较少或基本没有涉及，故有关墓葬壁龛的研究还有待深入，值得做进一步探讨研究。

（指导教师：朱萍）

参考文献

［1］中国社会科学院考古研究所．殷墟发掘报告：1958－1961［M］．北京：文物出版社，1987.

［2］张忠培，孔哲生，张文君，陈雍．考古学文化论集（一）［C］．北京：文物出版社，1987.

---

① 宋公文．论楚国墓葬形制及其同中原的区别［J］．湖北大学学报，1991（4）：206.
丁兰．试论湖北地区的带龛楚墓［J］．江汉考古，2004（2）：68.

［3］中国社会科学院考古研究所．大甸子——夏家店下层文化遗址与墓地发掘报告［M］．北京：科学出版社，1998.

［4］中国社会科学院考古研究所．中国考古学·夏商卷［M］．北京：中国社会科学出版社，2003.

［5］（澳）刘莉．中国新石器时代（迈向早期国家之路）［M］．北京：文物出版社，2007.

［6］成都文物考古研究所．成都商业街船棺葬［M］．北京：文物出版社，2009.

［7］（英）杰西卡·罗森．祖先与永恒：杰西卡·罗森中国考古艺术文集［C］．北京：生活·读书·新知三联书店，2011.

［8］陈铁梅，陈建立．简明统计考古学［M］．北京：科学出版社，2013.

［9］中国社会科学院考古研究所安阳工作队．1969－1977 殷墟西区墓葬发掘报告［J］．考古学报，1977（2）．

［10］齐晓光．敖汉旗范仗子古墓群发掘简报［J］．内蒙古文物考古，1984（0）．

［11］李恭笃，高美璇．夏家店下层文化若干问题研究［J］．辽宁大学学报，1984（5）．

［12］李友谋．裴李岗文化墓葬初步考察［J］．中原文物，1987（2）．

［13］张胜琳，张正明．湖北省考古学会论文选集［C］．武汉大学学报编辑部，1987.

［14］宋公文．论楚国墓葬形制及其同中原的区别［J］．湖北大学学报，1991（4）．

［15］韩嘉谷．中国考古学会第七次年会论文集［C］．北京：文物出版社，1992.

［16］刘观民．内蒙古赤峰市大甸子墓地述要［J］．考古，1992（4）．

［17］安阳市文物工作队．安阳市殷代墓葬发掘简报［J］．华夏考古，1995（1）．

［18］杜金鹏．试论夏家店下层文化中的二里头文化因素［J］．华夏考古，1995（3）

［19］杨晶．关于大甸子墓地玉器的分析［J］．文物，2000（9）．

［20］吴十洲．两周墓葬青铜容器随葬组合定量分析［J］．考古，2001（8）．

［21］黄尚明．东周楚、秦葬俗的简略比较［J］．华中师范大学学报，2003（4）．

［22］丁兰．试论湖北地区的带龛楚墓［J］．江汉考古，2004（2）．

［23］田广林．夏家店下层文化时期西辽河地区的社会发展形态［J］．考古，2006（3）．

［24］毕经纬．试探商周墓葬的几个问题——以山东地区为例［J］．考古与文物，2013（3）．

［25］辛怡华．石鼓山 M3 壁龛及其相关问题［J］．宝鸡社会科学，2014（2）．

［26］张懋镕．宝鸡石鼓山墓地文化因素分析［J］．宝鸡社会科学，2014（3）．

［27］霍蕾．商墓随葬品的摆放位置研究［D］．郑州大学，2012.

［28］Thterry Berthoud. Bronze［M］. New York：Houghton Mifflin. 1986.

图片来源

图1　敖汉旗大甸子墓地位置图：中国社会科学院考古研究所：《大甸子——夏家店下层文化遗址与墓地发掘报告》，科学出版社，1998 年，第 1 页图一。

试论西汉一类弯曲绕襟服饰的定名

郭郑瑞①

【摘　要】西汉多见有一类弯曲绕襟的服饰，常被称为“曲裾深衣”。本文基于考古资料并结合文献记载，在梳理此类服饰发展历程的基础上，探讨了“曲裾（衣）”与“深衣（制）”的关系，认为“曲裾深衣”一称不妥。

【关键词】曲裾　深衣　古代服饰

西汉时期的考古资料中常见一种弯曲绕襟的服饰，囿于撰写文献资料的时间等因素的限制，这类服饰常常未经细致考证而被称为“曲裾袍”“曲裾深衣”“深衣”等。因为“衣”一直可为服饰统称，本文论述过程中暂沿用沈从文先生“曲裾衣”一称②。

一、曲裾衣的考古学观察

反映曲裾衣形象的考古资料种类庞杂，分布广泛，包括陶俑、木俑、壁画、帛画、画像石、画像砖、陶器、青铜器及漆器上的彩绘、服饰实物等。不同的资料类别对服饰的反映情况不同，如陶俑和木俑更加标准化而缺少变化、帛画更为生动细腻，但这些材料反映出的服饰的基本款式是较为真实的。

---

① 郭郑瑞（1995—），山东菏泽人，中央民族大学民族学与社会学学院文物与博物馆学专业，2013级本科生。

② 沈从文．中国古代服饰研究［M］．上海书店出版社，2011：60.

（一）曲裾衣的分类

笔者根据实物资料所反映的袖长、袖形、曲裾绕数、衣长，将曲裾衣分为以下四种：

一是半臂及地曲裾衣。河北满城汉墓长信宫灯铜人（图1①）着此类曲裾衣，通身紧窄，领口很低，露出多层内衣的领边，衣袖仅至肘部，衣长及地，下摆呈喇叭状。

二是短袖单绕及膝曲裾衣。陕西咸阳杨家湾出土武士立俑（图2②）多着此类曲裾衣，下裳、衣袖均较短，曲裾部分为单层掩映，既能遮掩内衣，又便于行动。

图1 满城汉墓长信宫灯人

图2 陕西咸阳杨家湾出土武士立俑

---

① 中国文物精华编辑委员会编．中国文物精华（1992）［M］．文物出版社，1992：图版一一四．

② 陕西省文物管理委员会，咸阳市博物馆．陕西省咸阳市杨家湾出土大批西汉彩绘陶俑［J］．文物，1966（3）：彩色插页图1.

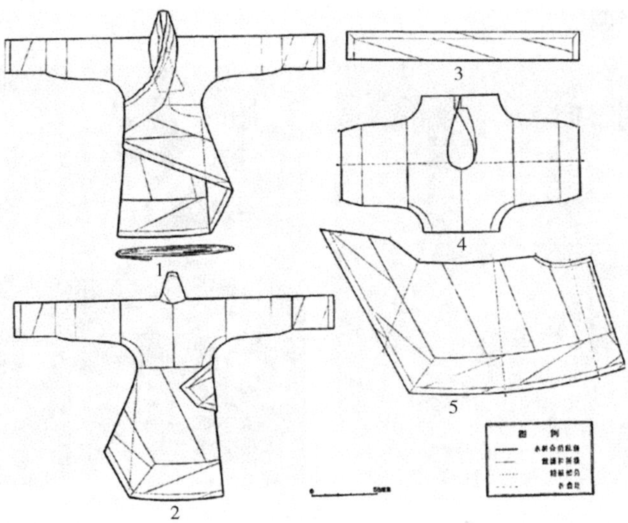

图3 马王堆一号汉墓出土曲裾衣的裁缝示意图
（1 前视 2 后视 3 衣领 4 上衣分片 5 下裳分片）

三是长袖单绕及地曲裾衣。马王堆一号汉墓出土此类曲裾衣实物 11 件，裁剪方法基本一致。以面料为“信期绣”褐罗绮者（图3①、图4②、图5③）为例，“信期绣”褐色菱纹罗绮锦面，素绢里，缘用绮毛锦并饰白绢窄边。上衣部分正裁，共6片。计身部两片，宽各一幅；两袖各两片，其中一片宽一幅，一片宽半幅。6片拼合后，再将腋下缝起。领口挖成琵琶形。袖筒比较肥大，下垂呈胡状。下裳部分斜裁。共4片。宽各一幅，按背缝计，斜度为25°角。底边略作弧形。里襟的底角为85°，穿着时掩入左侧身后。外襟的底角为115°，上端长出的衽角为60°，穿着时裹于胸前，而将衽角折到右侧腋后。袍缘斜裁。领缘用起毛锦4片拼成，宽各半幅。外襟下侧的起毛锦缘用3片拼成，其中两片宽一幅，一片宽半幅。底边的起毛锦缘用3片拼成，其中两片宽一幅，一片宽半幅，另加两个斜角。里襟的侧边无缘，袖缘的宽度与袖口宽略等，用起毛锦3

① 湖南省博物馆，中国科学院考古研究所：《长沙马王堆一号汉墓》上册，文物出版社，1973：66图五四.

② 湖南省博物馆，中国科学院考古研究所．长沙马王堆一号汉墓（下册）［M］．文物出版社，1973：86－87.

③ 笔者拍摄。

片拼成，宽各半幅。[①]

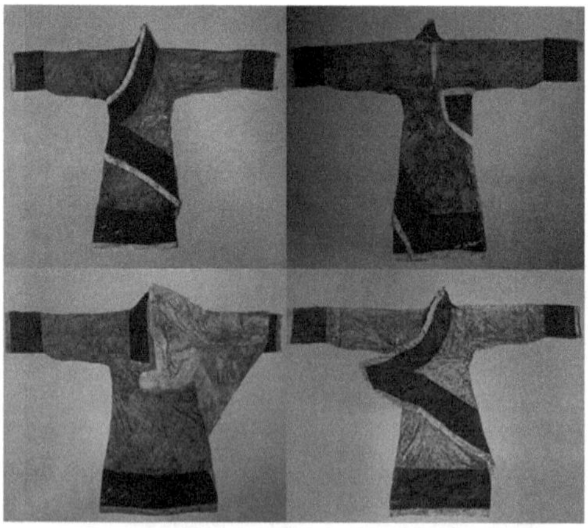

图4　马王堆一号汉墓
“信期绣”曲裾衣平铺图

图5　笔者模拟马王堆
一号汉墓出土曲裾衣穿着示意

四是长袖多绕及地曲裾衣，衣袖又可分为广袖、窄袖、垂胡袖多种。其中广袖者最为常见，汉阳陵出土塑衣式彩绘侍女俑（图6[②]）、马王堆一号汉墓帛画中部墓主人及侍从像（图7[③]）等均体现了此类曲裾衣（图8[④]）。窄袖者见于济南无影山出土杂技俑（图9[⑤]）、长沙马王堆一号汉墓出土木俑（图10[⑥]）等。垂胡袖，即袖筒较肥大而在袖口收束，使穿着时下垂呈胡状。垂胡袖多绕及地曲裾衣见于汉阳陵出土跽坐持物侍女俑（图11[⑦]）等。

---

① 湖南省博物馆，中国科学院考古研究所．长沙马王堆一号汉墓（上册）［M］．文物出版社，1973年：66.

② 石宁．汉阳陵博物馆藏陶俑概述［J］．文博，2009（2）：图6.

③ 湖南省博物馆、中国科学院考古研究所．长沙马王堆一号汉墓（下册）［M］．文物出版社，1973：59图七六．

④ 笔者拍摄。

⑤ 国家文物局．中国文物精华大辞典·陶瓷卷［M］．上海辞书出版社、（香港）商务印书馆，2002：84图302.

⑥ 湖南省博物馆，中国科学院考古研究所．长沙马王堆一号汉墓（上册）［M］．文物出版社，1973：97图九一．

⑦ 石宁．汉阳陵博物馆藏陶俑概述［J］．文博．2009（2）：图9.

图6　汉阳陵侍女俑

图7　马王堆一号汉墓帛画中部墓主人及侍从像

图8　笔者模拟裁缝广袖多绕曲裾衣穿着示意

图9　济南无影山出土杂技俑

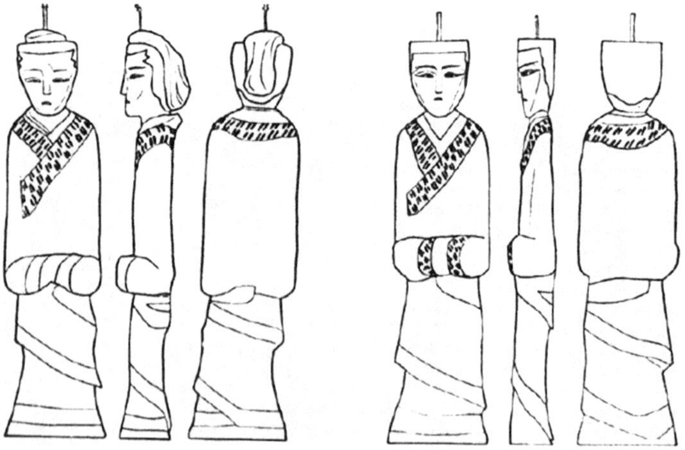

图 10　长沙马王堆一号汉墓出土木俑

图 11　汉阳陵侍女俑

（二）曲裾衣的源流

正如许多学者认为的，曲裾衣来源于直裾衣，楚国以细腰为美促成了这一转变。“楚王好细腰，宫中多饿死”① 展露了当时楚宫廷以细腰为美的好尚。长沙陈家大山楚墓帛画（图 12②）中妇女作侧面行进状，衣服上着不规则云纹绣，旁加深色衣缘，腰间束丝织物大带，腰身束得极细小，和长沙楚墓彩绘漆卮上的妇女形象（图 13③）相近。

图 12　长沙陈家大山楚墓帛画

① （南朝·宋）范晔．后汉书［M］．中华书局，1965：853.

② 湖南省博物馆：长沙陈家大山楚墓帛画，http：//www. hnmuseum. com/hnmuseum/specialExhibitions/gb/lpainting. html？ columnid = 0138e019ff344028848338dfea210004&preid = 0136f70b7c9440288483364269582ba0，2015 年 12 月 11 日。

③ 杨宗荣．战国漆器花纹与战国绘画［J］．文物参考资料，1957（7）：图七．

图 13　长沙楚墓彩绘人物漆卮摹本

这两件实物说明细腰装束不限于楚宫廷，已成楚国社会风尚，因此楚人在穿着直裾衣时习惯将下摆衣襟的末梢下卷以凸显细腰。马山楚墓出土的服饰中，形制清晰的七件绵衣有三种不同的形制，但下裳裁剪均为直裾（图 14①）。彩绘着衣女木俑（图 15②）共 4 件，服饰基本相同，下裳里襟掩入左侧，外襟折向身后，系于身后腰间皮带上，下摆呈喇叭状，已与西汉初期的曲裾衣极为相似。

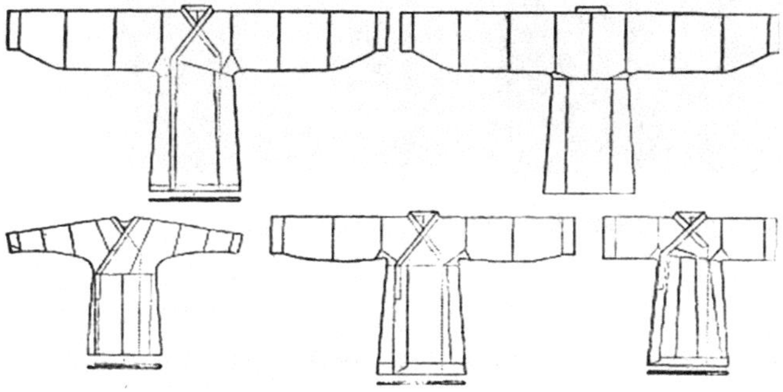

图 14　马山楚墓出土直裾衣的裁缝示意

图 15　马山楚墓出土木俑

① 湖北省荆州地区博物馆．江陵马山一号楚墓［M］．文物出版社，1985：21 图二三．

② 湖北省荆州地区博物馆．江陵马山一号楚墓［M］．文物出版社，1985：81 图六六．

值得注意的是，楚地的直裾衣并非曲裾衣的唯一源头。曲裾衣在战国时期广泛流行，当时的韩国（图16①）、中山国（图17②）、秦国（图18③）甚至蜀国（图19④）等诸侯国地区的考古资料中都有曲裾衣的形象出现。

图16　洛阳金村出土战国玉人

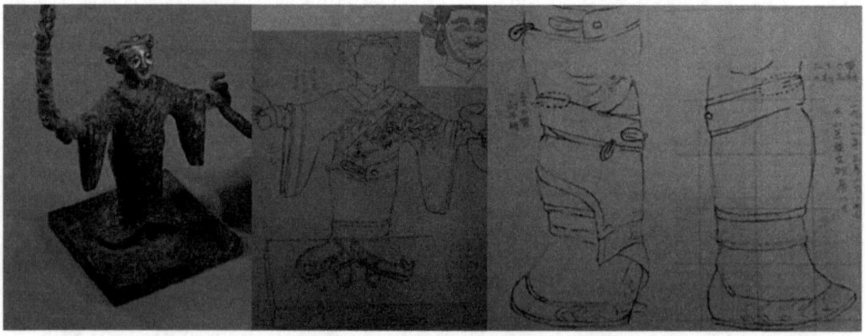

图17　中山王墓银首人俑铜灯人俑部分照片及服饰示意

---

①（日）林巳奈夫．「春秋戰國時代の金人と玉人」、林巳奈夫編『戰國時代出土文物の研究』、京都大學人文科學研究所、1985年、第125頁、圖26。

② 中国文物精华编辑委员会编：《中国文物精华（1992）》，文物出版社，1992年，图版一一一；（日）林巳奈夫「春秋戰國時代の金人と玉人」、林巳奈夫編『戰國時代出土文物の研究』、京都大學人文科學研究所、1985年、第95頁、圖8。

③ 咸阳市文管会，咸阳市博物馆，咸阳地区文管会．秦都咸阳第三号宫殿建筑遗址发掘简报［J］．考古与文物，1980（2）：图四．

④ 四川省博物馆．成都百花潭中学十号墓发掘记［J］．文物，1976（3）：图版二．

图 18　秦都咸阳三号宫殿残留壁画局部示意图

图 19　成都百花潭嵌错铜壶花纹摹本

西汉末期服饰有了重大变化，曲裾衣整体趋于衰亡。东汉时期男女服饰均是宽松的襦裙或袍，袖子变得更加肥大，裙摆打开不再紧身束裹，显得清新飘逸。

二、“曲裾深衣”文献记载及研究史

深衣原是上古先民的一种上下相连的日常服饰，经周初的制礼后成为一种礼制服饰。在周王室倾覆之后，崇礼的儒士追述周礼，将深衣制度大略辑录于《礼记》的《玉藻》和《深衣》两篇中。但所谓的剪裁“五法”被包裹于礼义的类比中，其技术细节不甚明了。历代的经学家以文字注疏和图说等形式进行了考证，当代学者沈从文先生、孙机先生等亦提出了新的看法。

孙机先生认为，考古所见的曲裾衣即深衣①，《中国大百科全书》也将深衣分为“曲裾深衣”“直裾深衣”进行解释②。笔者不赞同“曲裾深衣”这一说法。

首先，“曲裾”一词是在对“深衣”之“续衽钩边”的解释中进入人们视野的。第一次将“深衣”与“曲裾”联系起来的是东汉郑玄，在其为《礼记》所做的注中，有“钩边，若今曲裾也”③ 的论述，大意为深衣上“续衽”的形状类似“曲裾”。《礼记》是西汉时对秦汉之前相关礼仪制度的辑录，而郑玄是东汉时人，这里不仅区分了“深衣”与“曲裾”的概念，即一个是服饰整体一个是配件，而且明显将“深衣”与“曲裾”置于不同的时间范围内。此后关于“深衣”的考辨中又多次提及“曲裾”，关系大同小异，“曲裾”均为“深衣”的配件（表1）。

表1 文献记载“深衣”与“曲裾”的关系

年代	学者	观点
三国·魏	如淳	“曲裾后垂交输”即深衣之“续衽钩边”④
唐代	孔颖达	深衣下裳单侧接“曲裾”⑤
唐代	贾公彦	“吉服深衣，须有曲裾之衽”，具体未展开解释⑥
北宋	司马光	深衣下裳右侧接“钩边”，“边”为“曲裾”⑦
南宋	朱熹	深衣下裳右侧接“曲裾”⑧

---

① 孙机．深衣与楚服［J］．考古与文物，1982（1）．

② 中国大百科全书总编委会．中国大百科全书［M］．中国大百科全书出版社，2009，28：586.

③ （东汉）郑玄注，（唐）孔颖达正义．礼记正义［M］．北京大学出版社，1999：1561.

④ （东汉）班固，（唐）颜师古注．汉书［M］．中华书局1962：2176.

⑤ （东汉）郑玄注，（唐）孔颖达正义．礼记正义［M］．北京大学出版社，1999：1561.

⑥ （东汉）郑玄注，（唐）贾公彦疏．仪礼注疏［M］．北京大学出版社，1999：559.

⑦ （北宋）司马光．司马氏书仪［M］．上海：商务印书馆，1936：27.

⑧ 朱杰人、严佐之、刘永翔．朱子全书（第七册）［M］．上海古籍出版社、安徽教育出版社，2002：880.

因曲裾衣与深衣都上下相连且有“曲裾”这一配件，由对“续衽钩边”即“曲裾”的考释可断定曲裾衣即深衣在逻辑上是不严密的。《礼记》对深衣的描述十分详细，从历代学者有代表性的考释中亦能看出“深衣”形制的要点不仅在于“续衽钩边”（表2）。

表2　历代学者对“深衣”有代表性的考释

<table>
<tr><td colspan="2">争议之处</td><td>朱熹①、王圻②</td><td>黄宗羲③</td><td>江永④、戴震⑤</td><td>⑥</td></tr>
<tr><td colspan="2">12 幅布分配法</td><td>上衣两幅、下裳 6 幅、双袖两幅、领 1 幅、衽 1 幅</td><td>上衣两幅、下裳 6 幅、左右衽两幅、双袖 2 幅</td><td>上衣 3 幅、下裳 4 幅、左右衽两幅、双袖两幅、曲袷和镶边共 1 幅</td><td></td></tr>
<tr><td colspan="2">衣的裁剪法</td><td>衣两幅，不裁，中折为前后 4 片</td><td>衣两幅，不裁，中折为前后 4 片</td><td>衣 3 幅，其中两幅中屈为前后 4 片、1 幅斜裁成前右外襟</td><td></td></tr>
<tr><td colspan="2">裳的裁剪法</td><td>裳 6 幅斜裁为前后 12 片，上下之比为1：2</td><td>裳 6 幅斜裁为前后 12 片，上下之比为1：2</td><td>裳 4 幅，正裁成前后 8 片，上下皆 1 尺 1 寸</td><td></td></tr>
<tr><td rowspan="3">续衽钩边</td><td>衽的解释</td><td>衣襟</td><td>衣襟或小腰</td><td>小腰</td><td>嵌片</td></tr>
<tr><td>衽的位置</td><td>上衣前襟</td><td>襟或小腰处</td><td>小腰处</td><td>两腋下</td></tr>
<tr><td>衽的裁剪法</td><td></td><td>衽两幅，斜裁为 4 片，上 1 尺，下 1 尺 2 寸，续于下裳左右</td><td>衽两幅，斜裁为 4 片，上 2 寸，下 2 尺。左衽前后缝合，右衽用曲裾钩之</td><td>剪成矩形</td></tr>
</table>

① 朱杰人、严佐之、刘永翔．朱子全书（第七册）［M］．上海古籍出版社、安徽教育出版社，2002：879－880.

② （明）王圻．三才图会（中册）［M］．上海古籍出版社，1988：1509－1511.

③ （清）黄宗羲．深衣考．（清）纪昀等编．景印文渊阁四库全书（第一二七册）［M］．台湾商务印书馆，2008：1－5.

④ （清）江永．深衣考证．（清）阮元编．皇清经解（第二册）［M］．上海书店影印本，1988：234－237.

⑤ （清）戴震．深衣解．杨应芹编．戴震全书（第2册）［M］．黄山书社，2010：89－98.

⑥ 沈从文．中国古代服饰研究［M］．上海书店出版社，2011：99－100.

三、深衣与深衣制

即便文献与历代学者对“深衣”的记载或考释存在差异，依旧可以对比无争议的几点深衣标准（表3）：

表3　文献记载“深衣”与考古所见“曲裾衣”对比

深衣标准	礼仪内涵	曲裾衣对比
短毋见肤，长毋被土	将人体的曲线深藏	马王堆一号汉墓出土曲裾衣长度在1.3至1.62米不等①，辛追身长1.54米②，长曳被土且凸显细腰。杨家湾军服中的曲裾衣短至膝盖处
制有12幅	象征12个月，天人合一	马王堆一号汉墓出土曲裾衣上衣5幅，下裳4幅，领缘2幅，外襟下侧锦缘2.5幅，底边锦缘2.5幅，共16幅
以麻布、素色白布为之，只有衣缘用彩	与“贲”卦相合，象征阴阳	马王堆曲裾衣主料为绮锦曲裾衣，颜色有多种，图案亦不少见

如上所述，曲裾衣只保留传统深衣“衣裳相连，披体深邃”的大致形态，不能等同于“深衣”，仅能归入广义“深衣制”。从“深衣”到“深衣制”并非简单的名词之辩，还反映了礼乐制度的变化。

“深衣”之所以被历代学者考释，是因为在儒家理论中，深衣袖根宽大袖口收祛，象征天道圆融；领口直角相交，象征地道方正；衣背中缝直与垂绳相应，象征人道正直；下边齐平如秤砣秤杆以与水平相应，象征权衡；分上衣、下裳两部分，象征两仪；衣裳分裁而在腰部缝合，以示不忘尊祖承古。③深衣作为礼服，以其外部表现合于礼，继而使穿着深衣之人大的身体动作合于礼。笔者并不认为《礼记》所记载的这些细节牵强附会。同样，作为“礼乐”的一部分，古

---

① 湖南省博物馆、中国科学院考古研究所．长沙马王堆一号汉墓（上册）［M］．文物出版社，1973：68.

② 湖南省博物馆、中国科学院考古研究所．长沙马王堆一号汉墓（上册）［M］．文物出版社，1973：26.

③ 王云五．礼记集解［M］．上海：商务印书馆，1930：1218－1219.

琴的实物便符合汉代经学家桓谭《新论·琴道篇》的记载。

广义上的“深衣制”指一种服饰形制，“它以联属为特征，以衣裳一统式为标志”①。“深”与“浅”相对，引申为由上到下、由内到外的距离大。《礼记》的郑注本成书不久，《后汉书·舆服制》中已有关于太皇太后、皇太后、皇后入庙服“皆深衣制”的记载，服色为上绀（红青或微带红的黑色）下皂（近玄黑色），助蚕时则为上青下缥（青白色）。② 说明那时起已有“深衣制”服饰的概念，用来描述一类虽不是深衣但受深衣影响而产生的上衣下裳相联属的一类服饰。而“通天冠……乘舆所常服。服衣，深衣制，有袍，随五时色……下至贱更小吏，皆通制袍，单衣，皂缘领袖中衣，为朝服”③，说明此时的“深衣制”服饰与袍服的界限变得十分模糊。因此，就深衣而言，不能将其与后世的“深衣制”相混淆。

从“深衣制”这个高度对服饰体系进行分类，与“深衣制”平行的有“衣裳制（上衣下裳制、分裁制）”和“通裁制”等。“衣裳制”，即上衣与下裳分开，上曰衣，下曰裳。“通裁制”，即剪裁时便为同一幅布料，腰部无接缝。“深衣制”介于“衣裳制”与“通裁制”之间，亦可称为“上下连裳制”，将衣服的上身与下身分裁后又连缀在一起，在腰部形成一条接缝。

“深衣制”是世代相传绵延至今的。历代经学家出于恢复礼制而考释、复原与推广的“深衣”，如“朱子深衣”“江永深衣”，都可归入广义的“深衣制”，虽然那些“深衣”几乎成了儒者的象征符号而非礼的实践，但由于这样的称呼已延续数百年且它自称如此，不妨沿用。而历史典籍中并没有“曲裾深衣”这样的称呼，它完全由当代学者创造。曲裾衣之外，几乎同一时期的直裾衣、唐代的袍下加襕、元代的质孙服、腰线袄子、明代的曳撒、甚至时装中的连衣裙亦可归入“深衣制”。人们不称“曳散”为“曳散深衣”，同理，称曲裾衣为“曲裾深衣”是不严密的。

（指导教师：戴成萍）

---

① 湖北省荆州地区博物馆．江陵马山一号楚墓［M］．文物出版社，1985：21.

② （南朝·宋）范晔．后汉书［M］．中华书局，1965：3676.

③ （南朝·宋）范晔．后汉书［M］．中华书局，1965：3666.

参考文献

［1］王云五．礼记集解［M］．上海：商务印书馆，1930.

［2］张末元．汉代服饰参考资料［M］．人民美术出版社，1960.

［3］湖南省博物馆、中国科学院考古研究所．长沙马王堆一号汉墓［M］．文物出版社，1973.

［4］湖北省荆州地区博物馆．江陵马山一号楚墓［M］．文物出版社，1985.

［5］（日）原田淑人．中国服装史研究［M］．黄山书社，1988.

［6］孙机．汉代物质文化资料图说［M］．文物出版社，1991.

［7］中国文物精华编辑委员会编．中国文物精华（1992）［M］．文物出版社，1992.

［8］国家文物局．中国文物精华大辞典·陶瓷卷［M］．上海辞书出版社、（香港）商务印书馆，2002.

［9］沈从文．中国服饰史［M］．陕西师范大学出版社，200.

［10］华梅．古代服饰［M］．文物出版社，2009.

［11］沈从文．中国古代服饰研究［M］．上海书店出版社，2011.

［12］周锡保．中国古代服饰史［M］．中央编译出版社，2011.

［13］（西汉）班固．汉书［M］．中华书局，1962.

［14］（西汉）戴圣．礼记［M］．岳麓书社，2001.

［15］（东汉）桓谭．新论［M］．社会科学文献出版社，2014.

［16］（南朝·宋）范晔．后汉书［M］．中华书局，1965.

［17］（东汉）班固，（唐）颜师古注．汉书［M］．中华书局，1962.

［18］（东汉）郑玄注，（唐）孔颖达正义．礼记正义［M］．北京大学出版社，1999.

［19］（东汉）郑玄注，（唐）贾公彦疏．仪礼注疏［M］北京大学出版社，1999 年．

［20］（北宋）司马光．司马氏书仪［M］．上海：商务印书馆，1936.

［21］（北宋）朱熹，朱杰人等编．朱子全书［M］．上海古籍出版社、安徽教育出版社，2002.

［22］（北宋）聂崇义．新定三礼图［M］清华大学出版社，2006.

［23］（明）王圻．三才图会［M］上海古籍出版社，1988.

［24］（清）徐乾学．读礼通考［M］上海古籍出版社，1987.

［25］（清）沈自南．艺林汇考·服饰卷［M］中华书局，1988.

［26］（清）阮元编．皇清经解［M］上海书店影印本，1988.

［27］（清）黄宗羲．深衣考．（清）纪昀等编．景印文渊阁四库全书［M］．台湾商务印书馆，2008，第一二七册．

［28］（清）戴震，杨应芹编．戴震全书［M］．黄山书社，2010.

［29］（东汉）刘熙撰，（清）毕沅疏证，王先谦补．释名疏证补［M］．中华书局，2008.

［30］杨宗荣．战国漆器花纹与战国绘画［J］．文物参考资料，1957（7）．

［31］陕西省文物管理委员会、咸阳市博物馆．陕西省咸阳市杨家湾出土大批西汉彩绘陶俑［J］．文物，1966（3）．

［32］四川省博物馆．成都百花潭中学十号墓发掘记［J］．文物，1976（3）．

［33］孙机．深衣与楚服［J］．考古与文物，1982（1）．

［34］（日）林巳奈夫．「春秋戰國時代の金人と玉人」［J］．『戰國時代出土文物の研究』．京都大学人文科学研究所，1985.

［35］王从礼．从考古资料谈楚国服饰［J］．文博，1992（2）．

［36］邱春林．〈礼记〉的深衣制度与设计［J］．东南文化，2007（4）．

［37］徐蕊．汉代妇女服饰二题［J］．江汉考古，2008（3）．

［38］徐蕊．汉代女子服饰类型分析［J］．中原文物，2009（2）．

［39］石宁．汉阳陵博物馆藏陶俑概述［J］．文博，2009（2）．

［40］齐志家．深衣与深衣制［J］．美术家，2011（9）．

［41］刘乐乐．从“深衣”到“深衣制”——礼仪观的革变［J］．文化遗产，2014（5）

［42］徐蕊．汉代妇女服饰的考古学观察［D］．郑州大学，2005.

［43］徐燕．汉代服饰与考古学研究［D］．郑州大学，2009.

［44］张翔宇．西安地区汉代墓葬研究［D］．郑州大学，2009.

［45］罗祎波．汉唐时期礼仪服饰研究［D］．苏州大学，2011.

［46］朱晓宇．中国古代服装画研究［D］．陕西师范大学，2013.

［47］湖南省博物馆．长沙陈家大山楚墓帛画［OL］．http：//www.hnmuseum.com/hnmuseum/specialExhibitions/gb/lpainting.html？columnid=0138e019ff344028848338dfea210004&preid=0136f70b7c9440288483364269582ba0，2015.

昆山玉碎

——卧箜篌的兴亡探微

张一丹[①]

【摘　要】卧箜篌是我国历史悠久的弦鸣弹拨乐器——箜篌的一种，在宋代退出历史舞台。目前国内外对于卧箜篌起源及发展的研究较为成熟，而缺少对卧箜篌的消亡原因的探究和系统性总结。本文立足国内外研究成果，采用文献调查法、分类法、比较分析法、历史研究法等方法，一方面，提出卧箜篌的兴起时间尚不能肯定、需考古实证佐证的观点；另一方面，与朝鲜的玄琴相对比，总结提出卧箜篌在中国消亡的原因，即为宫廷的垄断、其他乐器的冲击和市井文化的兴起。在此基础上，为传承传统文化提出了“民族交流、不断改进、加强重视”的建议。

【关键词】乐器　卧箜篌　商代　宫廷垄断　市井文化　玄琴

非琴非瑟亦非筝，拨柱推弦调未成。
欲散白头千万恨，只消红袖两三声。

一首白居易的《云和》，将箜篌之音描绘得美轮美奂。非琴非瑟亦非筝，箜篌在历史中往往被人忽略。然而，箜篌却拥有丝毫不输于其他乐器的悠久历史和文化内涵。

---

① 张一丹（1995—），河北石家庄人，民族学与社会学学院文文物与博物馆专业，2013 级本科生。

一、卧箜篌概述

卧箜篌即箜篌的一种。《中国古代名物大典·下》中定义："卧箜篌是'箜篌'的一种。唐·段成式《酉阳杂俎·乐》：'魏高阳王雍美人徐月华，能弹卧箜篌，为明妃出塞之声。'《新唐书·礼乐志十一》：'《高丽伎》，有弹筝、搊筝，凤首箜篌、卧箜篌、竖箜篌、琵琶。'"

图1 魏晋乐师合乐图中的卧箜篌

图2 晋代画像砖中的卧箜篌

日本学者林谦三先生在《东亚乐器考》[①] 中的"卧箜篌的前历""绘画中所见凤首箜篌的形象""竖箜篌传入中国的时期"三节里对我国的箜篌做了总体分类，牛龙菲先生《嘉峪关魏晋墓砖壁画考》与《古乐发隐——嘉峪关魏晋墓室砖画乐器考证新一版》中的卧箜篌、凤首箜篌与竖箜篌的章节作为早期中国学界对箜篌进行分类研究的成果在此领域内有着开拓性的价值[②]。在这三种箜篌中，只有卧箜篌是我国"土生土长的民族弹拨弦鸣乐器"[③]，早在春秋之初，我国已有了一种外形与瑟相像的乐器了[④]。卧箜篌经过不断发展，"其兴盛时期在汉唐"[⑤]，成为宫廷中必不可少的礼仪乐器。

然而令人遗憾的是，卧箜篌在宋代黯然离场，逐渐走向消亡。如今能够看到

---

① 林谦三．东亚乐器考［M］．人民音乐出版社，1962.

② 谢瑾．中国古代箜篌的研究［D］．上海音乐学院，2007：2.

③ 乐声．箜篌的历史与发展［J］．乐器，1997（01）.

④ 乐声．箜篌［J］．乐器．2004（05）.

⑤ 李志远．箜篌及"箜篌引"之来龙去脉［J］．乐器，2003（07）.

的卧箜篌资料只有文献和出土壁画雕塑两种。然而经过艺术家的艺术加工，卧箜篌多多少少有了一些虚构成分。人们也只能通过魏晋墓砖画和高句丽古墓壁画这些零零散散的资料，去一窥那个历史上曾经辉煌无比的华美乐器——卧箜篌的风采。

图3 北魏中期云冈石窟造像（右为卧箜篌）

二、文献综述

（一）卧箜篌兴起时间

关于卧箜篌的兴起时间，古代文献记载不一，很多地方相互矛盾。现代学者在此基础上也形成了不同的看法。对于卧箜篌兴起时间的说法，具体可分为以下两类：

1. 商纣起源说

在我国的文献典籍中，卧箜篌最初被称为“坎侯”或“空侯”，记载于战国时赵国的《世本·作篇》：“箜篌，空国侯所造。”“箜篌，师延所作，靡靡之音也。出于濮上，取空国之侯名也。”据史料记载，师延是商纣王时期的宫中乐师[①]。这是箜篌见于史料的最早记载。

东汉刘熙的《释名·释乐器》也有记载：“空侯，师延所做，靡靡之乐也。后出于桑间濮上之地，盖空国之侯所存也。师涓为晋平公鼓焉，郑卫分其地而有之，遂号郑卫之音，谓之淫乐也。”从中可以获得这样的信息：纣王乐师师延做空侯；在春秋时期乐师师涓仍然为晋平公演奏过这种乐器。可见箜篌产生于殷商，并流传至春秋。

然而令人疑惑的是，对于《释名》中所记故事，《韩非子·十过篇》中这样记载：“昔者，卫灵公将之晋，至濮水之上……乃召师涓，令坐师旷之旁，援琴鼓之。未终，师旷抚止之，曰：‘此亡国之声，不可遂也。’平公曰：‘此道奚出？’师旷曰：‘此师延之所作，与纣为靡靡之乐也。’其他地方出入不大，但关键在于，这里师涓所奏为“琴”而非箜篌。《史记》中关于这段故事的记载同样如此。在古代，“琴”“箜篌”是两种完全不同的乐器。这一矛盾就不得不让人怀疑记载的准确性。

由于史书的编纂不乏后世抄前世的情况，故后世持此说的《乐书》《文献通考》《礼书》等不一一枚举。在现代，坚持这种观点的学者乐声[②]，也以《世本》《释名》两书为力证。

2. 武帝起源说

这种观点主要以《史记》《汉书》为依据。

《史记》中记载：“其年，既灭南越，上有嬖臣李延年以好音见。上善之，下公卿议，曰：‘民间祠尚有鼓舞之乐，今郊祠而无乐，岂称乎？’公卿曰：‘古者祀天地皆有乐，而神可得而礼……武帝始令乐人侯调作，声均均然，命曰箜篌。侯，其姓也。’自此起。”其中指出箜篌乃汉武帝令乐人所做。

《汉书·郊祀志》同样记载：“（武）帝禁不止……作二十五弦及空侯琴瑟自此起。”同样指出箜篌为汉武帝时期兴起。

后世典籍中也有在支持武帝起源说的同时对商纣起源说持反对态度的。如唐代杜佑《通典》、五代刘昫《旧唐书》、宋代郑樵《通志》都记载“箜篌，汉武帝使乐人侯调所作，以祠太一……或谓师延靡靡乐，非也”，明确否认了第一种观点。

---

① 谢瑾．中国古代箜篌的研究［D］．上海音乐学院，2007：8.

② 乐声．箜篌［J］乐器，2004（05）．

然而这些说法之间惊人的相似度，也不得不让人怀疑存在相互抄袭的可能。①

（二）卧箜篌消亡原因

关于卧箜篌的消亡原因，学术界涉及甚少。仅李娜在《关于卧箜篌几个问题的探讨》中提到："由于商品经济的发展和城市人口的增加，市民阶层形成一股强大的社会力量，音乐文化随着市民音乐的新方向得到更大的发展。就音乐的性质而言，我国音乐的主流从宫廷转向民间、由贵族化转向平民化……或许正是这种演出场合以及群众的改变使卧箜篌失去了用武之地。"对卧箜篌退出历史舞台的原因做出过猜想。

而在古籍中，对卧箜篌消亡原因的表述乏善可陈。宋代以后，古籍中所载"箜篌"大多指凤首箜篌、大箜篌、小箜篌等，卧箜篌的记载逐渐消失。

三、卧箜篌之兴

卧箜篌自宋代后逐渐消失，淡出了人们的视线。即使现代通过文献加猜想的方式复原了所谓的卧箜篌，却难以一窥曾在历史中大放异彩的真正的卧箜篌之形。追本溯源，先从卧箜篌的兴起谈起。

图4　三国后期卧箜篌乐俑

① 谢瑾．中国古代箜篌的研究［D］．上海音乐学院，2007：14.

上一部分提到，古籍中对于卧箜篌起源的记载存在明显的矛盾。如：

《世本·作篇》记载：

箜篌，空国侯所造。

箜篌，师延所作，靡靡之音也。出于濮上，取空国之侯名也。

《汉书·郊祀志》记载：

（武）帝禁不止……作二十五弦及空侯琴瑟自此起。

《史记》记载：

……“武帝始令乐人侯调作，声均均然，命曰箜篌。侯，其姓也。”自此起。

在记载箜篌的文献中，《世本》是年代最久远的一种。但“此书内容的真实性，许多历史学家存在争议。据《汉书·艺文志》所载，‘《世本》十五篇，古史官论黄帝以来讫于春秋时诸侯大夫。’它被认为是‘我国第一部以人物的世袭关系为中心的史籍。’‘其中作篇所记载的是关于事物起源的一些传说，相当于古代文化的记录。’”①

与此同时，李娜的《卧箜篌起源考》举了郭天祥先生对《作篇》的分析来论证“早在春秋时期就在南方的楚国流传”的观点不可信。郭天祥先生以《作篇》中同一器物存在不同的发明者为例，如开篇提到“伏羲造琴瑟”，接着又说“神农作琴，神农作瑟”，再次论证“《作篇》中的内容不可轻信”②。再加上《释名》与《韩非子》中关于师涓所奏乐器有出入的情况，都只能得出《世本》和《释名》中内容存疑的结论，但无法证明殷商起源说就是错误的。

然而假如根据《史记》的观点，把汉代当作卧箜篌的起源时间，“按这段文

① 李娜．卧箜篌起源考［D］．天津音乐学院，2010.

② 李娜．卧箜篌起源考［D］．天津音乐学院，2010.

义，‘瑟’出现也应该在此时，但是根据考古资料，瑟在春秋战国时代已经出现”①。这里又出现了矛盾。再次运用类比手法：《史记》对瑟的记载是汉代诞生，但瑟出现在春秋战国；史记对卧箜篌的记载也是汉代诞生，那么卧箜篌究竟起源于何时呢？笔者不能妄下结论。也有人推测，“春秋时期的箜篌之乐已经失传，而史官司马迁也未见过前代箜篌之遗物，故把汉武帝塞南越后所做的祭祀所用的箜篌作为箜篌的发端了”②，这仅为推测。

基于已有的文献记录和常理，只有一种解释能够完全融合以上线索，即：早在商纣王时期，箜篌便从琴的形制脱胎出来；在早期，卧箜篌与琴极为相似，所以《韩非子》等古籍记载春秋时期“师涓奏琴”，也能够说得通。而到了汉代武帝时期，由于政治原因，汉武帝命令乐人改进上古卧箜篌，才正式形成了现在意义上的“卧箜篌”形制。当然，这也只是目前的猜测，是在已有文献和线索没有经过历史演义或扭曲的基础假定之上的。如果要做进一步的论述和确定，还需要考古资料的佐证。

四、卧箜篌之亡

卧箜篌的兴盛期在汉唐，那时“从宫廷到民间，人以弹奏箜篌为祥和之雅乐，更把它视为一种吉祥物而推崇备至”③。在汉代，卧箜篌被作为“华夏正声”的代表乐器列入“清商乐”中④。“十三能织素，十四学裁衣，十五弹箜篌，十六诵诗书”⑤ 的诗句人们耳熟能详。根据《通典》记载，当时的谦乐乐队中也使用卧箜篌：“……制《景云河清歌》，名曰谦乐，奏之管弦，为诸乐之首……卧箜篌一，大箜篌一，小箜篌一……”可以看出当时卧箜篌与外域传入的大小箜篌具

---

① 中安真理．汉唐音乐史首届国际研讨会论文集［C］．2009.

② 谢瑾．中国古代箜篌的研究［D］．上海音乐学院，2007：14.

③ 李志远．箜篌及“箜篌引”之来龙去脉［J］．乐器，2003（07）．

④ 乐声．箜篌的历史与发展［J］．乐器，1997（01）．

关于卧箜篌在何时作为“华夏正声”的代表乐器列入“清商乐”中，学界看法不一，如李娜《关于卧箜篌几个问题的探讨》中提到魏晋时期卧箜篌用于清商乐。考虑到东汉末三国时期特殊历史情况及参考潘筱蒨《汉魏六朝清商乐曲辞研究》，笔者采用乐声说法，认为卧箜篌在汉代作为“华夏正声”的代表乐器列入“清商乐”中。

⑤ 孔雀东南飞，汉乐府叙事诗，玉台新咏，徐陵编。

有平等地位，同时，“卧箜篌使用范围趋于规范化”[1]。卧箜篌在这一时期是相当兴盛的，然而为何却在宋代以后陡然沉寂、最后渐渐消亡了呢？又是为何“卧箜篌在我国邻邦朝鲜、韩国却得以传承，经过历代的流传和改进成为今日之玄琴”[2] 呢？笔者认为有以下几种原因：

1. 宫廷垄断和限制。

前文已经提到，从卧箜篌的鼎盛时期——唐代开始，就已经形成了严格的规范，一旦被严格的礼制束缚，卧箜篌的发展就丧失了活力。“……箜篌后来为宫廷所垄断，箜篌音乐在民间走向衰落。”[3] “箜篌逐渐在民间失传，成为宫廷独占的宠物，长期处于被禁锢之中，发展受到限制。”[4]

在一个拥有绝对权威的势力垄断的机制下，任何一项技术都难以原原本本地保留下来。一旦权威受到严重威胁或出现外来强大势力入侵，甚至会出现中断的危险。卧箜篌就是在这样的社会环境下，沦为皇家的宠物，因此也失去了艺术传承和发展所赖以实现的社会基础——普通人民的支持。因此不难理解，卧箜篌在这一时期，演奏技艺逐渐退化，没有了广大人民集思广益，没有了地区间的交流、碰撞、融合，演奏曲目也丧失了创新发展的可能，卧箜篌因而失去了它的生命力。

2. 汉魏南北朝后西亚便于携带的小型竖箜篌的传入[5]和古琴、古筝的进一步改造。

可以想象，更加小型轻便、结构简单的替代品涌入，给传统的卧箜篌带来了相当大的冲击。而与卧箜篌相似的古琴和古筝通过不断的改造，已经可以“逐渐替代卧箜篌的位置”[6]。

宋代陈旸的《乐书》提供了最直观的例证。通过对宋代卧箜篌（图5）形制的观察，可以发现，宋时，卧箜篌已经与外域传入的大小箜篌（图6）非常相似，失去了最初的特点（见图1 ~4）。因此笔者猜测，此时的卧箜篌经过几朝几代的选择，逐渐与其他乐器融合，而具有最初本身形制特征的卧箜篌最终被历史放弃。

---

① 李娜．关于卧箜篌几个问题的探讨［D］．天津音乐学院，2006.

② 乐声．箜篌的历史与发展［J］．乐器，1997（01）．

③ 李志远．箜篌及“箜篌引”之来龙去脉［J.］乐器，2003（07）．

④ 乐声．箜篌的历史与发展［J］乐器 1997（01）．

⑤ 孔晓飞．箜篌由乡村乐器变为宫廷乐器的演变新探［J］．农业考古，2011（06）．

⑥ 崔君芝．箜篌的新生［J］．人民音乐，2010（03）．

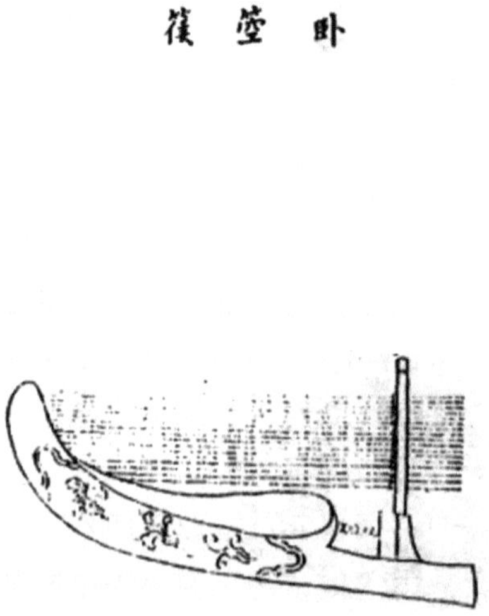

图5　宋代陈旸《乐书》中的卧箜篌

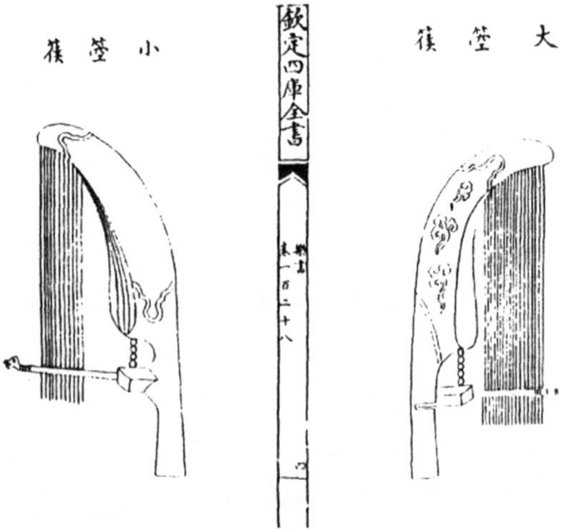

图6　宋代陈旸《乐书》中的大小箜篌

3. 卧箜篌自身的特点无法与时代发展相协调。

北宋的建立结束了长期的乱世，商品经济大幅度发展，市民阶层兴起，成为社会中不容忽略的群体。由此，市井文化逐渐成为文化的主流。在此时，“音乐的主流从宫廷转向民间、由贵族化转向平民化……在这里繁华喧闹的市井氛围与瓦子里欢呼沸腾的声音，必然使得演出环境嘈杂混乱，或许正是这种演出场合以及群众的改变使卧箜篌失去了用武之地”①。此一时期卧箜篌在文献中的记载仅见于辽史：“……其坐、立部乐……玉磬，方响，筝，筑，卧箜篌，大箜篌，小箜篌，大琵琶等。”② 可以看出，唐时残存的礼仪制度已经基本消亡，卧箜篌也走到了退出历史舞台的地步。

而卧箜篌在其他国家的传承，以朝鲜的玄琴为例，可以给人们一些启示。

首先，文化交流对于生命力的促进作用。“玄琴起源于卧箜篌，是高句丽主要弹拨乐器之一……高句丽……是朝鲜三国中与中国文化交流最早的国家。”③ 积极与其他国家交流，从而取长补短，摒弃阻碍发展的因素，同时吸收中国丰富而优质的音乐文化使得玄琴拥有了诞生的雏形。

---

① 李娜．关于卧箜篌几个问题的探讨［D］．天津音乐学院，2006：42.

② 辽史·乐志，第五十四卷。

③ 李贞花．浅谈玄琴的传承过程［J］．延边教育学院学报，2009，23（6）.

其次，依照本国情况进行改进。“今之玄琴……颇具特色，在日本人、中国人看来，此属变化了的形态。”① 照搬照抄的“拿来主义”反而会适得其反，而在本国国情基础上的合理、科学改良则意义重大。对卧箜篌的改进使其以玄琴的形式重新焕发了生机。

最后，知识阶层的喜爱和重视。“……并作为知识阶层陶冶性情的一种工具而颇受珍重。”② 市井人民、普通大众永远是文化发展的主力军。相比中国此时的市民阶层对通俗音乐的追随和对卧箜篌的排斥，卧箜篌无疑在朝鲜更具有发展的潜力。

五、小　结

综合以上的探究和分析，首先可以看到，对于卧箜篌的起源时间问题，不能轻率地采用一部古籍或文献的记载。而对卧箜篌的起源记载文献相互矛盾的现状，虽然笔者提出了一种猜测，但无法轻易排除哪种可能，只有通过考古实证来确认。目前可以肯定的是，最迟到西汉，卧箜篌已经在中原产生并流行开来。

后来，由于自身发展与时代的不协调、历史的变迁、宫廷的垄断和外来竞争的影响，卧箜篌没能拥有如朝鲜、日本般适宜的发展条件，最终为历史所遗忘。即使在现代被重新复原③，也失去了一以贯之的连绵传承的机会。

同样，从相当于卧箜篌的后裔——朝鲜玄琴、日本百济琴的发展传承来看，对于传统文化的传承和发展，积极顺应历史发展的趋势、吸收其他民族的优秀成果、注重对传统文化的保护和继承显得尤为重要。希望华夏泱泱大国千年文化，能够以卧箜篌为鉴，积极传承，让古老的乐声、悠久的文化得以响彻古今。

（指导教师：戴成萍、朱萍）

---

① 岸边成雄．古代朝鲜的乐器［J］．乐器，1989（01）．

② 岸边成雄．古代朝鲜的乐器［J］．乐器，1989（01）．

③ 黄钟．古乐器卧箜篌研制成功［J］．武汉音乐学院学报，1987（02）．

图片来源

图 1　魏晋时期卧箜篌，甘肃酒泉西沟村魏晋 7 号墓乐师合乐图，王子初、王芸等，中国音乐文物大系·甘肃卷，大象出版社，第 246 页，图 2·7·6b。（笔者截取图中左半部分卧箜篌弹奏图。原图中为卧箜篌和三弦合奏）

图 2　晋代卧箜篌，敦煌辛店台晋墓音乐画像砖，王子初、王芸等，中国音乐文物大系·甘肃卷，大象出版社，第 247 页，图 2·7·7。（原图原题为“敦煌辛店台晋墓音乐画像砖操琴图”，注释推测“从比例看，应为卧箜篌一类乐器”，经笔者将其与其他确认为卧箜篌无疑的乐器对比，基本可以确定此为卧箜篌）

图 3　北魏中期卧箜篌与竖箜篌，山西云冈石窟第十二窟第一组，王子初、王芸等，中国音乐文物大系·山西卷，大象出版社，第 320 页，图 3·5·8e。

图 4　三国后期卧箜篌，湖北鄂州七里界四号砖墓青瓷卧箜篌乐俑，王子初、王芸等，中国音乐文物大系·湖北卷，大象出版社，第 173 页，图 2·4·2。

图 5　宋代卧箜篌，陈旸，乐书

图 6　宋代大箜篌与小箜篌，陈旸，乐书

观今忆故景，融身入其境

——谐趣园、霁清轩景观变化微探与思考

杨童舒[①]

【摘　要】 北京颐和园中的谐趣园、霁清轩是两座关系紧密的园中园。本文从详细梳理两园在乾隆、嘉庆、光绪三朝景观的变迁入手，对它们进行了一次对比，并由此阐发了如何对园林这类特殊遗产进行保护与利用的问题，认为园林中蕴含的历史信息既是其遗产本身的价值所在，又是保护和利用的基点；自然环境是园林文化产生的土壤，天人合一是园林文化的理想境界，顺应、因势利导是园林建造及后续保护利用的原则；从园林的现状出发，在秉持开放心态的前提下，需要采取合理适度的利用方式，让园林成为"活的"遗产。

【关键词】 园林　景观变迁　保护与利用　文化氛围

谐趣园、霁清轩是两座坐落于颐和园东北隅、后山东麓的典型的园中园。[②] 两者比邻、浑然一体，且拥有极其特殊的地理位置，向西南可达颐和园的前山前湖景区，向西北与后山后湖景区相通，是颐和园中一个重要的转折点（图 1）。尽管论体量规模两者无法与大报恩延寿寺、四大部洲等建筑群相比，但是它们的出现使颐和园东北隅这个原本难以处理的角落变活了。[③] 两座园子自乾隆朝始建，几经修缮、增改，至今已与原初之貌有一定差别，并且由于历代修改情况记录不

---

① 杨童舒（1995—），甘肃兰州人，民族学与社会学学院文物与博物馆学专业，2013 级本科生。

② 周维权．中国古典园林史（第二版）［M］．北京：清华大学出版社，1999：426.

③ 清华大学建筑学院．颐和园［M.］北京：建筑工业出版社，2000：146－147.

全，不甚清晰，因而有必要对其建筑及所见景观按时间进行梳理。同时，结合两座园子的现状，就所见之景进行古今对比，以探析景观的变化给人带来的不同感受，进而以此为保护利用中国古典园林文化遗产提供一些借鉴性思路。

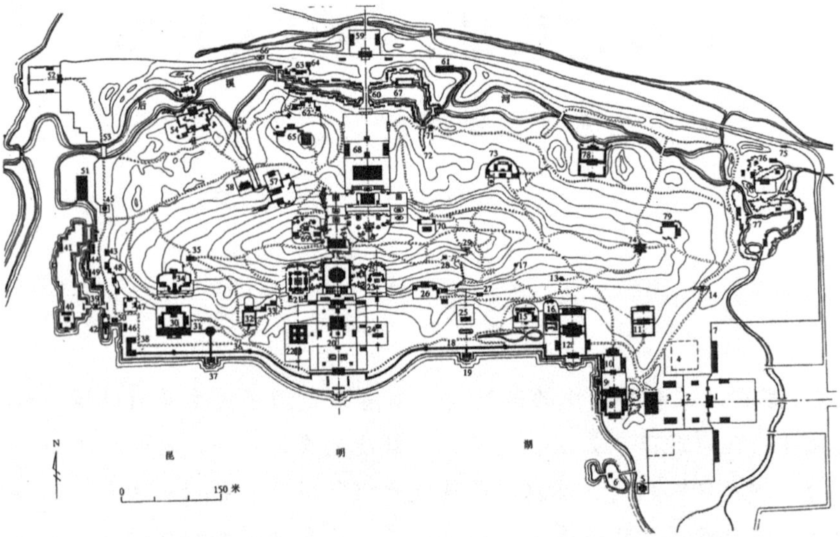

图 1　乾隆时期的清漪园万寿山总平面图：76 为霁清轩；77 为惠山园（谐趣园）；8—50 为前山景区；51—79 为后山景区

一、谐趣园、霁清轩的历史沿革

谐趣园与霁清轩首次建成于乾隆十九年（1754）；嘉庆间进行了增改扩建；咸丰十年（1860），英法联军入侵，谐趣园遭到严重损毁；后于光绪年间对谐趣园进行重建。根据清内务府陈设册记载以及后人的研究，在历史变迁过程中，霁清轩在乾隆、嘉庆、光绪三朝改动不大，因而笔者从谐趣园建筑格局在这三朝的变化以及它与霁清轩的关系出发，在前人研究的基础上，对谐趣园与霁清轩的历史沿革进行梳理、归纳和总结，以呈现出一个较为清晰的发展脉络。

（一）乾隆初建期

清乾隆十五年（1750），谐趣园与霁清轩作为清漪园整体规划中的重点工程初次修建。

谐趣园的前身为惠山园。乾隆十六年（1751），弘历南巡至无锡惠山下的寄畅园，对此园颇为欣赏，随即命画工描摹，回京后历时三年在清漪园的东北角建成惠山园（图2）。① 乾隆时期修撰的北京史志文献资料集《日下旧闻考》中记载："惠山园门西向，门内池数亩，池东为载时堂，其北为墨妙轩，园池之西为就云楼，稍南为澹碧斋，池南折而东为水乐亭、北为知鱼桥，就云楼之东为寻诗径，径侧为涵光洞。"其中的载时堂、墨妙轩、就云楼、澹碧斋、水乐亭、知鱼桥、寻诗径、涵光洞即为乾隆御题中的"惠山八景"，并分别作有诗文，组成《惠山园八景诗》。②

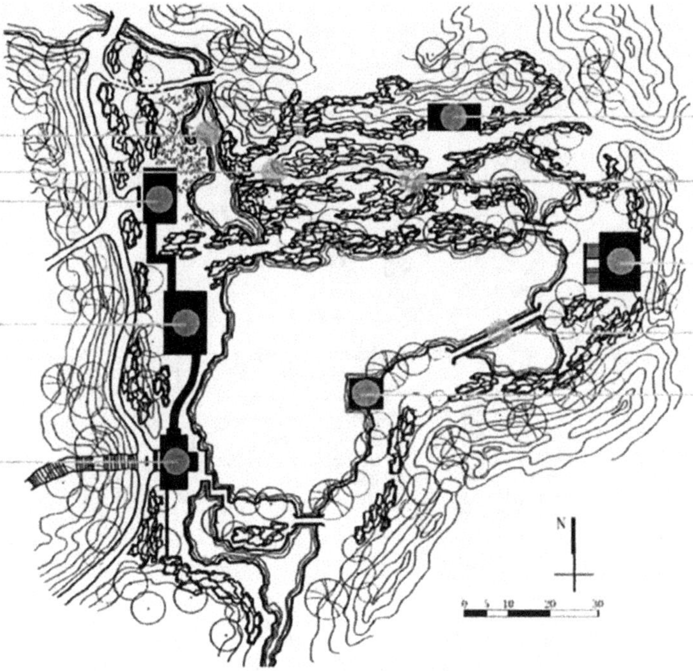

图2　惠山园平面布局及景点标注示意

① 天津大学建筑系，北京市园林局．清代御苑撷英［M］．天津：天津大学出版社．1990：34.

② （清）于敏中等．日下旧闻考（卷八十四）［M.］北京：北京古籍出版社，1981：1400－1401.

惠山园以北，登上假山，穿过垂花门即为霁清轩（图3）。园内有霁清轩、清琴峡、八方亭等几座主要建筑，由南逆时针向东北方向以游廊环合，西部有三间穿堂，在万寿山余脉和假山洞中，清琴峡自西南向东北流出园外。据《日下旧闻考》记载涵光洞：“迤北为霁清轩，轩后有石峡，其北即园之东北门”，同时结合图纸可知，霁清轩与惠山园具有一种明显的整体互补关系，这种关系体现为两者的景观互补性：以低平的假山作为相互间掩映的屏障，一北一南、一高一低、一“实”一“虚”，将石景与水景完美融合，既相对独立，又互为陪衬。①这种紧密关系或许正是乾隆朝营建时的初衷。

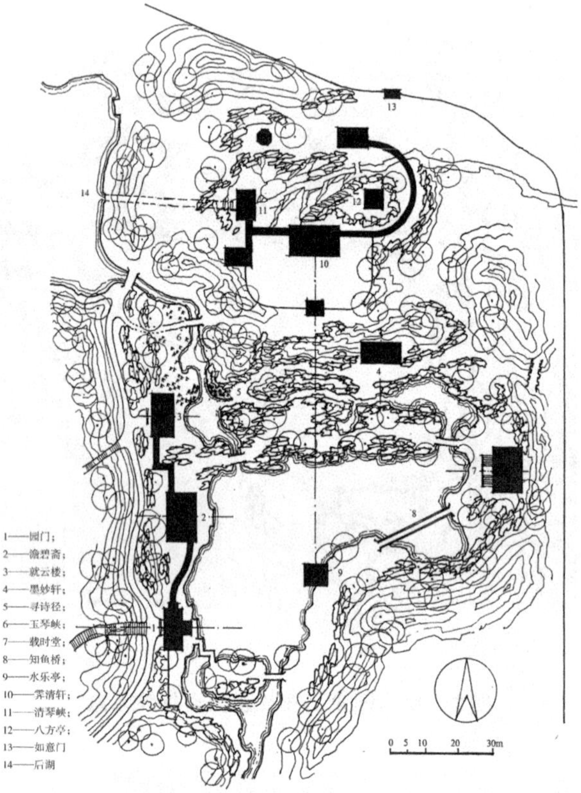

图3　乾隆时谐趣园、霁清轩平面图

① 清华大学建筑学院．颐和园［M］．北京：建筑工业出版社，2000：146.

（二）嘉庆增建期

嘉庆时期对惠山园的改动因部分历史记录的遗失，成为众多学者意见分歧所在点。笔者在综合梳理各家所言的基础上认为，总体而言，改动可分为两个部分：一为易名；一为增建，两者在两个时期内综合进行。嘉庆十二年（1807），根据内务府《清漪园惠山园等处陈设清册》记载，相较于乾隆年间，惠山园内增建建筑有仁芳殿、云淙殿、澹碧廠厅、洗秋和引镜，并将载时堂易名为岑华室。四年后（1811），嘉庆皇帝根据父亲《惠山园八景诗序》中“一亭一径，足谐奇趣”之意，更园名为谐趣园。[①] 与此同时，他还对园内大部分建筑进行了易名：云淙殿——涵远堂、岑华室——知春堂、墨妙轩——湛清轩、就云楼——瞩新楼、澹碧斋——澄爽斋、水乐亭——饮绿亭、仁芳殿——鉴远堂（图4）。[②] 其中，鉴远堂在光绪年间重建谐趣园时并未出现，加之文献资料的匮乏，因而嘉庆年间其在谐趣园的具体位置尚不得而知。

与谐趣园较大规模的改动不同，霁清轩除在东北角为嘉庆接见军机大臣方便增建军机处外，[③] 仅在西边清琴峡后加建两座平房。[④] 此时期最主要的变动集中于园子北面地带，由于涵远堂等建筑的出现，使霁清轩和谐趣园天然的联系被削弱了，使其成为一所独院。由此，霁清轩和谐趣园的整体性被割裂，两者开始在各自的空间里向内发展。

---

① 潘怿晗．皇家园林文化空间与文化遗产保护——以北京市海淀区为例［D］．中央民族大学，2010：86.

② 参见天津大学建筑系、北京市园林局．清代御苑撷英［M］．天津：天津大学出版社，1990.
胡洁、孙筱祥．移天缩地清代皇家园林分析［M］．北京：中国建筑工业出版社，2011.
北京市颐和园管理处．颐和园谐趣园修缮实录［M］．天津：天津大学出版社，2014.

③ 清华大学建筑学院．颐和园［M］．北京：建筑工业出版社，2000：151.
付克诚．建筑史论文集（第四辑）［C］．北京：清华大学出版社，1980：37.

④ 移天缩地

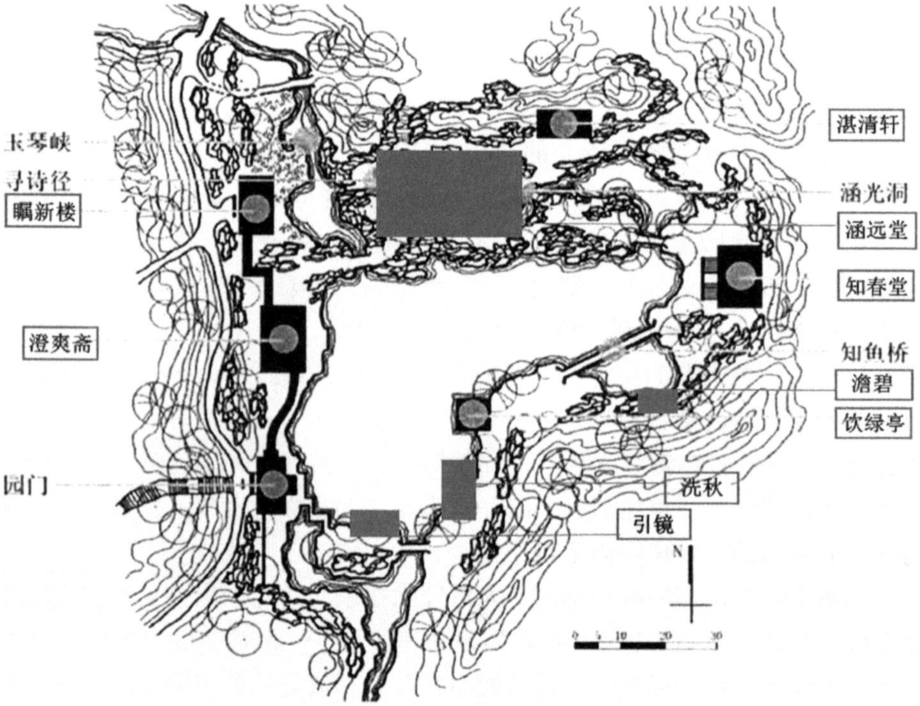

图4 嘉庆时期谐趣园平面图

（三）光绪重建期

光绪年间，为庆祝慈禧太后六十大寿，对谐趣园进行重建：增建兰亭、小有天圆亭、知春亭，扩建南面的引镜，最显著的改动就是加建船坞、兜圈游廊以及围墙（图5），① 从而将谐趣园与霁清轩完全分隔开来，各自形成一所独立的封闭小院。与此同时，在霁清轩东南添置酪膳房，即为慈禧制作点心处（图6）。②

① 参见天津大学建筑系、北京市园林局．清代御苑撷英［M］．天津：天津大学出版社，1990：39. 北京市颐和园管理处．颐和园谐趣园修缮实录［M］．天津：天津大学出版社，2014：27.

② 付克诚．建筑史论文集（第四辑）［C］．北京：清华大学出版社，1980：37.

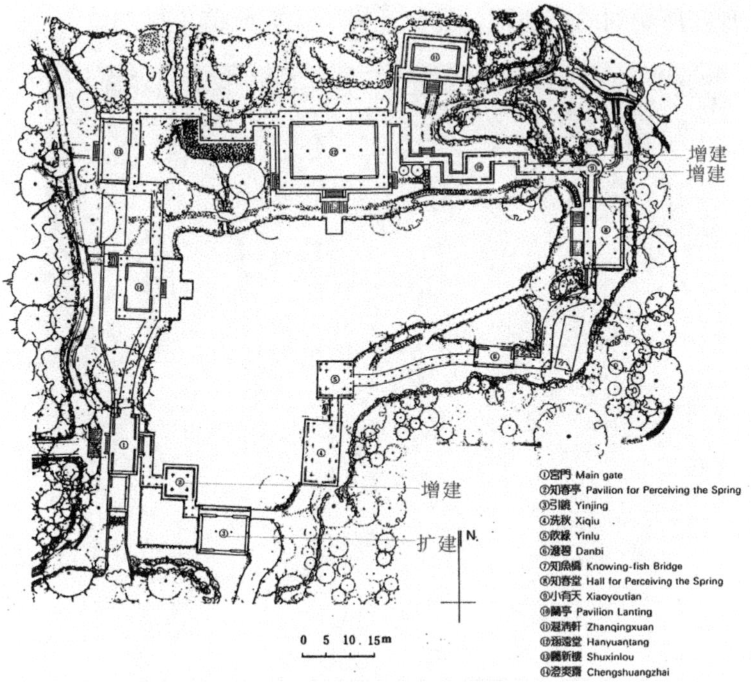

图 5　谐趣园总平面图

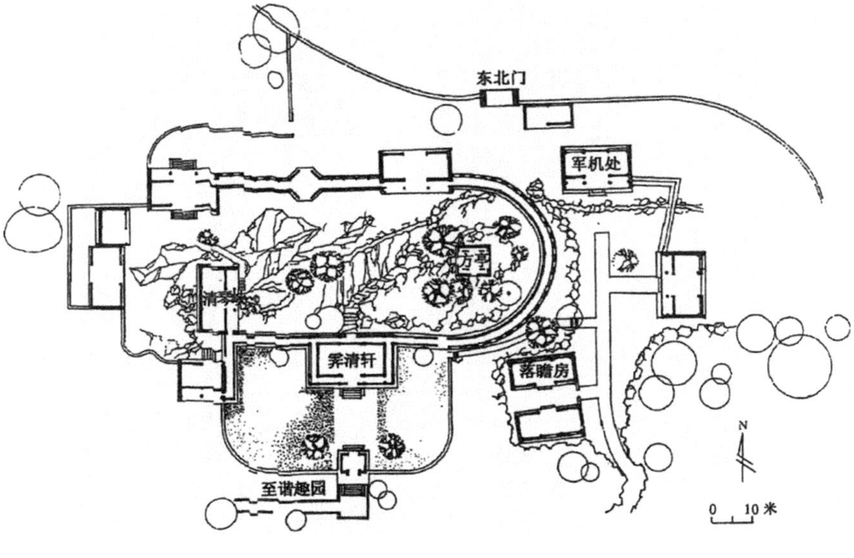

图 6　霁清轩平面图

至此，现在所看到的谐趣园、霁清轩格局基本形成（图7）。

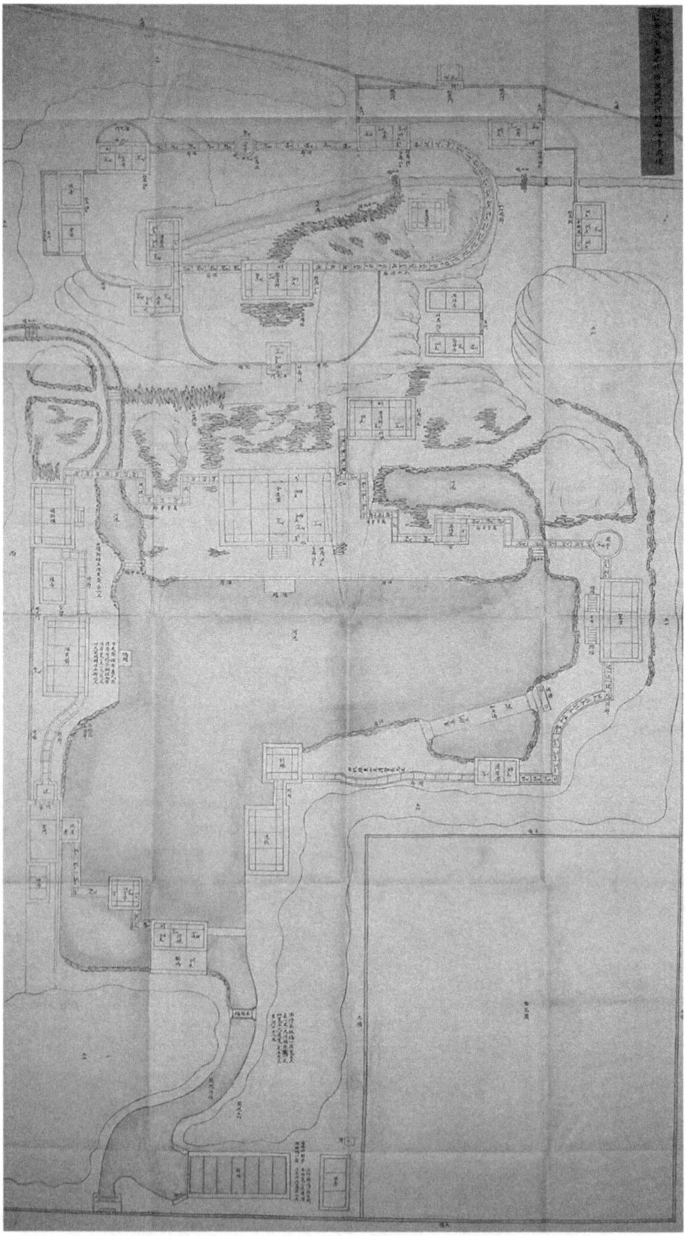

图7　谐趣园地盘图样（2004清代样式雷建筑图档展）

二、谐趣园、霁清轩景观变迁

由平面图可看出，现在的谐趣园、霁清轩是两座分别由建筑围合而成的、以水面或山石为中心的内向型园中园（图8）。

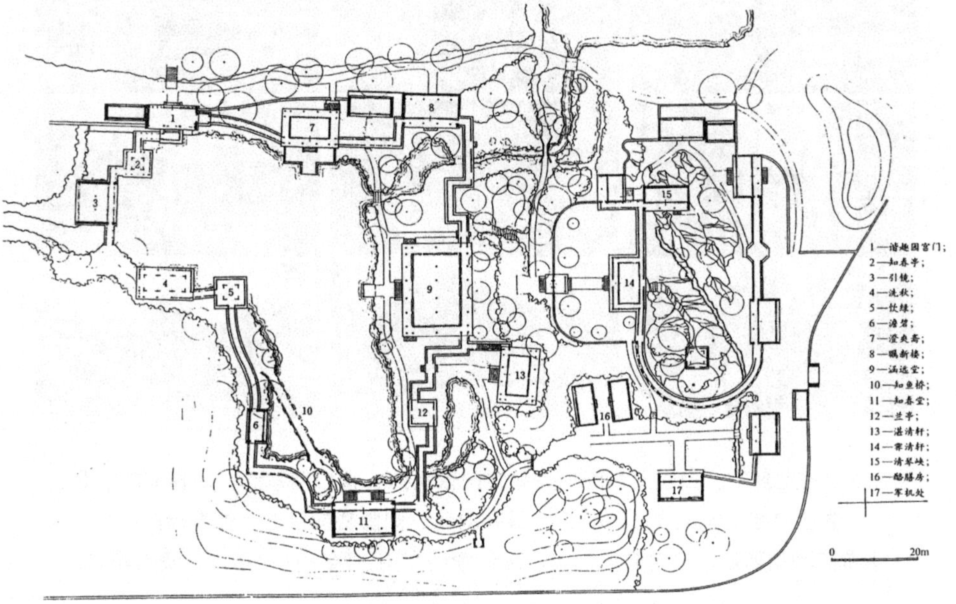

图8　谐趣园、霁清轩总平面图

（一）谐趣园

谐趣园以水面为中心，四周建有14座建筑（含宫门和知鱼桥），并用游廊相互连接，形成环湖向心式格局，建筑、植物和水面为园中主要景观。若选取不同建筑位置作为基点，从不同方向投以视线，都可大致感知谐趣园整体景观环境（图5、图9）。然而，现今所见之景，与当年乾隆朝初建惠山园时已有较大改变。其中最明显、对谐趣园整体格局影响最大的当数以涵远堂为中心的园北部一带。因此，笔者选取宫门、饮绿亭、知鱼桥三处为基点，从不同方向观察这一区域，通过已有文献、图纸想象旧时所见之景，并将今故景观在一定范围内进行了对比研究。

图 9　由上到下、由左及右观景点与方向依次为：宫门向东北、知春亭向东北、洗秋向西、饮绿亭向西北、饮绿亭向北、知鱼桥向西北、知春堂向西、小有天圆向西南、湛清轩向西南、涵远堂向东南、瞩新楼向东南、澄爽斋向东

当笔者走进位于谐趣园西南方位的宫门时，向东北方向骋望，前景以水面为主，画面左右两边分别以涵远堂、饮绿亭两座建筑占据主要空间，中间则可隐约看见掩映在垂柳后的知春堂、小有天圆亭以及兰亭（图 10）。接着沿南面游廊向东移步，到达位于曲尺形水面转折处的饮绿亭，在此向正北方向观望，在 30 余米的距离外，视线即被涵远堂这座较庞大的建筑填满（图 11）。继续向东，通过水边兜圈的平板环路走上知鱼桥，在这里向西北望去，除去前景水面、画面左边的澄爽斋和右边的一小段游廊，画面主体位置依然为涵远堂（图 12）。若单从建筑景观与水景融合欣赏的角度出发，谐趣园可以称得上是一座静美的园中园。

图 10　宫门向东北

图 11　饮绿亭向北

图 12　知鱼桥向西北

然而，乾隆仿寄畅园建惠山园的初衷并非如此。如图 2，既无围墙，也无兜转游廊，更无涵远堂等建筑，当时园中北面除墨妙轩（今湛清轩）外，是一片与天然山势气韵相通的假山集中地带。这里的掇山利用园外主山——万寿山的余脉，将真的巨岩与假的叠石相融合，成为清漪园大整体中的小局部。[①] 这片假山向北延伸至霁清轩，向南与寻诗径、涵光洞融为一体。作为描写乾隆时代山地园林叠山的重要代表作品，[②]《乾隆惠山八景诗》中即有"径侧多奇石""岩壑有奇趣"等诗句多次描述、提及此景。因此可知，在当时，由宫门、饮绿亭、知鱼桥分别向东北、正北、西北而望，映入眼帘的主体景观不是建筑体积较大的涵远堂，而是富有自然生趣的假山叠石，秀巧的墨妙轩和霁清轩的垂花门隐绰其中（图 13、图 14、图 15）。

① 冯钟平．颐和园建园 250 周年纪念文集［C］．北京：五洲传播出版社，2000：116.

② 王劲韬．中国皇家园林叠山研究［D］．清华大学，2009：378.

图 13　宫门向东北意象图

图 14　水乐亭向北意象图

图 15　知鱼桥向西北意象图

（二）霁清轩

或许因为霁清轩从未对外开放，所以它较谐趣园更具神秘感。自乾隆朝初建以来，除为实用增添了军机处和酪膳房外，没有加建其他影响景观变化的建筑，而且由于它在清漪园中位置偏僻，1860 年英法联军入侵清漪园时，它未如谐趣园那般被严重损毁，[①] 因而现存之景基本保持了原有风貌。因此，通过分析现在的景观照片即可大致领略其当年的景观意境。

如霁清轩立体图及平面图所示（图 16），园子以山石为中心，地势南高北低，两进院落。从谐趣园穿过垂花门（图 17）即进入第一重院落，主体建筑霁清轩就坐落于此（图 18）。这里曾是一处绝佳的观雨地点，乾隆皇帝曾多次在《霁清轩》诗中写到自己在此观雨的感受："北方春雨艰，自无喜霁时。霁清

① 付克诚：建筑史论文集（第四辑）［C］．北京：清华大学出版社，1980：37.

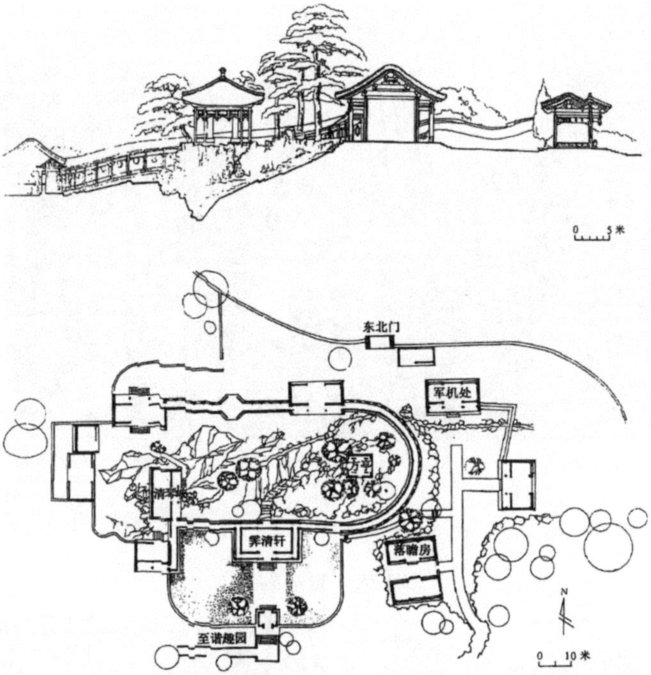

图 16　霁清轩立体图及平面图

图 17　霁清轩垂花门

图 18 霁清轩

图 19 霁清轩装饰

今来喜，雨既渥可知。”“快雨还欣值快晴，轻舻容与泛昆明。舍舟登岸聊延步，恰喜山轩号霁清。”除此之外，霁清轩还有与一般建筑相异的特别景观，即在建筑的梁、柱、窗棂等处均绘有植物、山石类的装饰（图 19）。尽管装饰数量众多，几乎遍布整座建筑，但由于其主要采用白、黄、绿三色，与建筑本身的底色相契合，所以并无繁杂之感，反而提升了霁清轩的俊秀之感。但今景与故景有一不同之处：从嘉庆十二年（1807）的《清内务府陈设册》可知，当年霁清轩南北面均有门窗，而现在北面的门已用砖封住了（图 20）。①

图 20　用砖封住的霁清轩北门

该园内主体建筑除霁清轩外，还有西边的清琴峡（图 21）和位于山石之上的八方亭（图 22），游廊由南逆时针向东北方向将主体建筑环合（图 23）。在近似椭圆的环合圈内，清琴峡水流自西南向东北穿园而过（图 24）。游廊外围，西边从清琴峡旁的小径即可到达三间穿堂（图 25），东边则为军机处、酪膳房等（图 26）。东西两侧的布局可谓是静中取静，使这座原本就寂静的园子显得愈发清幽。

① 付克诚．建筑史论文集（第四辑）［C］．北京：清华大学出版社，1980：36.

图 21　清琴峡

图 22　八方亭

图 23　游廊

图 24　清琴峡水流

图25　西面三间穿堂

图26　酪膳房

三、园林景观变迁与保护利用

谐趣园与霁清轩自初建至今已历经260载，其景观面貌在增建、重建后已有明显变化。其总体趋势为由整体转向独立、由外向趋于内向、由稀疏变为紧密。所见景观的变迁引发笔者关于园林类遗产保护利用的思考。

第一，欣赏园林景观时需客观考虑其中蕴含的历史信息，即要将园林本身的价值作为保护和利用的基点。谐趣园自初建以来建筑格局的变迁蕴含了历史文化方面的重要信息，现存的建筑以及格局结构是这个园中园价值的核心承载体。对谐趣园、霁清轩从嘉庆开始第一次增改到后来光绪朝重建，很多学者都持否定态度。然而，笔者认为，谐趣园、霁清轩景观的变化实际上反映了统治者的心态和社会的强盛衰落。惠山园和霁清轩初建完成后，乾隆只是将这里作为一日游的景点，并不在这里居住，也很少在这里处理公务。在当时的开放盛世下，他追求的是一种物我合一、道法自然的境界，因此才形成了两园间相通、将人工建筑与自然山水相融合的景观格局。而到嘉庆朝，这里增加了办公功能。由于嘉庆常在这里办理政务、接见军机大臣，同时他对自然山水的感情、审美观与其父有较大不同，因此，园内多了一些实用性建筑。至光绪朝慈禧进行毁后重修，此时日薄西山的清王朝早已丧失了开放进取之心，取而代之的是一种在乱世中求稳保全的心态。对他们来说，匆匆完成对景观的恢复即可，不必考虑整体间各部分的联系，加之慈禧太后及妃嫔常在此居住，方便休憩的游廊以及保障安全的围墙的出现自然在情理之中了。尽管此时谐趣园与霁清轩间的联系被完全割断，但在客观上这种手法对创造清静幽雅的环境氛围是有作用的。①

第二，园林的建造及后续的保护利用都需要讲求顺应、因势利导的原则。长久以来，自然环境是园林文化产生的土壤，② 天人合一是园林文化的理想境界。从园林的产生看，中国古典园林起源于殷末周初的帝王之“囿”——田猎区。明代计成所著《园冶》中“虽由人作，宛自天开”一句道出了中国古典园林所秉承的理念，在园林的建设上力求遵循“自成天然之趣，不烦人事之工”的原则，特别强调自然环境的重要性，不是要使园林建造处处显示人之所能，而是将用地现状与建设目标之差作为设计内容，③ 充分利用其本身所具有的自然地形、环境和特点顺势而建，达到一种天人合一、为我所用的理想境界。谐趣园与霁清轩初建之时就巧妙地利用了后山东麓一带的地势高差，将万寿山的余脉与假山叠石相结合，做到了师法自然、因势利导，由此形成了本园的特色。良好的借景景观就是本园在顺应自然的基础上采用造园技法的一个例证。向外借景是指在一座

① 张威．同治光绪朝西苑与颐和园工程设计研究［D］．天津大学，2005.

② 周维权．中国古典园林史（第二版）［M.］北京：清华大学出版社，1999：26.

③ 薛晓飞．论中国风景园林设计“借景”理法［D］．北京林业大学，2007：37.

园林（包括园中园）内移步，不仅要能欣赏到内部景观，而且还要具有宽阔的视野，将园外之景借入园内。乾隆时期的惠山园与霁清轩作为清漪园中的组成部分，整体坐东向西借景西边的玉泉山和玉泉塔。除此之外，霁清轩还具有向北的宽阔视野，从乾隆《霁清轩》一句“向北堪骋望，绿云迷万顷”诗中可以推测，当年的霁清轩尽管幽静却不封闭。如果说“所谓造园，贵在融于自然”，那么，现存的谐趣园对于自然条件的利用并不充分，山体绿脉受到建筑布局的影响被阻隔于园林之外，从而使得园林环境的自然山水特征位于最初所仿的寄畅园之后。[①] 由此可见，若想更好地将中国古典园林文化传承下来，因势利导、保持特色便是后人修改前人成果时的基本原则。鉴于谐趣园在清史中已经历经三代变动，中华人民共和国成立后，在对其进行第三次大修（2009.6—2010.8）时，秉持《佛罗伦萨宪章》中的理念，[②] 维持此园在历史上的最终状态，依据历史将部分中华人民共和国成立后改变的建筑做法恢复原貌，并按光绪时期样式，恢复园内彩画。[③]

图 27　紧锁的垂花门

第三，从园林的现状出发，保持开放的心态，采取合理适度的利用方式。建筑是具有使用功能的实体，需要让其成为“活的”遗产。《威尼斯宪章》第五条规定，“为社会公用

① 邵凯．造园无式，妙于因势——寄畅园的山林地营造手法之研究［D］．浙江大学，2010：25.

② 《佛罗伦萨宪章》第十六条规定：修复必须尊重有关园林发展演变的各个相机阶段。国家文物局．文化遗产保护地方法律文件选编［M］．文物出版社，2007：125.

③ 北京市颐和园管理处．颐和园谐趣园修缮实录［M］．天津：天津大学出版社，2014.

之目的使用古迹永远有利于古迹的保护”。在当代社会，对中国古典园林这类包含丰富建筑景观的文化遗产，若将其束之高阁或与大众生活隔离，在一定程度上是不利于使其得到保护的。诸如垂花门紧锁的霁清轩（图 27），多处置有围墙栏杆及“游人止步”标牌的谐趣园（图 28）等情况的存在，在一定程度上表明对中国古典园林文化的利用还不够主动，没有用一种与现代社会发展相适应的开放的心态来让更多的人了解中国古典园林文化的内在特质。当然，在减少对游客的隔离的同时，也需考虑园林的接待承受范围，在保护好文物本体信息、确保文物承载价值不受损的基础上，才能与大众进行有限度的互动。《佛罗伦萨宪章》第十八条就规定：“虽然任何历史园林都是为观光或散步而设计的，但是其接待量必须限制在其容量所能承受的范围，以便其自然构造物和文化信息得以保存。”针对此矛盾，笔者认为，保护与利用相融合的关键点在于客观地保持原有的“文化氛围”，而保持这种氛围的核心方法就是“接触”。人们通过近距离接触、体验古典园林，感受到它的珍贵，遂逐渐做到与古人心灵相通、意境相合，观今景思故情，融自身入其境之后，方能自觉保护、适度利用古典园林遗产。

图 28　谐趣园障碍物

（指导教师：张薇薇）

参考文献

［1］彭一刚．中国古典园林分析［M］．北京：中国建筑工业出版社．1986.

［2］天津大学建筑系、北京市园林局．清代御苑撷英［M］．天津：天津大学出版社，1990.

［3］周维权．中国古典园林史（第二版）［M］．北京：清华大学出版社，1999.

［4］清华大学建筑学院．颐和园［M］．北京：建筑工业出版社，2000.

［5］北京市地方志编纂委员会．颐和园志［M］．北京：北京出版社，2004.

［6］国家文物局．文化遗产保护地方法律文件选编［M］．文物出版社，2007.

［7］贾珺．北京颐和园［M］．北京：清华大学出版社，2009.

［8］张加勉．解读颐和园：一座园林的历史和建筑［M］．北京：当代中国出版社，2009.

［9］胡洁、孙筱祥．移天缩地清代皇家园林分析［M］．北京：中国建筑工业出版社，2011.

［10］北京市颐和园管理处．颐和园谐趣园修缮实录［M］．天津：天津大学出版社，2014.

［11］（清）于敏中等编撰．日下旧闻考（卷八十四）［M］．北京：北京古籍出版社，1981.

［12］（明）刘侗、于奕正．帝京景物略［M］．北京：北京古籍出版社，1983.

［13］（明）计成原著，陈植注释．园冶注释［M］．北京：中国建筑工业出版社，1988.

［14］付克诚．建筑史论文集（第四辑）［C］．北京：清华大学出版社，1980.

［15］翟小菊．中国文物学会传统建筑园林委员会第十一届学术研讨会论文集［C］．1998.

［16］冯钟平．颐和园建园250周年纪念文集［C］，北京：五洲传播出版社，2000.

［17］周维权．颐和园建园250周年纪念文集［C］．北京：五洲传播出版社，2000

［18］金柏苓．颐和园建园250周年纪念文集［C］．北京：五洲传播出版社，2000.

［19］田牛．趣园巧构——北京颐和园谐趣园的艺术特点［J］．建筑工人，2002（2）．

［20］王鸿雁．略论清漪园造园的艺术风格［J］．中国园林，2004（6）．

［21］赵慧明．浅析中国古典园林的造园艺术手法［J］．文物世界，2005（3）．

［22］丁岚．中国古典园林在现代园林建设中的核心竞争力的思考［J］．西北林学院学报，2006（5）．

［23］王晓博、窦维静．比较分析中法“园中园”的差异［J］．中国园林，2006（8）．

［24］张晓梅．论寄畅园空间布局的艺术特征［J］．无锡商业职业技术学院学报，2007（3）．

［25］史艳红、路忽玲．试析中国古典园林的造园艺术手法［J］．山西建筑，2007（7）．

［26］张英、胡昊．以重建后的谐趣园为例谈空间营造中的手法［J］．山西建筑．2007（28）．

［27］王刘曦．谐趣园楹联意境探索与现状景观分析［J］．农业科技与信息（现代园林），2008（1）．

［28］杨玲、王中．空间与意境的扩张——中国古典园林中的以小见大［J］．中国园林，2008（4）．

［29］王其亨、张龙．光绪朝颐和园重修与样式雷图档［J］．中国园林，2008（6）．

［30］邱冰、李隽诗．中国传统园林传承的现实困境［J］．南京林业大学学报（人文社会科学版）》，2013（3）．

［31］吕盛虎．现代园林对中国古典园林的传承与思考探析［J］．现代园艺，2012（22）．

［32］王晓玲、范文静、孙克勤．世界文化遗产颐和园资源管理研究［J］．中国园林，2013（1）．

［33］张宝秀．三山五园的地位与定位［J］．北京联合大学学报（人文社会科学版），2014（1）．

［34］张威．同治光绪朝西苑与颐和园工程设计研究［D］．天津大学，2005.

［35］张龙．济运疏名泉，延寿创刹宇［D］．天津大学，2006.

［36］薛晓飞．论中国风景园林设计“借景”理法［D］．北京林业大学，2007.

［37］王劲韬．中国皇家园林叠山研究［D］．清华大学，2009.

［38］潘怿晗．皇家园林文化空间与文化遗产保护——以北京市海淀区为例［D］．中央民族大学，2010.

［39］邵凯．造园无式，妙于因势——寄畅园的山林地营造手法之研究［D］．浙江大学，2010.

［40］杨忆妍．皇家园林园中园理法研究［D］．北京林业大学，2013.

图片来源

图 1　乾隆时期的清漪园万寿山总平面图　周维权：《清漪园史略》，《颐和园建园 250 周年纪念文集》，北京：五洲传播出版社，2000 年 7 月，第 1 版，第 129 页图 2。

图 2　惠山园平面布局及景点标注示意图　杨忆妍：《皇家园林园中园理法研究》，博士学位论文，北京林业大学，2013 年，第 160 页图 6－24。

图 3　乾隆时谐趣园、霁清轩平面图　笔者改自清华大学建筑学院：《颐和园》，北京：建筑工业出版社，2000 年 8 月，第 1 版，第 179 页图 7－53。

图 4　嘉庆时期谐趣园平面图　笔者改自惠山园平面布局及景点标注示意图　杨忆妍：《皇家园林园中园理法研究》，博士学位论文，北京林业大学，2013 年，第 160 页图 6－24。

图 5　谐趣园总平面图　笔者改自天津大学建筑系、北京市园林局：《清代御苑撷英》，天津：天津大学出版社，1990 年 9 月，第 1 版，第 121 页，图 X－1。

图 6　霁清轩平面图　付克诚：《颐和园霁清轩》，《建筑史论文集（第四辑）》，北京：清华大学出版社，1980 年 12 月，第 1 版。

图 7　天津大学建筑学院张龙老师提供。

图 8　谐趣园、霁清轩总平面图　清华大学建筑学院：《颐和园》，北京：建筑工业出版社，2000 年 8 月，第 1 版，第 457 页图 182。

图 9　笔者摄于颐和园，2014 年 6 月 11 日。

图 10　宫门向东北　笔者摄于颐和园，2014 年 6 月 11 日。

图 11　饮绿亭向北　笔者摄于颐和园，2014 年 6 月 11 日。

图 12　知鱼桥向西北　笔者摄于颐和园，2014 年 6 月 11 日。

图 13　宫门向东北意象图　席琦绘。

图 14　水乐亭向北意象图　席琦绘。

图 15　知鱼桥向西北意象图　席琦绘。

图 16　霁清轩立体图及平面图　付克诚：《颐和园霁清轩》，《建筑史论文集（第四辑）》，北京：清华大学出版社，1980 年 12 月，第 1 版。

图 17　霁清轩垂花门　笔者摄于颐和园，2014 年 6 月 11 日。

图 18　霁清轩　笔者摄于颐和园，2014 年 6 月 11 日。

图 19　霁清轩装饰　笔者摄于颐和园，2014 年 6 月 11 日。